Ascher Liebes-Einmaleins für freche Frauen

SPHINX

Ulrike Ascher

Liebes Einmaleins für freche Frauen

Magie für 1001 Nacht

Für Maren, die schon weiß warum
For Emer, she knows why

Die Deutsche Bibliothek – CIP-Einheitsaufnahme
Ascher, Ulrike:
Liebes-Einmaleins für freche Frauen : Magie für 1001 Nacht /
Ulrike Ascher. – 3. Aufl. – Kreuzlingen ; München : Hugendubel, 2001
(Sphinx)
ISBN 3-7205-2212-1

3. Auflage 2001

Lektorat: Claudia Göbel
Redaktion: Barbara Imgrund, Schriesheim-Altenbach
Umschlaggestaltung: Zembsch' Werkstatt, München,
unter Verwendung eines Motivs von Stone, München
Foto S. 195: Dorcas Wagenknecht, Hamburg
Produktion: Maximiliane Seidl
Satz: EDV-Fotosatz Huber / Verlagsservice G. Pfeifer, Germering
Druck und Bindung: Huber, Dießen
Printed in Germany

ISBN 3-7205-2212-1

Inhalt

Liebeszauber – Zauber der Liebe

Liebeszauber – welche Frau zückte da nicht sofort den Bleistift, um sich das todsichere Rezept abzuschreiben, mit dem sie den Traumpartner für immer liebestrunken an sich fesselt? Vielleicht haben Sie in diesem Augenblick Visionen von leidenschaftlichen Liebesnächten, nach denen am nächsten Morgen der perfekte Liebhaber nicht nur das Frühstück ans Bett bringt, sondern auch gleich den Hund ausführt, das Baby wickelt und Konzertkarten für Ihre Lieblingsband organisiert.

Legen Sie den Bleistift besser gleich wieder weg, denn das Rezept, jemanden dieses Kalibers auf immer und ewig an sich zu binden, gibt es nicht, weder magisch noch auf irgendeine andere Weise. Und dann – für immer? Wissen Sie genau, dass Sie die momentane Flamme wirklich ewig am Hals haben möchten (diese Bemerkung, die er da neulich Ihrer Freundin gegenüber gemacht hat, ließ Sie doch stark an Ihrem Geschmack zweifeln, wissen Sie noch?). Liebestoll ist ja heute schön und gut, aber wer, bitte, bringt morgen den Müll runter?

Sie sehen, Fragen über Fragen. Das Hantieren mit dem Liebeszauber ist also doch nicht so einfach, dafür aber bunt und vielfältig und immer wieder für eine Überraschung gut. Für Ihren Liebeszauber steht in diesem Buch alles, was Sie brauchen: Wie finde ich den »Richtigen« – zumindest den für diesen Lebensabschnitt? Und wie sieht es zum Beispiel aus, wenn ich schon den Mann fürs Leben gefunden habe – was nützt mir da eigentlich noch ein Liebeszauber? Oder vielleicht möchten Sie lieber Ihrem Liebesleben etwas mehr Pfeffer verleihen. Oder aber Sie haben gerade eine unglückliche Liebe hinter sich, und es interessiert Sie alles andere mehr als eine neue Flamme. Sie sehen, die Gelegenheiten für einen Zauber rund um das Thema Liebe sind vielfältig.

Und das ist noch nicht alles: Auch Freunde und Kinder kommen zu ihrem Anteil an magischer Zuwendung. In diesem Liebes-Einmaleins lernen Sie, einfach Ihre ganze Umgebung zu verzaubern ...

So funktioniert das Liebes-Einmaleins

Es mag vielleicht eine altmodische Empfehlung im Zeitalter des Scrollens sein, da kaum noch jemand eine Konzentrationsspanne von mehr als drei Minuten hat: Fangen Sie am Anfang an, auch wenn es da noch nicht so direkt um den zukünftigen Partner geht. Denn als Erstes braucht die zauberhaft verliebte Magierin vor allem eines: gesunde Selbstliebe. Sie meinen, Sie können dieses Kapitel auch ebenso gut überspringen? Halt: Hand aufs Herz, wann haben Sie das letzte Mal bewusst in den Spiegel gesehen und waren von sich ohne Einschränkung begeistert – und zwar die Hüftpölsterchen, Krähenfüße und den Po mit Abwärtstrend eingeschlossen? Sehen Sie, da geht es schon los. Aber selbst wenn Sie sich rundum mögen, kann ein bisschen Verwöhnen nicht schaden. Gönnen Sie sich also ruhigen Gewissens das Kapitel der Selbstliebe – vielleicht zwischen den großen Lieben Ihres Lebens.

Sie können trotzdem natürlich auch einfach mit dem Kapitel loslegen, das Sie am meisten reizt. Falls Ihnen zwischendurch eine Information fehlt, weil Sie etwas überschlagen haben, macht das nichts: Im Text stehen zahlreiche Hinweise, wo Sie welche Zutaten zu welchem Zauber oder Ähnliches zum Thema finden.

Falls Sie noch keine Erfahrung mit magischen Ritualen haben, empfehle ich Ihnen, den einen oder anderen Blick in das Kapitel über hexisches Basiswissen am Ende des Buches (ab S. 162) zu werfen: Dort steht alles, was Sie über die Grundlagen wissen müssen.

Während des Lesens steht es Ihnen natürlich frei, fröhlich hin und her zu blättern und dieses und jenes miteinander zu kombinieren. Alle Zauberrezepte im Buch sind jedoch lediglich Vorschläge und Anregungen – also nur keine Hektik, wenn Ihnen mal eine bestimmte Zutat fehlt oder der Mond gerade nicht richtig steht. Solange Sie sich ganz sicher sind, was Sie wollen, sollten Sie zaubern, was das Zeug hält. Keine Mondphase und kein astrologischer Planetenstand vermögen die Power der Ihnen innewohnenden Magie außer Kraft zu setzen; erleichtern können sie das Zaubern aber schon. Gerade in der Liebesmagie empfehle ich deshalb immer, günstige Termine auch wahrzunehmen. Bei diesem manchmal heiklen und immer mit viel Gefühl befrachteten Thema können wir schließlich jede Hilfe brauchen.

Probieren Sie also munter aus, aber wiederholen Sie einen Liebeszauber nicht zu häufig, weil Sie vielleicht dachten, er hätte noch nicht richtig gewirkt. Oft brauchen Liebeszauber eine Weile, bis sie ihre volle Wirkung entfalten. Das liegt nicht etwa daran, dass das Universum schlampig wäre oder Sie etwas vergessen haben, sondern eher daran, dass wir meist gar nicht auf das eingestellt sind, was wir uns da herbeiwünschen.

Also zaubern Sie drauflos, tun Sie, was Sie wollen – und schaden Sie niemandem.

Von der gesunden Selbstliebe

Mit der gesunden Selbstliebe ist es so eine Sache. Schließlich bekommen wir von klein auf eingebläut, nur nicht zu egoistisch zu sein. Wenn eine Frau an sich selbst zuerst denkt, hat sie das Gesellschaftsspiel schon verloren. Dabei steht doch schon im Buch der Bücher der klassische Satz »Liebe deinen Nächsten wie dich selbst«. Und da geht es schon los: Wer von uns blickt schon morgens in den Spiegel und sagt zu dem verschlafenen und ungewaschenen Gesicht »Ich liebe dich«? Und trotzdem finden wir es ganz normal, dasselbe dem mindestens ebenso verknitterten Gesicht entgegen zu hauchen, neben dem wir morgens aufwachen (falls der Platz an unserer Seite gerade für länger besetzt ist).

Bevor Sie also daran gehen, den Geliebten oder die Geliebte zu magisch zu umgarnen, verzaubern Sie erst einmal sich selbst. Gönnen Sie sich eine Zeit der Selbstliebe. Damit ist nicht der völlig auf sich selbst bezogene Egoismus gemeint, der nur allzu oft eine tiefe Unsicherheit zu überspielen sucht und andere Menschen ausschließt. Die Rede ist vielmehr von einer gesunden Selbstliebe. Sorgen Sie zunächst einmal für Ihr eigenes Wohlergehen – und dann für das der anderen.

Sie sind hier also genau richtig, wenn Sie Lust haben, sich zur Abwechslung mal auf den spannendsten Menschen einzulassen, der Ihnen je im Leben begegnen wird: sich selbst. Um sich einmal ganz und gar – sozusagen mit Haut und Haaren – auf sich selbst zu besinnen, müssen Sie aber nicht in den nächsten Laden laufen und die teuersten Kosmetika holen oder eine gerade mächtig angesagte Diät machen; schließlich geht es hier ja um Magie. Entdecken Sie lieber Ihren eigenen, unverwechselbaren Spirit (was weit mehr ist als einfach nur »Geist«). Lassen Sie sich auf Ihre eigene Kraft ein – Sie haben mehr davon, als Sie glauben.

Bevor Sie magisch loslegen, geht es um sehr einfache Dinge, mit denen Sie die magischen Rituale auf der alltäglichen Ebene unterstützen können. Dazu gehört zum Beispiel, für Sie selbst und die eigene Gesundheit zu sorgen, Ihre Zeit in Arbeit zu investieren, die Ihnen gut tut, und Menschen um sich zu versammeln, mit denen Sie sich wohl fühlen und wachsen können.

Leichter gesagt als getan, werden Sie denken, wie, bitte, soll ich das wohl genau anstellen? Ich hätte lieber einen anderen Job, und der passende Liebhaber ist auch nicht in Sicht; wie soll ich mich da auch noch selbst lieben? Einfach ist das nur, wenn alles stimmt – aber so ...

Ganz falsch. Es ist nämlich ähnlich wie in der Werbung für Spülmaschinenpulver: Wenn Sie Ihr eigenes Geschirr zum Glänzen bringen, dann klappt's auch mit dem des Nachbarn. Also mal ehrlich: Wie steht es denn nun mit Ihrer Selbstliebe? Sorgen Sie mindestens so gut für sich selbst – und so liebevoll –, wie Sie es für einen geliebten Menschen tun würden? Wenn nicht, dann nehmen Sie sich sämtliche Übungen und Rituale dieses Kapitels als Erstes vor – und dann erst die über den Märchenprinzen.

Regenbogen des Herzens

Wenn wir uns nicht besonders mögen, schlägt das zuerst aufs Gemüt und dann auf die Gesundheit: Selbstliebe ist also Gesundheitsvorsorge – und Vorbeugen ist allemal besser als Heilen. Wie so oft kann hier für den Anfang eine ganz einfache, aber besonders wirkungsvolle Lichtübung dienlich sein. Diese Liebesübung für den eigenen Körper ist eine Abwandlung einer einfachen Lichtübung, bei der Sie sich ganz allgemein und von Kopf bis Fuß in goldenes Licht hüllen.

Bei dieser speziellen Lichtübung geht es um die kleinen Details Ihres Körpers. Vermutlich denken Sie: Wieso sollte ich meine zu dicken Hüften, die zu kurz geratenen Waden oder meine großen Füße lieben? Probieren Sie die folgende Übung trotzdem – nur eine Woche lang, und Sie werden erstaunt sein, welche Wirkung sich schon nach so kurzer Zeit einstellt. Wenn Sie gar nicht zu bremsen sind, empfehle ich, die Übung für die Dauer einer Mondphase zu machen.

Sie brauchen für diese Übung keine besonderen Gegenstände oder Vorbereitungen, allerdings empfehle ich Ihnen ein bisschen Klappern – das gehört bekanntlich zum Handwerk, außerdem beschäftigt es Ihren Verstand und lässt damit die beißenden Kommentare des inneren Kritikers verstummen. Machen Sie aus dieser kleinen Lichtübung ein Fest der Sinne. Selbst wenn Sie nicht jeden

Tag Zeit für das volle Programm haben, wiederholen Sie täglich die ganze Lichtübung. Gönnen Sie sich etwas Gutes – Sie haben es verdient.

Für die Lichtübung benötigen Sie eine bequeme Unterlage, auf die Sie sich stellen, setzen und legen können. Sorgen Sie für genug Wärme beim Liegen, durch eine Decke oder eine dicke Jacke. Frieren sollten Sie auf keinen Fall. Gönnen Sie sich Ihre Lieblingsmusik, die möglichst ruhig und entspannend sein sollte.

Besorgen Sie sich außerdem noch einen Rosenquarz, der diese Übung wunderbar unterstützt. Für diesen Zweck eignet sich ein rauer, unbearbeiteter Stein nicht so gut, weil er scharfe Kanten haben könnte; nehmen Sie also lieber einen, der getrommelt und damit ganz glatt und poliert ist.

Dann investieren Sie noch in eine möglichst schöne Duftlampe – schauen Sie dabei einmal nicht auf den Preis, Sie beginnen nämlich gerade, sich an ein Leben in Fülle zu gewöhnen. Holen Sie sich dazu folgende ätherische Öle, die Sie auch noch bei anderer Gelegenheit verwenden können (Bedeutung und Anwendungsgebiete werden später näher erklärt, siehe S. 74ff.): Zitronengras oder Zitrone, Grapefruit, Rosmarin, Lavendel, Ylang Ylang, Olibanum (Weihrauch), Rose (reines Rosenöl ist unbezahlbar und auch schwer zu bekommen; das handelsübliche Rosenöl ist mit einem Trägeröl vermischt und ebenso geeignet).

Achten Sie beim Einkauf in jedem Fall darauf, wirklich reine Öle und keine synthetisch hergestellten zu kaufen. Echtheit lässt sich bis zu einem gewissen Grad schon am Preis erkennen. Besorgen Sie sich außerdem noch ein neutrales Körperöl oder eine ebensolche Lotion (zum Beispiel im Bioladen).

Jetzt fehlt nur noch die passende Beleuchtung. Wenn Sie Salzkristallleuchten besitzen, können Sie diese benutzen, sonst tut es auch ein größerer Vorrat an Kerzen. Selbst Teelichte können Sie verwenden – stellen Sie nur (wie immer) sicher, dass nichts Feuer fangen, anbrennen oder anderweitig gefährlich werden kann.

Wählen Sie unbedingt eine Zeit, in der Sie wissen, dass Sie für mindestens eine halbe Stunde nicht gestört werden. Wochenenden sind für den Anfang besonders geeignet, falls Sie während der Woche beruflich in Anspruch genommen sind. Werktage eignen sich wiederum eher für Menschen, die nur am Wochenende Zeit für die Familie haben und es deshalb mit ihr verbringen wollen.

Gönnen Sie sich auf jeden Fall mindestens eine halbe Stunde; besonders gut geeignet ist die Zeit nach Dusche oder Bad, wenn Sie sich richtig frisch fühlen. Und achten Sie darauf, dass Ihnen immer warm genug ist.

Bereiten Sie zunächst alles vor: Legen Sie Musik auf, machen Sie es sich bequem und entzünden Sie so viele Kerzen, wie Sie möchten. Wählen Sie für Ihre Duftlampe einen Duft, der Ihnen an diesem Tag besonders gefällt – doch egal, welcher es ist, geben Sie auf jeden Fall einen Tropfen Ylang Ylang hinzu.

Und nun beginnen Sie, in Ihrem Körper »spazieren« zu gehen. Fangen Sie am besten beim Herzen an. Spüren Sie, wie es schlägt, welche unermüdliche Kraft Ihnen dort zur Verfügung steht. Nehmen Sie von Ihrem Herzen alle Farben des Regenbogens als Licht mit.

Dann gehen Sie mit Ihrer Aufmerksamkeit in einen Körperteil, der Ihnen gerade wichtig ist, der krank ist oder Ihnen jetzt einfach »richtig« scheint. Sie brauchen dabei keine bestimmte Reihenfolge einzuhalten, allerdings bietet es sich an, nicht ziellos durch Ihren Körper zu sausen. Lassen Sie sich Zeit und fangen Sie zum Beispiel bei den Füßen an. Visualisieren Sie, wie eine oder mehrere Regenbogenfarben durch Ihre Füße fließen.

Spielen Sie mit Veränderungen, verwandeln Sie eine Farbe in die andere und mischen Sie fröhlich. Gehen Sie dann weiter zu anderen Körperteilen. Egal, ob Sie nun wirklich alle Körperteile durchgehen oder nur beim Herzen bleiben – machen Sie das Ganze so lange, wie Sie Lust dazu haben. Spüren Sie dabei Ihre Organe, wie sie arbeiten und ihr Bestes geben, damit Sie leben.

Wenn Sie fertig sind, bleiben Sie noch einen Augenblick ruhig liegen und entspannen sich.

Selbstliebe für Anfängerinnen

Jetzt geht es an all Ihre ungeliebten »Einzelteile«, die Sie schon immer mal auswechseln wollten. Das klappt mit dieser Übung zwar nicht im wörtlichen Sinn, aber Sie werden sich hinterher in Ihrer Haut doch wohler fühlen.

> Machen Sie es sich auf einer bequemen Unterlage im Sitzen gemütlich und entspannen Sie sich. Achten Sie auf Ihren Atem, ohne etwas daran zu verändern. Dann legen Sie sich hin und beobachten einfach nur, wie sich Ihr Körper in dieser Position anfühlt.
>
> Atmen Sie so, wie es von selbst geschieht, lassen Sie atmen und werden Sie ruhig. Wenn Ihnen das am Anfang noch schwer fällt, lesen Sie die im Kapitel »Basiswissen« unter dem Stichwort »Visualisieren« aufgeführte Einstiegsübung nach (S. 174).
>
> Nehmen Sie ganz bewusst jeden Teil Ihres Körpers wahr, wandern Sie mit Ihrer Wahrnehmung in einzelne Bereiche, machen Sie sich ganz klein, um auch noch in das letzte Äderchen zu gelangen. Spüren Sie, wie unermüdlich Ihr Herz für Sie schlägt, wie Ihre Lungen arbeiten und wie sich Ihr Blut durch die Adern bewegt.
>
> Wenn es Ihnen zu Anfang noch schwer fällt, diesen Empfindungen zu folgen – nur keine Eile. Mit Geduld werden Sie bald merken, wie es Ihnen immer leichter fällt, sich mit Hilfe Ihrer Wahrnehmung beliebig in Ihrem Körper zu bewegen.
>
> Wenn Sie genug haben, bleiben Sie einen Augenblick einfach nur mit geschlossenen Augen ruhig liegen. Dann kehren Sie in Ihre alltägliche Wahrnehmung zurück. Bewegen Sie die Zehen und Finger, damit das Zurückkommen leichter ist. Vorsicht beim Aufstehen: Bei so viel Entspannung könnte es sein, dass Ihnen schwindelig wird.

Wiederholen Sie diese erste Übung, sooft Sie wollen, bevor Sie zur Selbstliebe für Fortgeschrittene übergehen. Sie können auch mischen: Einen Tag führen Sie die Regenbogenübung durch, und dann absolvieren Sie wieder das volle Programm. Naturgemäß ist diese relativ kurze Übung besser für hektische Tage geeignet, weil man dann einfach nicht so sehr das Gefühl hat, Zeit zu verlieren. Die ausführlichen Übungen können Sie mit einem ebenso ausgiebigen Bad verbinden (was natürlich nicht jeden Tag möglich oder sinnvoll ist, es sollen Ihnen ja keine Schwimmhäute wachsen).

Selbstliebe für Fortgeschrittene

Beginnen Sie wie bei der vorherigen Übung, aber anstatt sich zu einer Meditation hinzulegen, stehen Sie auf, nachdem Sie sich zunächst im Sitzen kurz entspannt haben.

> Bewegen Sie sich einige Minuten ganz locker zu der Musik, die Sie zu dieser Übung ausgewählt haben. Machen Sie aber kein Aerobic, es geht nicht um Fitness: Gestalten Sie lieber Ihren privaten Bauchtanz, tanzen Sie Walzer oder was immer Sie möchten (Techno ist jedoch ungeeignet, weil der hämmernde Rhythmus den Organismus nicht entspannt). Nur keine Hemmungen in der Bewegung, es sieht Sie ja keiner. Falls Sie keine Musik haben, singen, summen oder jodeln Sie und bewegen Sie sich zu dieser Ihrer ganz persönlichen Musik. Halten Sie beim Tanzen Ihren Rosenquarz in der Hand.
>
> Nach Ihrem Tanz bleiben Sie einen Augenblick lang einfach nur still stehen und schließen die Augen. Inzwischen wird es Ihnen leichter fallen, mit Ihrer Aufmerksamkeit durch Ihren Körper zu wandern. Nehmen Sie wahr, wie angenehm die Bewegung Ihren ganzen Körper belebt hat. Nun visualisieren Sie, wie Ihr ganzer Körper in rosiges Licht getaucht ist. Wenn Sie diese Vorstellung klar haben, können Sie beginnen.
>
> Nehmen Sie den Rosenquarz und reiben Sie damit während Ihrer Körpermeditation über die jeweiligen Körperregionen. Auf dem Rücken kann das etwas schwierig sein, falls Sie nicht besonders gelenkig sind. Nehmen Sie es als lockere

Turnübung (wenn Sie tatsächlich den einen oder anderen Zentimeter Haut auslassen, ist das nicht weiter schlimm).

Während Sie mit dem Rosenquarz und Ihren Händen über Ihren Körper streichen, nehmen Sie ihn wahr, als würden Sie einen geliebten Menschen berühren. Falls sich das seltsam anfühlt, werden Sie sich schnell daran gewöhnen. Fangen Sie einfach klein an, wenn es nicht so recht klappen will. Vielleicht schenken Sie erst einmal nur Ihren Füßen besondere Aufmerksamkeit oder einem anderen Teil Ihres Körpers, mit dem Sie zufrieden sind. Etwas wird sich auch bei der kritischsten Frau finden – und wenn es Ihre Augenbrauen oder die Ohrläppchen sind.

Als Nächstes verlieben Sie sich in Ihre Haare oder Ihren Hals. Machen Sie sich selbst Liebeserklärungen wie »Ich liebe meine Ohrläppchen«, »Ich habe einen wunderschönen Hals« – auch wenn Sie das am Anfang merkwürdig finden und sich selbst nicht so ganz glauben. Je länger Sie diese Übung machen, desto selbstverständlicher wird sie Ihnen erscheinen. Auch wenn Sie kichern müssen, halten Sie durch. Sie wissen doch, frisch Verliebte sind immer ein bisschen albern anzusehen.

Beginnen Sie also zunächst mit der Fußsohle und visualisieren Sie, wie aus dem Rosenquarz wärmendes rosa Licht in Ihre Füße strömt. Streichen Sie weiter an Ihrem Bein hinauf, immer mit demselben Bild des strömenden Lichtes vor Augen. Möglicherweise fällt es Ihnen am Anfang leichter, diese Übung mit geschlossenen Augen durchzuführen. Falls Sie dann leicht aus dem Gleichgewicht geraten, setzen oder legen Sie sich hin.

Wenn Sie ein Bein vollständig in Rosa gehüllt haben, folgt das andere. Genießen Sie aus vollen Zügen und beobachten Sie, wie sich Ihr Körper an den Stellen anfühlt, die Sie gerade bearbeitet haben. Und lassen Sie diesmal keinen Teil Ihres Körpers aus, auch wenn Sie ihn mit dem Rosenquarz nicht direkt erreichen können. Lassen Sie den Stein Ihre inneren Organe ebenso mit rosa Licht erfüllen wie alle Extremitäten.

Nach den Beinen sind die Arme an der Reihe, dann der Körper hinten und vorn, zuletzt der Kopf. Vergessen Sie nicht, den Rosenquarz auch über Ihre Haare zu ziehen. Lassen Sie seine sanfte Energie buchstäblich bis in jede Haarspitze fließen.

Wenn Sie mit der Rosenquarzübung fertig sind, bleiben Sie noch einen Augenblick ruhig stehen, sitzen oder liegen und genießen Sie das Gefühl der Ruhe und Lebendigkeit.

Legen Sie Ihren Rosenquarz danach unter Ihr Kopfkissen oder auf die Fensterbank Ihres Schlafzimmers. Seine sanfte Energie wird für Harmonie, Freundschaft und Liebe sorgen.

An den folgenden Tagen können Sie diese Übung noch erweitern: Wählen Sie sich eine der Göttinnen der Liebe und Schönheit aus (ab S. 179) und bitten Sie sie, Ihnen ihre Energie zu schenken. Wenn Sie einen Tag vor sich haben, an dem Sie eher sanfte Überredungskunst brauchen, dann steht Ihnen zum Beispiel Venus zur Seite, oder wenn Sie Klarheit und eine starke Überzeugung benötigen, dann vielleicht eher Hekate oder Hera.

Bevor Sie sich aber mit einer Göttin verbünden, nehmen Sie vorab besser einen ersten Kontakt auf, da es sonst passieren könnte, dass Sie nicht den gewünschten Erfolg erzielen. Es könnte doch sein, dass Sie während einer Meditation mit einer Göttin feststellen, dass eine andere sich für Ihr spezielles Vorhaben viel besser eignet. Es lohnt sich, bei der richtigen Gottheit »anzuklopfen«, um ein möglichst eindeutiges Ergebnis Ihres Zaubers zu bekommen. Eine Anleitung, wie Sie am besten in Kontakt treten, finden Sie im Kapitel »Die Götter rufen – ein Ritual« (S. 190).

Magische Verwöhntage für Körper, Geist und Seele

Die folgenden Rezepte können Sie natürlich nicht nur allein ausprobieren. Wenn Sie den aktuellen Traummann oder die momentane Traumfrau schon gefunden haben, versuchen Sie es einfach zu zweit. Sie können die Verwöhntage einfach nur innerhalb einer

Woche machen, das Ganze auf Wochenenden beschränken oder verteilen, wie es eben in Ihren Alltag passt. Ganz besonders wirksam ist es natürlich, wenn Sie sich dafür im Urlaub Zeit nehmen. Mengenangaben sind jeweils für eine Person berechnet, denn noch geht es ja in erster Linie um die Selbstliebe.

Sie brauchen für Ihre Verwöhntage einige Zutaten, bei denen es darauf ankommt, dass sie möglichst unverfälscht sind. Falls Sie sich auch bei Ihrem Rosenquarz nicht ganz sicher sind, reinigen Sie ihn (Reinigungsrituale finden Sie im Kapitel »Basiswissen Zauberei«, S. 162ff.).

Bei den anderen Zutaten ist es schon schwieriger. Die Öle, die Sie verwenden, sollten möglichst naturbelassen sein. Kaufen Sie bei Händlern, bei denen es garantiert unverfälschte Produkte gibt. Für Kräuter gilt das Gleiche. Wenn Sie sie selbst sammeln, achten Sie darauf, dies an ökologisch sinnvollen Plätzen zu tun – also nicht an verkehrsreichen Straßen und auch nur so viel, dass Sie die Pflanze am Standort nicht ausrotten (siehe auch das Kapitel »Liebeskraut und Rüben«, S. 86ff.).

Bei allen anderen Gegenständen sollten Sie darauf achten, dass es Dinge sind, die Sie mögen und die Ihnen für einen Liebeszauber geeignet erscheinen. So dürfte das Parfum, das Sie ans Büro erinnert, eher ein Fehlgriff sein; ein ätherisches Öl, das dagegen Assoziationen an den letzen Karibikurlaub weckt, kommt da schon besser an. Kostspielig braucht keine der Zutaten zu sein, wenn Sie sich allerdings ein bisschen Luxus genehmigen wollen – nur zu.

Sie brauchen zunächst wieder einen Rosenquarz, wobei sich auch hier ein getrommelter am besten eignet. Besorgen Sie sich ferner eine Flasche neutrales Körperöl und mehrere ätherische Öle: Ylang Ylang, Rose (gern auch verdünnt, nur nicht synthetisch), Jasmin (hier gilt das Gleiche wie beim Rosenöl) und Lavendel.

Fangen wir mit dem Körper an. Sie haben ja bereits die Lichtübung (S. 11) für eine liebevolle Haltung Ihrem Körper gegenüber ausprobiert (falls nicht, nehmen Sie sie auf jeden Fall in das Programm Ihrer Verwöhntage auf). Lassen Sie sich aber auch handfeste gute Dinge angedeihen. Das geht schon morgens beim Aufstehen los.

Nehmen Sie die Liste der Liebesgottheiten (ab S. 179) zur Hand. Sie können die Namen auf kleine Karten schreiben und eine ziehen. Falls Ihnen das zu aufwändig ist, nehmen Sie einfach das Buch in die Hand und wählen Sie blind eine Gottheit aus, die an diesem Tag Ihr Leitstern sein soll. Sie können auch für jeden Tag eine bestimmte festlegen. Wählen Sie dann eine Reihenfolge, die Ihnen liegt. Wichtig ist nur, dass Sie in Gedanken eine Verbindung herstellen, denn Sie haben da jemanden an der Hand, der oder die Sie kräftig bei Ihrem Vorhaben unterstützt.

Falls Ihnen der Gedanke an göttliche Wesen insgesamt fremd ist, bleiben Sie ganz einfach bei der Lebenskraft des Universums. Halten Sie es ganz allgemein, denn schließlich ist sie etwas, das Sie atmen lässt – und das ein ganzes Leben lang. Sie meinen, das sei nur so, weil Sie schließlich ein lebender Organismus sind? Dann probieren Sie mal, die Luft anzuhalten, bis Sie tot umfallen. Sie werden sehen, es klappt nicht. Es atmet Sie nämlich weiter, selbst wenn Sie ohnmächtig auf die Nase fallen.

Sie haben seit Ihrer Lichtübung Ihren Rosenquarz im Bett oder in seiner Nähe liegen. Holen Sie ihn noch vor dem Aufstehen hervor und halten Sie ihn einige Augenblicke in der Hand. Sie müssen dafür nicht den Wecker früher stellen, es reichen wirklich nur Momente. Verbinden Sie sich zuerst mit der sanften Kraft des Steines und dann mit der Gottheit dieses Tages – falls Sie sich eine ausgesucht haben. So gestärkt, stehen Sie auf. Falls Sie Ihren Rosenquarz tagsüber bei sich haben möchten, nehmen Sie ihn mit und packen Sie ihn dorthin, wo Sie ihn nicht vergessen können.

Wenn Sie ins Bad kommen, sehen Sie in den Spiegel und machen sich eine Liebeserklärung. Ein einfaches »Guten Morgen, ich liebe dich« reicht schon. Sie können es auch flüstern, damit es kein anderer hört. Wenn Sie nicht wissen, was Sie sich Nettes sagen könnten, dann überlegen Sie einen Augenblick. Seien Sie kreativ. Bei anderen geliebten Menschen fällt Ihnen doch auch immer etwas ein (die kennen Sie allerdings auch nicht so gut wie sich selbst).

Im Bad, beim Waschen oder Duschen, sogar beim Zähneputzen: Schicken Sie ab und zu eine kleine rosa Welle über Ihren Körper. Machen Sie es sich zur Gewohnheit, magische Gegenstände überall in Ihrem Alltag zu verteilen. Einen dekorativen Rosenquarz können Sie in jedem Zimmer unterbringen. Bei Ihrer Garderobe für den Tag geht es weiter, wählen Sie praktische, aber schöne Dinge aus. Dabei muss es nicht gleich Samt und Seide sein, aber auch das ist zwischendurch ganz schön. Verwöhnen Sie sich mit Ihren Lieblingsstücken, mit einem Wort: Lassen Sie es sich rundum gut gehen. Essen Sie Dinge, die für Sie gut sind und die Sie mögen, verbringen Sie Zeit mit Menschen, die Ihnen wirklich etwas bedeuten (das geht sogar im Büroalltag, auch da können Sie jedem Menschen eine gute Seite abgewinnen, wenn Sie auch nicht gleich Ihrem Chef eine Liebeserklärung machen müssen).

Vermutlich werden Sie inzwischen denken, dass Sie all diese einfachen und praktischen Dinge auch ganz ohne Magie und mysteriöse Gottheiten tun können – wozu also dafür ein Buch über Liebesmagie lesen. Stimmt: So weit ist fast alles noch der ganz gesunde Menschenverstand oder Wissen, das in jedem besseren Psychologiebuch zum Thema Alltagsbewältigung steht. Magie hat eben viel mit Alltag zu tun, sie funktioniert umso besser, je mehr Kleinigkeiten Sie in den Tagesablauf einbauen. Wenn Sie magisches Leben atmen, essen und erfahren, wächst die Wirkung.

Solchermaßen gut und praktisch vorbereitet und nachdem Sie sich vorsichtig einer Liebesgottheit anvertraut haben, geht es weiter mit magischen Augenblicken für jeden Tag. Bauen Sie folgende Rituale zusammen, wie es Ihnen gefällt, mischen Sie, kombinieren Sie oder probieren Sie die vorgegebenen Vorschläge aus. Spielen Sie einfach: Gerade in der Liebe gibt es nichts Besseres.

Liebesbad für eine allein

Beim Liebesbad geht es nicht darum, dass Sie sauber werden; wenn Sie also verschwitzt oder abgekämpft sind, nehmen Sie vorher ruhig eine kurze Dusche.

Für Ihr Bad bietet sich der Abend an, da Sie Dunkelheit brauchen. Stellen Sie im Bad auf jede verfügbare Fläche eine Kerze. Damit ist jede Fläche gemeint, die sich eignet. Sie sollen nicht den Duschvorhang oder das Handtuchregal abfackeln – so viel heiße Liebesglut wäre dann doch übertrieben. Sorgen Sie also für einen festen Stand der Kerzen. Nehmen Sie auch Ihre Duftlampe und einige (möglichst frische) Rosenblätter mit – vergessen Sie aber nicht, sich bei der Blume zu bedanken, die Ihnen die Blätter zur Verfügung stellt. Bevor Sie in die Wanne steigen, sollten Sie die Heizung im Bad herunterdrehen; die Kerzen lassen es sonst viel zu warm werden.

Wenn Ihr Badewasser fertig ist, nehmen Sie drei Tropfen Ihres Lieblingsöls und geben sie hinein. Beim ersten Tropfen laden Sie Ihre Göttin in ihrer jugendlichen Gestalt zum Baden ein, mit dem zweiten Tropfen die Göttin in ihrer Muttergestalt und beim dritten Tropfen die Weise Alte. So ein Dreiergespann sind zum Beispiel Artemis, Hera und Persephone. Sie können aber auch griechische mit römischen oder keltischen Gottheiten mischen, wenn Sie da eher eine Verbindung herstellen können.

Rühren Sie das Wasser mit den Händen im Uhrzeigersinn um, bevor Sie in die Wanne klettern. Machen Sie es sich gemütlich und streuen Sie um sich herum Rosenblätter ins Wasser. Lassen Sie Kleopatra vor Neid erblassen.

Schließen Sie einen Augenblick die Augen und nehmen Sie die Kraft der drei Göttinnen in sich auf, werden Sie sie. Es ist möglich, dass es Ihnen zu unterschiedlichen Gelegenheiten mal leichter und mal schwerer fällt, sich auf diese Kräfte einzulassen. Das hängt unter anderem davon ab, was Sie zu dem Zeitpunkt für Ihr Wohlbefinden brauchen.

Wenn Sie den Eindruck haben, dass Ihnen eine der Göttinnen im Augenblick besonders gut tut, dann bleiben Sie einfach bei ihrer Energie. Laden Sie die Dame doch einfach ein, die nächsten Tage mit Ihnen zu verbringen.

Wenn Sie genug gebadet haben, steigen Sie aus der Wanne und sammeln Sie die Rosenblätter ein, bevor Sie das Wasser ablassen.

Sanfte Verführung zum Alleinsein

Wenn Sie vielleicht gerade eine Beziehung hinter sich haben und noch nicht so genau wissen, ob Sie schon bereit sind, sich in eine neue aufzumachen, hilft vielleicht ein in jeder Hinsicht reinigendes

Bad und ein passender Kräuterbeutel. Sie können damit erst einmal ganz bei sich ankommen, bevor Sie wieder im Wir aufgehen. Und wer weiß, vielleicht entdecken Sie ja, dass es durchaus etwas gibt, das sich einmal voll auszukosten lohnt – und zwar ohne Partner. Schließlich ist da keiner, der seinen Kram überall liegen lässt und dem Sie zum hundertsten Mal sagen müssen, dass Sie lieber Kaffee als Tee trinken. Gönnen Sie sich selbst die Aufmerksamkeit, die Sie verdienen – und dann erwarten Sie sie vom nächsten Mann als Selbstverständlichkeit.

Für dieses Badewasser brauchen Sie Rosmarin und Majoran. Geben Sie beides in die volle Wanne und visualisieren Sie dabei, wie das Wasser klar und ruhig wird.

Steigen Sie in die Wanne und visualisieren Sie, wie diese Klarheit und Ruhe während des Badens auf Sie übergehen. Lassen Sie Wasser über den Körper laufen und geben Sie alles, was Sie belastet, ans Wasser ab. Wenn das Badewasser nicht zu heiß ist – sonst werden Sie leicht müde –, können Sie dieses Bad auch tagsüber genießen, da Sie danach frisch und ausgeruht sind.

Wenn Sie einen Kräuterbeutel anfertigen wollen, der dieses Bad der Klarheit unterstützt und ergänzt, brauchen Sie Frauenmantel, Majoran und Rosmarin.

Rosmarin sorgt für Klarheit. Sie lösen sich so leichter von alten Verhaltensmustern, vorgefertigten Meinungen und Vorstellungen, wie denn nun Ihre Beziehungen auszusehen hat. Majoran hilft Ihnen bei allem, was noch an Kummer oder Verletzungen aus verflossenen Beziehungen übrig geblieben ist, und heilt offene Wunden. Frauenmantel endlich öffnet für freundschaftliche Gefühle.

Um die Kräuter aufzubewahren, brauchen Sie einen Beutel, der möglichst aus Naturstoff bestehen sollte, damit Sie so wenig wie möglich zusätzliche Einflüsse in Ihrem Zauber haben. Ein Stück von etwa zehn mal zehn Zentimetern reicht, wenn Sie es zunähen. Wählen Sie ein etwas größeres Stück, wenn Sie es zu einem Säckchen binden wollen. Sie brauchen außerdem noch ein rosafarbenes Band zum Zuschnüren.

> Legen Sie sich alle Zutaten zurecht, gehen Sie in die Ruhe und schließen Sie den magischen Kreis (eine Anleitung zu einem Basisritual finden Sie auf S. 162ff.).

Die Zutaten für Ihren Kräuterbeutel legen Sie in die Mitte Ihres Kreises. Halten Sie einfach nur die Hände darüber und visualisieren Sie das, was die Mischung bringen soll: Klarheit, innere Ruhe, Gelassenheit, Offenheit für neue Beziehungen und was Sie sich sonst noch in diesem Zusammenhang wünschen. Seien Sie ausführlich und unverschämt. Sie können alles haben, was Ihnen jetzt noch zu Ihrem Glück fehlt. Bleiben Sie aber mit Ihren Wünschen ganz und gar bei sich selbst – wie es Ihnen geht, ist hier das Wichtigste. Kümmern Sie sich vorerst noch nicht darum, sich einen Partner zu wünschen. Zuerst verlieben Sie sich ausgiebig in sich selbst und Ihr Leben.

Wenn Sie so weit sind, nehmen Sie die Kräuter und füllen sie in den Beutel. Binden oder nähen Sie ihn zu und visualisieren Sie noch einmal Ihren Wunsch. Bekräftigen Sie Ihre Absicht mit einem deutlichen »So soll es sein«. Oder sprechen Sie einen Zauberspruch (S. 177) darüber.

Nun öffnen Sie den magischen Kreis wieder.

Hängen Sie den Beutel in der Nähe Ihrer Haus- oder Wohnungstür auf. So verbreiten sich die Schwingungen am besten in allen Bereichen Ihres Lebens, drinnen wie draußen. Wenn sich kein geeigneter Platz zum Aufhängen anbietet, legen Sie Ihren Kräuterbeutel in eine Schublade oder auf ein Regal in der Nähe der Haustür.

Rosenquarze für den Alltag

Sie können jede Form von Liebeszauber für die Selbstliebe mit einem Rosenquarz unterstützen, den Sie einfach täglich mit sich herumtragen. Oder Sie besorgen sich ein paar Dutzend kleine Rosenquarze (diese bekommen Sie im Bastel- oder Hobbygeschäft oder auf einer Mineralienmesse). Verteilen Sie sie dann in der gesamten Wohnung: in Blumentöpfen, unter der Matratze, an Badewanne und Waschbecken, neben dem Telefon. Lassen Sie Ihre Fantasie spielen.

Der Mann fürs Leben – oder den nächsten Lebensabschnitt

Nun aber endlich zu dem Thema, das Sie vermutlich dazu bewogen hat, dieses Buch überhaupt zu kaufen. Sich selbst lieben, Kinder, Hund und Katze, ist ja schön und gut. Eigentlich geht es doch aber darum: Wie finde ich den Partner der Träume – oder zumindest den für den aktuellen Lebensabschnitt. Wenn es schon nicht in der Disco, am Strand oder im Büro geklappt hat, dann kann die Magie bestimmt helfen, das Objekt der Begierde umso sicherer an Land zu ziehen. Nicht von ungefähr sind die häufigsten Anfragen für ein maßgeschneidertes Ritual die für einen Liebeszauber.

Ebenso vielfältig und hartnäckig sind auch die Vorurteile gegenüber der Liebesmagie. Da wimmelt es nur so von Amuletten, Talismanen, Pülverchen und überhaupt allem, was sich auch nur entfernt für den garantierten Liebeszauber eignen könnte. Und dabei zählt doch letztlich nur eins: das Ergebnis.

Wenn Sie jedoch einen pauschalen Liebeszauber suchen, der garantiert wie das Anrühren einer Tütensuppe funktioniert, dann geben Sie die Magie lieber auf. Denn damit ist es wie mit Medikamenten und anderen Heilmitteln: Reaktionen und Geschmäcker sind nun mal verschieden. Sie schwören vielleicht auf Aspirin, der Nächste auf Pfefferminzöl, der Dritte auf Akupressur – und alle werden ihren Kopfschmerz los. Ebenso hilft auch nicht jedes Zauberrezept jedem gleich gut.

Verstehen Sie die Vorschläge in diesem Buch also bitte als Rohentwürfe. Sie können – und sollen – verändern, wo Ihnen andere Zutaten, Abläufe oder Inhalte besser gefallen. Experimentieren Sie nach Lust und Laune, denn je nachhaltiger ein Ritual von Ihnen selbst geprägt ist, desto wirkungsvoller ist es auch. Und je mehr Erfahrungen Sie sammeln, desto sicherer werden Sie im Umgang mit Zauber jeder Art. Fangen Sie mit einfachen Dingen an, auch beim Liebeszauber, wenn Sie noch keine Übung haben. Ansonsten legen Sie munter los.

Falls Sie sich bei einem Zauber in irgendeiner Weise unwohl fühlen und weiter allein bleiben, haben Sie ebenso das falsche Ergebnis erreicht, wie wenn Sie zwar einen neuen Lover bekommen, ihn aber schon nach kurzer Zeit wieder loswerden möchten. Es sei denn, Ihr

Liebeszauber war eigentlich ein Erotikzauber und Sie wollten tatsächlich einen One-Night-Stand. Die Frage bleibt: Wo hat es denn gehakt, wenn es nicht funktioniert?

Normalerweise gilt in der Magie, dass wir, je klarer und eindeutiger wir etwas visualisieren, desto eher es uns auch herbeizaubern können. In der Liebesmagie müsste das dann eigentlich bedeuten, dass Sie sich nur vorzustellen brauchen, Richard Gere läge Ihnen zu Füßen, und schon sind Sie die glückliche Mrs. Gere. So funktioniert das aber leider nicht.

Mehr als bei jedem anderen Zauber geht es bei der Liebesmagie um einen bestimmten einzelnen Menschen. Schließlich suchen Sie nach einem Partner, der zu Ihnen passt und mit dem Sie glücklich sind. Anders als bei einem Zauber aber, mit dem Sie das richtige Haus oder einen neuen Job finden, sind hier nicht zahlreiche Personen beteiligt, die je nach Gefühl und Wellenschlag Ihrem Wunsch auf die Sprünge helfen. Wenn wir von kuppelnden Freundinnen absehen, liegt der Fall beim Liebeszauber anders. Hier richten Sie alle Energie nur auf einen Menschen, der Ihnen gegenüber auch noch eine ganz bestimmte Einstellung an den Tag legen soll. Er soll sich nämlich unsterblich in Sie verlieben.

Und da wird es auch schon kritisch. Wenn Sie sich diesen Menschen herbeizaubern, wo fängt dann der freie Wille an und wo hört Ihre Zauberei besser auf – weil Sie sonst in die schwarze Magie abdriften? Schließlich wollen Sie ja keinen Liebeszombie, der Sie nur deshalb anhimmelt, weil Sie magisch nachgeholfen haben. Es könnte Ihnen sonst passieren, dass Sie zwar Ihren Willen durchgesetzt haben, aber dann feststellen, dass Ihr Traumprinz schlechte Manieren an den Tag legt, die Dusche nur an hohen Feiertagen benutzt und Sie beim Autofahren wie ein Geisteskranker anbrüllt. Das kann Ihnen nicht passieren, werden Sie jetzt vermutlich denken, denn schließlich sind Sie sich ganz sicher, dass es diesmal der absolut richtige Mann ist – der fürs Leben. Sie erinnern sich vielleicht nur ungern, aber das haben Sie beim letzten auch schon gesagt.

Also ist beim Liebeszauber Vorsicht geboten. Es ist wichtig – im Gegensatz zu anderen Zaubereien –, das Objekt der Begierde möglichst vage zu visualisieren. Das soll nicht heißen, dass Sie sich nicht sehr genau vorstellen sollten, wie Sie sich fühlen, wenn Sie so richtig über beide Ohren verliebt sind und dieses Gefühl erwidert wird. Es heißt einfach, dass Sie sich den Traumpartner möglichst gesichtslos vorstellen und nicht etwa einen ganz bestimmten Menschen die Rolle des zukünftigen Liebhabers spielen lassen. Statten Sie ihn lieber mit bestimmten Eigenschaften als mit bestimmten Gesichtszügen aus, das wirkt besser.

Was aber, wenn Sie sich in einen ganz bestimmten Mann verguckt haben, jede Minute an ihn denken und sich nichts sehnlicher wünschen, als dass er Ihr Märchenprinz ist? Die Argumentation für einen Liebeszauber sieht dann ungefähr so aus: Ich bin mir ganz sicher, also wirklich ganz sicher, dass er der richtige Mann für mich ist (Beweis sind meine Schmetterlinge im Bauch und meine drohende Ohnmacht, wenn er mich nur ansieht, auch wenn er sonst kein Interesse zeigt). Und weil er irgendwie nicht in die Puschen kommt, muss ich dem Universum ganz genau mitteilen, dass es bitte dieser und kein anderer sein soll, sonst schicken die mir vielleicht noch einen anderen vorbei ...

Eben. Das Universum tut vielleicht genau das: einen anderen vorbeischicken. Oder es kommt noch schlimmer und gar kein neuer Liebster taucht in Ihrem Leben auf. Die kosmischen Wesen blicken zum Glück etwas weiter als Sie. Wenn Sie zu den Menschen gehören, die immer und in jedem Augenblick ihres Lebens hundertprozentig wissen, was für sie richtig ist, dann herzlichen Glückwunsch. Der Rest liegt oft heftig daneben. Wenn Sie sich vielleicht erinnern: Der letzte »Mann Ihres Lebens« ist inzwischen längst mit einer anderen glücklich.

Wenn Sie also so verliebt sind, dass Sie nicht mehr klar denken können, dann lassen Sie das Zaubern sein. Wenn Sie sich nicht mehr vorstellen können, dass Sie vielleicht auch mit einem anderen Menschen oder für sich allein leben könnten, lassen Sie die Finger von der Magie. Die Gefahr, dass Sie in eine Abhängigkeit geraten, ist dann viel zu groß. Lassen Sie jemand anderen für Sie zaubern, wenn es denn schon sein muss, aber suchen Sie sich auch dafür jemanden aus, der sich nicht von Ihnen zu unüberlegtem Hokuspokus überreden lässt.

Da haben wir auch gleich den nächsten Haken: Selbst wenn Sie einen Liebeszauber ganz exakt durchführen und sich alle Mühe der Welt gegeben haben und insgeheim jetzt auf denjenigen warten, den Sie da neulich im Bus oder im Kino getroffen haben – es kann immer noch anders kommen, als Sie dachten und sich wünschten.

Eine Garantie, dass Sie denjenigen bekommen, den Sie sich im Augenblick gerade vorstellen, auch wenn Sie ihn wirklich aus dem

Ritual herausgehalten haben, existiert nicht. Dafür gebe ich Ihnen aber Brief und Siegel, dass Sie – bei richtiger Anwendung – jemanden finden, der wirklich zu Ihnen passt. Vielleicht fühlt es sich am Anfang nicht so an, dass Sie gleich unter die Decke springen möchten vor Glück, weil es eben nicht der aufregende Typ aus dem Kino ist (der sich übrigens als Casanova entpuppte, und Sie wollen doch eigentlich einen Mann, um eine Familie zu gründen). Also zaubern Sie sich den Richtigen, auch wenn das etwas mehr Zeit kostet. Das ist allemal besser, als nur den Zweitbesten zu bekommen, auch wenn er Ihnen im Augenblick richtig zu sein scheint.

In der Praxis ist dann wieder einmal alles ganz einfach und leicht nachzumachen. Bei den folgenden Rezepten für einen Liebeszauber habe ich alles weggelassen, was in den Bereich der schwarzen Magie gehört. Trotzdem können viele der Vorschläge auch schwarzmagisch genutzt werden. Wer diesen Weg einschlagen will, tut sich selbst damit keinen Gefallen, verhindern lässt es sich von dieser Stelle aus jedoch nicht. Wer sich aber in der Liebe wie im restlichen Zauberleben an die Regel »Tu, was du willst, und schade niemandem« hält, kann dagegen wenig falsch machen. Wer ganz sichergehen will, hängt an jedes Ritual, an jeden Wunsch, an jedes magische Vorgehen den Satz an, dass es allen nützen möge. Das, laut und deutlich als Wunsch geäußert, wird unter Umständen zwar dazu führen, dass das Universum nicht gerade Richard Gere vorbeischickt, aber dafür etwas später Michael Müller, der einfach fantastisch italienisch kochen kann, Ihnen die Füße massiert, wie Sie es bisher nur im Schönheitssalon erlebt haben, und auch noch die Zahnpastatube am richtigen Ende ausdrückt.

Zitronenmelisse für die Schönheit

Bevor Sie darangehen, mit Ihrem Traummann auf Wolke sieben einzuziehen, gilt es erst einmal, den Erwählten auf sich aufmerksam zu machen. Wenn Sie in der Disco im Halbdunkel Arme und Beine von sich schleudern oder in einem Bahnabteil voller Menschen sitzen, wollen Sie schon so aussehen, dass er auch wirklich zweimal hinguckt.

Ein kleiner Schönheitszauber verhilft hier zum Erfolg. Sie können das folgende Ritual nicht nur mit Zitronenmelisse durchführen, Sie können auch Avocado (S. 137f.) nehmen – das ist aber wesentlich glitschiger. Sie brauchen für dieses Ritual alles, was für Ihren magischen Kreis vonnöten ist (S. 163), außerdem eine Schale aus Keramik, Ton oder Glas, die Sie mit Wasser füllen, und ein Tuch, möglichst aus Seide und möglichst rot.

Pflücken Sie in der Nacht vor dem Vollmond einige Blätter Zitronenmelisse und gehen Sie damit zu Ihrem Kraftplatz oder Altar. Falls Sie mit Avocado arbeiten, nehmen Sie nur die Schale oder den Kern und schneiden Sie die dafür vorgesehene Frucht ebenfalls eine Nacht vor dem Vollmond an.

Gehen Sie in die Ruhe und schließen Sie den magischen Kreis. Bedanken Sie sich bei der Pflanze für ihre Gabe und legen Sie die Blätter der Zitronenmelisse oder die Schale beziehungsweise den Kern der Avocado ins Wasser. Rühren Sie mit den Blättern und mit den Fingern das Wasser um: Dreimal im Uhrzeigersinn, höchstens sieben Mal.

Visualisieren Sie sich selbst nun als strahlende Schönheit. Nehmen Sie sich dabei aber nicht Claudia Schiffer zum Vorbild, bleiben Sie bei sich selbst. Sie wissen am besten, wie Sie sich selbst wirklich schön finden. Seien Sie dabei ruhig fantasievoll. Wenn Sie im Augenblick über 90 Kilo wiegen, sich aber dünn schöner finden, dann visualisieren Sie sich genau so, wie Sie es haben wollen.

Es geht dabei nicht darum, dass Sie am nächsten Morgen aufwachen und alle Pfunde weg sind. Es geht darum, dass Sie genau dieses Bild von sich nach außen tragen. Eine erotische Ausstrahlung hängt nicht damit zusammen, wie viel Sie wiegen, sondern damit, was in Ihnen los ist. Wahre Schönheit kommt schließlich immer noch von innen, und magische sowieso. Ganz nebenbei erreichen Sie mit so einem Zauber auch noch, dass Ihnen das Abnehmen tatsächlich leichter fällt, wenn Sie es denn wirklich wollen.

Wenn Sie mit dem Visualisieren fertig sind, breiten Sie das Seidentuch über den Wassernapf und öffnen dann den magischen Kreis. Lassen Sie das Melisse- oder Avocadowasser bis zur folgenden Nacht stehen.

Am Abend des Vollmondes schließen Sie wieder den magischen Kreis und nehmen das Tuch von dem Zauberwasser. Legen Sie Ihre Hände hinein und streichen Sie sich dann mit dem Wasser über das Gesicht, die Haare, Hände, Arme und übrigen Körperteile. Es ist nicht nötig, dass Sie dabei völlig nass werden, schließlich geht es nur um die Energie der Zitronenmelisse oder Avocado. Sie können dieses Ritual sowohl angezogen als auch nackt durchführen. Visualisieren Sie während dieser Prozedur ebenso wie am Abend zuvor.

Wenn Sie fertig sind, breiten Sie wieder das Tuch über das Wasser und öffnen dann den magischen Kreis.

Gießen Sie das Wasser aus diesem Ritual nicht gleich weg. Nehmen Sie die Blätter, die Schale oder den Kern heraus und gießen Sie das Wasser in eine Flasche, die Sie am besten im Kühlschrank oder an einem anderen kühlen Ort aufbewahren; dort ist es mindestens 14 Tage haltbar. Geben Sie etwas davon ins Badewasser oder machen Sie die kleine Waschung nach dem Duschen. Vergessen Sie dabei nicht, Ihren Wunsch zu visualisieren. Diesen Schönheitszauber können Sie wahlweise auch mit Katzenminze durchführen.

Liebesrausch im Badezimmer

Sie können das Badezimmer generell zu einem magischen Ort erster Güte umfunktionieren, ob Sie nun ein kleines Duschbad Ihr Eigen nennen oder es mehr mit dem Luxus einer Kleopatra halten. Das Badezimmer an sich birgt schon bei so alltäglichen Dingen wie Duschen oder Händewaschen eine Menge an magischen Möglichkeiten. Und auch Ihr Liebeszauber ist hier bestens aufgehoben.

Für ein Liebesbad gibt es verschiedene Möglichkeiten, aus denen Sie sich aussuchen können, welches Ihrem Wunsch, Temperament und Ihren Absichten in Bezug auf einen möglichen Partner am besten gefällt. Für Menschen, die nicht so gern baden oder zu Hause vielleicht nur eine Dusche haben, folgt am Schluss noch ein Vorschlag für das magische Duschen.

Lavendelbad

Lassen Sie Badewasser in die Wanne und legen Sie Ihre Zutaten für einen magischen Kreis im Bad bereit. Da Sie dort meistens nicht viel Platz haben werden, begnügen Sie sich nur mit dem Nötigsten beziehungsweise mit dem, was am meisten Platz spart und Wärme und Feuchtigkeit aushält. Das Element Wasser haben Sie ja im Bad reichlich zur Verfügung, für Feuer reicht eine Kerze, für die Luft Ihre Öllampe oder eine Feder und für die Erde ein einfacher Stein.

> Wenn genug Wasser in der Wanne ist und es die gewünschte Temperatur hat, schließen Sie die Tür und stellen sich nackt vor die Wanne. Schließen Sie den magischen Kreis wie üblich.
>
> Visualisieren Sie Ihren Wunsch nach Partnerschaft und geben Sie drei Tropfen Lavendelöl in die Wanne. Sprechen Sie dabei laut aus, was Sie sich wünschen. Alternativ können Sie auch frischen oder getrockneten Lavendel auf die Wasseroberfläche streuen. Wenn Sie die Pflanzenteile nicht auf der Haut mögen, können Sie den Lavendel auch in einen kleinen Beutel aus ungefärbter Baumwolle einnähen, den Sie ins Wasser legen. Rühren Sie das Wasser mit der Hand oder einem Zauberstab dreimal im Uhrzeigersinn um und sagen Sie dabei »So soll es sein«. Wenn Sie den Duft noch verstärken wollen, geben Sie etwas Lavendelöl in eine Duftlampe.
>
> Dann steigen Sie ins Bad und lassen sich von der Energie des Wassers Ihren Wunsch in jede Pore treiben. Baden Sie nicht zu lange, da es schwierig ist, die Aufmerksamkeit über einen langen Zeitraum aufrechtzuerhalten. Sie verlieren sonst wieder einen Teil der Energie, die Sie aufbauen.Wenn Sie so weit sind, steigen Sie aus der Wanne und wickeln sich in ein Handtuch, damit Ihnen nicht kalt wird. Dann ziehen Sie den Stöpsel heraus und lassen das Lavendelwasser ablaufen. Visualisieren Sie dabei, wie Ihr Badewasser sich im Wasserkreislauf der Natur überall verbreitet und Ihrem Wunsch so weiträumig Gehör ver-

schafft. Wenn das Wasser vollständig abgelaufen ist, halten Sie noch einmal die Hände über die nun leere Wanne und sagen Sie noch einmal »So soll es sein«.

Nun öffnen Sie den magischen Kreis.

Sie können sich jetzt abtrocknen und anziehen. Dieses Ritual lässt sich auch an mehreren Tagen hintereinander durchführen. Falls Sie keine Hautprobleme bekommen, können Sie es an drei aufeinanderfolgenden Abenden machen oder über das Wochenende.

Aphrodites Schaumbad

Aphrodite soll dem Meeresschaum entstiegen sein und heißt deshalb auch die »Schaumgeborene«. Sie brauchen für dieses Ritual ein Schaumbad, das möglichst keine Duftstoffe enthält, sowie folgende Zutaten: Sträuße aus rosafarbenen und roten Rosen (rote allein tun es auch, falls rosafarbene nicht zu bekommen sind, andere Farben sind jedoch ungeeignet), möglichst frische Rosenblätter, Rosenöl (rein oder in Verdünnung), Kostbarkeiten wie Schmuck, Edel- oder Halbedelsteine, Kerzenleuchter, Seide, Samt (oder was an Preziosen Sie sonst noch entdecken können), eine Lotion ohne Duftstoffe oder Körperöl (Aprikosenöl eignet sich besonders gut, da die Aprikose zu den Liebesfrüchten gehört) und einen kleinen Messbecher, in dem Sie das Öl oder die Lotion mit dem Duftöl mischen können.

Wenn Sie ein Schaumbad haben, dass Duftstoffe enthält, geben Sie einmal ein wenig davon auf eine Untertasse und lassen es eintrocknen. Testen Sie dann im Waschbecken, was passiert, wenn Sie die eingetrockneten Reste des Schaumbades in Wasser auflösen. Mit etwas Glück bekommen Sie so ein Schaumbad ohne Eigenduft. Ebenfalls eine gute Alternative sind Babybäder ohne Parfum- und sonstige Zusatzstoffe. Sie können ein neutrales Schaumbad auch selbst herstellen – einschlägige Bücher aus dem Fachhandel verraten Ihnen, wie es geht.

Wählen Sie für Ihr Aphrodite-Bad einen Tag, der zu ihr passt. Besonders geeignet ist der Freitag, denn dieser Tag ist der Liebesgöttin Venus heilig, der römischen Entsprechung der Aphrodite. Sie wird nichts dagegen haben, wenn Sie ihn sich für ihre Schwestergöttin ausleihen.

Machen Sie aus dem Badezimmer so etwas wie eine Schatzhöhle. Sie brauchen dafür nicht zu renovieren und goldene Wasserhähne einzubauen, aber schleppen Sie ruhig alles an, das irgendwie kostbar ist. Wenn Sie kein Gold haben – auch Modeschmuck ist erlaubt –, nehmen Sie Messing. Bei Kerzen entscheiden Sie sich für echtes Bienenwachs oder zumindest Gold und Purpur als Farben. Verhängen Sie das Fenster mit Seidentüchern oder drapieren Sie andere Stoffe um Spiegel und Armaturen. Lassen Sie Ihre Fantasie spielen. Falls Ihre jeweiligen Mitbewohner oder Partner von Ihrem liebestollen Dekofimmel nicht so angetan sind, verlegen Sie Ihr Ritual einfach auf eine Zeit, in der Sie das Bad für sich in Beschlag nehmen können, ohne jemanden zu stören. Falls alles nichts hilft, besorgen Sie sich eine preiswerte Glas- oder Metallschale: Bedecken Sie den Boden mit Sand, so dass Sie Räucherwerk hineinlegen können, ohne dass das Material beschädigt wird. Legen Sie Ihre Kostbarkeiten dazu, Goldschmuck, edle Steine und alles, was Sie dabei haben möchten. Nehmen Sie Ihre kostbare kleine Oase mit ins Bad und stellen Sie sie auf einen Hocker oder den Toilettendeckel, wenn es keinen anderen Platz gibt. Falls Sie ein Übriges tun wollen, legen Sie ein schönes Tuch unter. Stellen Sie noch zwei Vasen mit frischen Rosen dazu – und schon haben Sie ein Venusbad, ohne mit stundenlangen Vorbereitungen das stille Örtchen zu blockieren. Zusätzlich brauchen Sie natürlich alles, was Sie auch sonst für ein Ritual verwenden.

Wenn Sie mit Ihren Vorbereitungen zufrieden sind, legen Sie los. Zur Vorbereitung auf Ihr Ritual können Sie duschen oder sich einfach einen Augenblick auf den Boden setzen und in die Ruhe gehen. Sie können auch im Stehen entspannen, während Sie die Wanne volllaufen lassen. Machen Sie es ganz so, dass es für Sie am wirkungsvollsten ist, auch wenn Sie sich vielleicht sonderbar vorkommen, nackt im Bad zu sitzen und leise »Om« oder Ähnliches zu murmeln.

Schließen Sie als Erstes wie gewöhnlich den magischen Kreis. Wenn Sie zu den verschiedenen Himmelsrichtungen Göttinnen anrufen, sprechen Sie sie von vornherein in ihren Bedeutungen als Liebesgöttinnen an und sagen Sie ihnen, warum Sie sie rufen.

Als Nächstes geben Sie Schaumbad ins Badewasser und rühren es mit beiden Händen im Uhrzeigersinn um. Produzieren Sie dabei so viel Schaum, wie Sie wollen. Geben Sie zusätzlich Schaumbad dazu, wenn es Ihnen noch nicht reicht. Als Nächstes kommen die Rosenblätter und drei Tropfen verdünntes Rosenöl oder ein Tropfen reines Rosenöl dazu.

Rühren Sie nochmals um und steigen Sie dann in die Wanne. Streichen Sie den Schaum über Ihren Körper und atmen Sie den Rosenduft tief ein. Visualisieren Sie, wie das warme Wasser Ihren Körper wie eine liebevolle Umarmung umfängt. Seien Sie so romantisch, wie Sie wollen. Sehen Sie sich, wie Sie lieben und geliebt werden, stellen Sie sich eine Beziehung oder Liebschaft so bildhaft vor, wie Sie können. Gehen Sie ins Detail. An dieser Stelle sei zum wiederholten Male erwähnt, dass es eine schlechte Idee ist, sich den Geliebten als eine ganz bestimmte Person vorzustellen. Bleiben Sie bei sich und irgendeinem gesichtslosen Partner. Vertrauen Sie darauf, dass Ihnen das Universum den richtigen Mann schicken wird.

Wenn Sie so weit sind, können Sie dem Schaumbad entsteigen und sich kurz abtrocknen. Nehmen Sie Ihr Körperöl oder die Lotion zur Hand und geben Sie genug in den Messbecher, damit es vom Kopf bis zu den Zehen reicht. Dann geben Sie ein wenig Rosenöl dazu. Bei unverdünntem Öl reicht ein Tropfen reichlich aus, beim verdünnten Öl folgen Sie einfach Ihrer Nase. Allerdings gilt hier, dass viel nicht unbedingt besser ist – die feinstoffliche Energie der Rose wirkt auch, wenn Ihre Nase nichts mehr wahrnimmt, da wir uns an Gerüche sehr schnell gewöhnen.

Mischen Sie das Duftöl mit dem Finger in Ihre Lotion oder das Basisöl ein und visualisieren Sie dabei wieder Ihren Wunsch. Dann reiben Sie sich von Kopf bis Fuß damit ein – machen Sie daraus ein sinnliches Fest. Sie sind die Liebesgöttin persönlich. Auch wenn Sie sich für einen Augenblick albern vorkommen (ich eine Göttin, lächerlich) – bleiben Sie bei dem Bild. Schließlich wird Sie Ihr Traumpartner genauso wahrnehmen: Sie werden seine Liebesgöttin sein. Also gewöhnen Sie sich besser gleich an den Gedanken, liebenswert und sinnlich zu sein – wie Aphrodite.

Wenn Sie mit Ihrer Massage fertig sind, lassen Sie das Wasser aus der Wanne ab und halten für einige Augenblicke die Hände darüber. Visualisieren Sie, wie das Badewasser in alle Himmelsrichtungen strömt und Ihren Wunsch verbreitet. Sprechen Sie am Schluss ein kräftiges »So soll es sein«.

Dann öffnen Sie den magischen Kreis.

Sie können die Sandschale der Aphrodite noch eine Weile in Ihrem Schlafzimmer aufstellen – sie ist nicht nur dekorativ, sondern verbreitet auch die Magie, die Sie in Ihrem Ritual beschworen haben. Lassen Sie sie aber auf keinen Fall verstauben oder unansehnlich werden. Das Gleiche gilt für die Rosen: Schließlich wollen Sie keine verwelkte und staubige Liebe, sondern eine frische und blühende. Alte Blumen gehören auf den Kompost. Schatzoasen, die zu verstauben drohen, lösen Sie lieber auf.

Erotisches Ölbad

Wenn Ihnen die bisherigen Bäder doch etwas zu zahm waren und Ihnen der Sinn eigentlich mehr nach wilden Liebesnächten steht, dann probieren Sie die folgende Variante aus.

Für dieses Bad brauchen Sie richtig heißes Wasser, so dass Sie es gerade noch gut in der Wanne aushalten. Nehmen Sie zu diesem Badevergnügen etwas parfumfreies Körperöl, Ylang Ylang, etwas frisch gemahlenen schwarzen Pfeffer und einige Schnipsel frischen Ingwer mit ins Bad.

Nachdem Sie das Wasser eingelassen haben, gehen Sie wie üblich in die Ruhe und schließen den magischen Kreis. Dann geben Sie mit der linken Hand (sie kommt vom Herzen) drei Tropfen Ylang Ylang ins Wasser, die Schnipsel des Ingwer und etwas schwarzen Pfeffer. Wenn Sie die Zutaten fürs Bad nicht an die Haut lassen möchten, dann geben Sie sie in einem kleinen Stoffbeutel oder in einem Teebeutel ins Wasser. Benutzen Sie dafür die Filtertüten für die wieder verwendbaren Teefilter, da sie oben leicht zuzubinden sind.

Dann rühren Sie mit beiden Händen im Uhrzeigersinn um und sprechen deutlich Ihren Wunsch aus. Wenn Ihnen das peinlich ist, denken Sie sich Ihren Wunsch einfach nur. Wichtig ist aber, dass er ganz klar ist, ohne eine bestimmte Person zu bezeichnen.

Lassen Sie sich dann bis zum Hals in die Badewanne gleiten und fächeln Sie Wasser um Ihren Körper, bis Ihnen richtig schön heiß ist – so heiß, wie Ihnen in einer leidenschaftlichen Liebesnacht werden soll. Bleiben Sie nicht länger als bis zu diesem Augenblick im Wasser, sonst werden Sie träge – und das passt nicht zur Leidenschaft. Steigen Sie aus dem Wasser und ziehen Sie den Stöpsel. Halten Sie die Hände über das ablaufende Wasser und sagen Sie »So soll es sein«. Schicken Sie Ihren Wunsch damit auf die Reise.

Dann öffnen Sie wie gewohnt den magischen Kreis.

Nehmen Sie nun Ihr Körperöl oder die Lotion und geben Sie etwas Ylang Ylang, Pfeffer und Ingwer hinein. Wenn Sie sich jetzt damit einreiben, verstärken Sie das Ritual noch. Zusätzlich können Sie auch noch visualisieren.

Energiedusche

Falls Sie keine Badewanne besitzen oder einfach keine Lust auf ein Wannenbad haben, können Sie einen Liebeszauber auch unter der Dusche durchführen. Leider bietet die Dusche weniger Möglichkeiten als die Badewanne, denn hier läuft Ihnen buchstäblich die Energie davon, die Sie durch Ihr Liebesritual ja erst aufbauen wollen. In der Wanne sind Sie am ganzen Körper (vom Kopf mal abgesehen) vom Wasser umgeben, ohne Ablenkung und Bewegung. Da wirken Ihre Hexenkünste noch mal so gut.

Wenn Sie allerdings vor dem rituellen Bad duschen, reinigen Sie sich nicht nur körperlich. Auch wenn es Ihnen vielleicht doppelt gemoppelt erscheint, aber die Energie des fließenden Wassers spült Stress und Anspannung weg. Sie werden so offener für Ihr Ritual und können sich besser darauf einlassen.

Wenn Sie sich trotz allem nicht zum Baden überreden lassen, dann nehmen Sie für ein kleines Liebesritual unter der Dusche ein simples Büschel Dill. Dieses Kraut können Sie im Übrigen auch zu einem Liebesbad verwenden.

Waschen Sie sich wie gewohnt und lassen Sie anschließend das warme Wasser noch einige Augenblicke über den Körper laufen, um sich auch von Energien zu säubern, die in Ihrer Nähe nichts zu suchen haben.

Wenn Sie fertig sind, nehmen Sie Ihr Dillbüschel und reiben sich damit am ganzen Körper ab. Visualisieren Sie dabei Ihren Wunsch nach einem Partner. Dann trocknen Sie sich ab, den Dill kompostieren oder vergraben Sie am besten.

Rituale am eigenen Leib: Körperpflege

Sie können den Liebeszauber im Bad noch weiter ausdehnen, wenn Sie auch andere Bereiche der Körperpflege mit einbeziehen. Vieles, das wir sowieso schon tun, macht uns tatsächlich noch anziehender für andere, ob es nun Parfum oder die »Kriegsbemalung« ist. Etwas magisch aufgepeppt erhalten ganz alltägliche Dinge wie Einkremen oder Schminken eine zusätzliche Wirkung – und dann steht dem Discobesuch oder dem romantischen Abend zu zweit nichts mehr im Weg.

Liebesöl

Nach dem Duschen oder Baden können Sie die Wirkung Ihres Liebeszaubers noch verstärken, wenn Sie sich mit einem entsprechenden Körperöl oder einer Lotion einreiben (S. 74ff.).

Wenn Sie sich selbst ein Körperöl anmischen, achten Sie darauf, dass Sie wirklich nur reine ätherische Öle verwenden, da besonders bei künstlich hergestellten Aromen die Gefahr allergischer Reaktionen besteht. Doch auch bei natürlichen Ölen sollten Sie sich im Zweifelsfalle vorher testen lassen, wenn Sie sich nicht sicher sind, ob Sie die eine oder andere Substanz auf der Haut vertragen. Nichts tötet die Liebe schneller, als wenn Sie nach Ihrem unheimlich anregenden Ritual einen allergischen Ausschlag bekommen. Allergikern sei empfohlen, das jeweilige Zusatzöl in der Duftlampe verdunsten zu lassen – die Essenz der Pflanzen, Harze und Öle wird so trotzdem wirken, und Sie riskieren keine blühende Haut.

Falls Sie keine Bedenken haben, geeignetes ätherisches Öl an Ihre Haut zu lassen, dann mischen Sie sich für ein Ritual ein geeignetes Liebesöl an. Sie brauchen dafür eine Körperlotion oder ein Öl, das keine Duft- oder anderen Zusatzstoffe enthält. Sie bekommen solche Basisöle (sie sind reines Fett) oder Lotionen (sie enthalten eine Mischung aus wasser- und fettlöslichen Substanzen) in einschlägigen Geschäften. Gute Erfahrungen kann man mit Kokosöl machen, allerdings ist es im deutschsprachigen Raum schwer zu bekommen, da es in reiner Form erst bei höheren Temperaturen schmilzt, bei niedrigen Temperaturen aber hart bleibt. Das reine Kokosöl ist geruchlos und erstaunlicherweise nicht fettig auf der Haut.

Wenn Sie es mit diesem exotischen Öl probieren wollen, stellen Sie es im Winter mindestens eine halbe Stunde neben die Heizung, bevor Sie es anwenden. Gießen Sie dann in einen Messbecher so viel von dem Öl, wie Sie verwenden wollen, und geben Sie dazu einen oder mehrere Tropfen des ätherischen Öls, das Sie sich ausgesucht haben. Wenn Sie etwas übrig behalten, füllen Sie das Öl in leere Krembehälter, wo Sie es ohne weiteres ein paar Monate aufbewahren können. Sie können diese Krembehälter bei sich tragen, wenn Sie ein Öl verwenden, das fest wird (siehe oben). Auf diese Weise können Sie tagsüber oder bei passenden Gelegenheiten Ihren Lieblings-Liebesduft auffrischen, indem Sie sich ein wenig von dem duftenden Öl auf die Pulspunkte zum Beispiel an Handgelenk oder Hals tupfen. Erwarten Sie allerdings keine Parfumwolken, denn die erreichen Sie mit natürlichen Mitteln nur schwer. Ihr Duftöl wirkt dafür eher auf der feinstofflichen Ebene und verführt dafür umso sicherer.

Ein anderes gutes Basisöl wird aus dem Kern der Aprikose hergestellt und ist leichter zu bekommen als Kokosöl. Die Aprikose zählt sowieso zu den Früchten, die sich zum Verführen anbieten; das Öl dieser Pflanze ist deshalb für allen Zauber um die Liebe besonders geeignet.

Ylang-Ylang-Verführung

Dieses ätherische Öl hat einen süßen, schweren Duft, der romantische Abende und orientalische Nächte lebendig werden lässt. Kaum ein anderes Öl eignet sich besser, um einen kleinen Verführungszauber zu starten.

Sie brauchen als Zutaten Ihre üblichen Gegenstände für den magischen Kreis, ein Basisöl mit Messbecher und Ylang-Ylang-Öl. Machen Sie dieses Ritual nur, wenn Sie tatsächlich vorhaben, einen Partner anzuheizen oder eine neue leidenschaftliche Liebesbeziehung einzugehen, denn wenn Sie damit aus dem Haus gehen, signalisieren Sie: Ich bin von Kopf bis Fuß auf Liebe eingestellt.

Am besten duschen Sie vor diesem Ritual kurz, damit Sie die Alltagsenergie hinter sich lassen und sich Ihr ganzer Körper gut auf Ihren Zauber einstimmen kann. Sie sehen, Ihr Badezimmer wird zunehmend als Hexenküche mit Beschlag belegt.

> Trocknen Sie sich ab und schließen Sie dann den magischen Kreis wie üblich. Wenn Sie mögen, rufen Sie eine der Göttinnen zu Hilfe, deren Ausstrahlung Ihnen besonders geeignet erscheint – Venus (S. 190) und Aphrodite (S. 179) sind in jeden Fall richtig.
>
> Schließen Sie die Augen und halten Sie einen Augenblick lang die Flasche mit dem Ylang-Ylang-Öl zwischen den Händen. Bitten Sie um eine erotische Ausstrahlung und einen Partner, der darauf so reagiert, wie Sie es sich wünschen.
>
> Öffnen Sie die Augen wieder und geben Sie ein paar Tropfen Ylang Ylang in Ihr Basisöl oder die Körperlotion. Sie können mit dem Finger umrühren: dreimal im Uhrzeigersinn.
>
> Dann verteilen Sie die magische Mixtur großzügig über Ihren ganzen Körper und visualisieren sich dabei als anziehend und verführerisch.

Wenn Sie fertig sind, öffnen Sie den magischen Kreis wieder.

Sie können dieses kleine Ritual auch unterwegs machen, denn selbst auf dem Campingplatz können Sie duschen und sich hinterher einkremen. Allerdings könnte es sein, dass Sie dort einen magischen Kreis nicht unauffällig schließen können. Lassen Sie dann alle Gegenstände weg und rufen Sie nur still die Geister der Himmelsrichtungen herbei. Vergessen Sie aber nur nicht, auch diesen Kreis zum Schluss wieder zu öffnen, sonst laden Sie alle möglichen Energien ein, die Sie eigentlich gar nicht bei Ihrer Liebesnacht dabeihaben wollten.

Wenn Ihnen der Duft von Ylang Ylang nicht gefällt oder Sie etwas Abwechslung brauchen, wählen Sie eine andere Duftnote. Klassiker unter den Liebesdüften sind Rose und Jasmin, die in ihrer reinen Form außerordentlich teuer sind. Benutzen Sie sie entweder ganz sparsam, wenn es wirklich ums Ganze geht, oder kaufen Sie sich eine Verdünnung, die die Essenz der Pflanze ebenso ausströmt wie das reine Öl. Nehmen Sie aber unter keinen Umständen synthetisches Öl für Ihren Zauber (Tipps zu Ölen und Tinkturen finden Sie ab S. 74).

Sehr gut eignet sich auch Kardamomöl, das einen weniger süßen, eher würzigen Duft ausströmt und sehr viel anregender wirkt als Rose und Jasmin. Sie ahnten es schon, damit kommen Sie eher zur puren Erotik und nicht so sehr zur innigen Liebe. Achten Sie auch bei diesem Öl unbedingt auf genügend Verdünnung, damit es keine Probleme mit Ihrer Haut gibt. Wenn Sie sich nicht ganz sicher sind, fragen Sie beim Arzt nach. Falls er sich mit ätherischen Ölen nicht auskennt, können auch Aromatherapeuten genaue Angaben zu den diversen Ölen machen; falls Sie sich einen Stoff ausgesucht haben, der nun wirklich nicht hautverträglich ist, können diese Fachleute Ihnen außerdem unbedenkliche Alternativen vorschlagen.

Neben den schon genannten Ölen können Sie auch andere, nicht direkt am Liebeszauber beteiligte Ölvarianten beimischen. Wählen Sie zum Beispiel einige Tropfen Geranium, um Ihren Liebeszauber nicht nur zu verstärken, sondern auch gleich noch einen Schutz vor unliebsamen Annäherungsversuchen dabeizuhaben. Dieses Öl ist außerdem Bestandteil vieler Duftmischungen, die für jede Art von Glückszauber Verwendung finden.

Rosenöl, Jasmin und andere Öle, die Sie für Ihren magischen Liebeszauber nutzen können, finden Sie im Abschnitt über ätherische Öle ebenfalls.

Liebestolle Kriegsbemalung

Sie nehmen schon seit zehn Jahren die gleichen Kajalstifte, Rouge kennen Sie nur aus der Werbung, und Sie gehören zu den treuesten Kundinnen Ihrer Lippenstiftfirma. Magisch gesehen läuft da nicht mehr viel. In diesem Fall sollten Sie Ihre Farbwahl einmal überdenken. Aber Vorsicht, tragen Sie nicht zu dick auf. Schließlich wollen Sie nicht wie ein Werbeplakat durch die Gegend laufen. Ihre Wirkung macht viel mehr her, wenn sie unterschwellig beim Auserwählten ankommt. Sie treten bei Freunden ja auch nicht gleich die Tür ein, nur um mal Hallo zu sagen. Lassen Sie Ihr Gegenüber doch ruhig über das angeblich so unergründliche Rätsel Frau grübeln.

Wenn Sie nämlich einen der zahlreichen Männer vor sich haben, die immer noch die Meinung vertreten, Frauen wären unverständliche, geheimnisvolle Wesen, wecken Sie so garantiert seine Aufmerksamkeit. Und falls Sie einem der seltenen Exemplare begegnet sind, die sich aus diesem Neandertal bereits verabschiedet haben – umso besser.

Mut zur Farbe

Für die Liebesmagie sind alle Rottöne besonders geeignet. Sie können aber auch mit anderen Farben kombinieren, wenn Sie noch andere energetische Schwerpunkte setzen wollen.

Rot: Dies ist die Farbe der Leidenschaft, der erotischen Liebe, von Gefahr und Sex – Reihenfolge beliebig. Rot hat Signalwirkung: Aus den Medien kennen Sie hinlänglich die Vamps mit ihren roten Lippen und Nägeln. Aber in der Magie ist es, wie gesagt, gar nicht nötig, so starke Geschütze aufzufahren – was aber nicht heißen soll, dass Sie gleich die Stöckel von Ihren Schuhen absägen müssen. Hauptsache ist, dass es Ihnen gefällt und Sie sich wohl damit fühlen.

Wenn Ihnen Knallrot im Gesicht nicht steht, dann geben Sie nur einen winzigen Punkt Rot auf die Lippen und malen dann mit Ihrem eigenen Lippenstift darüber. Schon haben Sie die Energie der knallroten Farbe ebenfalls dabei.

Sie können auch Ihre Kleidung entsprechend wählen. Auch wenn es vielleicht noch niemand sieht, probieren Sie mal aus, wie Sie sich in liebesroter Unterwäsche aus Seide oder Spitze oder auch Baumwolle fühlen. Ihre eigene Energie verändert sich absolut, selbst wenn Sie darüber gedeckte Farben tragen.

Um für leidenschaftliche Nächte die Energie der Farbe Rot in Ihr Schlafzimmer zu holen, brauchen Sie nicht extra eine rote Laterne aufzuhängen. Sie können auch eine dezente rote Rose wählen oder auch nur eine Postkarte mit einem roten Motiv auf Ihren Nachttisch stellen. Sie können Rot überall im Raum verteilen oder es nur auf einige Akzente beschränken.

Wenn Sie nur einen bestimmten Gegenstand verwenden, visualisieren Sie beim Aufstellen, wie sich die Kraft der Farbe Rot im ganzen Raum ausbreitet. Sie sollten nur nicht das ganze Zimmer rot streichen, dann bekommen Sie keinen ruhigen Schlaf mehr. Rot ist die Farbe des Feuers und gehört in den Süden des magischen Kreises.

Blau: Diese Farbe steht für Ausgeglichenheit, Ruhe und auch Meditation. Sie können sie dazu nutzen, Heilungsrituale zu unterstützen. Wenn Sie beispielsweise unter Liebeskummer leiden, ist das nicht notwendigerweise gleich eine Krankheit (auch wenn Sie sich dabei so fühlen, als hätte Sie die übelste aller Grippen erwischt). Trotzdem können Sie mit dem gebrochenen Herzen so umgehen, als wären Sie krank – eben liebeskrank.

Wenn Sie also etwas gegen Liebeskummer tun wollen, wählen Sie zum Beispiel Materialien in Blau: blaue Kerzen, blaue Schnüre zum Zusammenbinden von Medizinbeuteln, Bilder von blauen Blumen und so weiter. Wenn Sie Lust dazu haben, malen Sie doch mal ein Bild ausschließlich in Blautönen oder machen Sie einfach eine Meditation mit der Farbe Blau. In der westlichen Tradition ist Blau die Farbe des Westens und des Wassers.

Grün: Grün ist die Farbe der Fruchtbarkeit, des Wachstums und der Erdenergie. Diese hat zwar nicht so viel Schwung wie die Kraft des Feuers – also der Farbe Rot – dafür hält sie aber eher durch, es gibt kein Aufflackern, kein rasches Abbrennen. Wenn Sie also einen Zauber ausbrüten, der auf eine langfristige Wirkung abzielt, bietet sich eher Grün als Rot an. Grün steht (neben Schwarz) für den Norden Ihres magischen Kreises und für das Element Erde.

Gelb: Die Farbe Gelb regt Ihren Denkapparat an. Wenn Sie also auch während einer leidenschaftlichen Liebe gelegentlich mal den Kopf dazuschalten wollen, dann lassen Sie sich dabei von Gelb unterstützen. Sie können diese Farbe außerdem für jeden Zauber verwenden, der mit Eifersucht zu tun hat. Das heißt nicht, dass Sie damit Ihren Partner zu mehr Treue bewegen können, sondern lediglich, dass Sie lernen, mehr Selbstvertrauen zu entwickeln, so dass sich Ihre Eifersucht legt. Gleichgültig, ob Ihr Partner nun fremdgeht oder nicht. Gelb ist die Farbe des Intellekts und der Gedankenspiele und gehört traditionell zur Himmelsrichtung Osten Ihres magischen Kreises und zum Element Luft.

Rosa: Diese Mischfarbe aus Rot und Weiß ist sanfter als das leuchtende Rot und hat entsprechend auch eine wesentlich sanftere Energie. Beim Rosa geht es mehr um Freundschaft, Harmonie und Verträglichkeit, weniger um Lust und Leidenschaft. Diese Farbe können Sie sehr gut als Schlafzimmerfarbe nehmen. Wenn Sie kein besonderes Faible für Rosa haben, nehmen Sie nur einen ganz leichten Stich ins Rosé – das gibt zwar die gleiche Energie, ist aber optisch nicht oder kaum wahrzunehmen. Sie können die Ausstrahlung von Rosa auch durch Steine wie den Rosenquarz ins Zimmer holen: Er ist preiswert und leicht zu bekommen.

Braun: Braun entsteht aus Grün und Rot und trägt Eigenschaften beider Farben in sich. Es hat etwas von der ursprünglichen Schöpferkraft des Feuers, die durch die sanftere Energie der Erde gebremst und vertieft wird. Wenn es um Ihren gemeinsamen Haushalt geht oder um ein langsames Wachsen der Beziehung, können Sie Braun gut verwenden.

Orange: Diese Mischfarbe aus Rot und Gelb steht für Mut und Freundlichkeit, für Beweglichkeit und Anpassungsfähigkeit. Die unbändige Kraft des Feuers wird hier durch die Leichtigkeit der Luft ergänzt. Wenn Sie sich für Ihre Partnerschaft mehr Toleranz wünschen, nehmen Sie diese Farbe mit in Ihr Ritual – wählen Sie zum Beispiel Blumen dieser Farbe als Altarschmuck aus.

Schwarz: Schwarz ist neben Grün die Farbe der Erde. Sie ist Anfang und Ende, aus ihr tritt keine Energie wieder heraus. Wenn Sie eine Beziehung beenden wollen oder sonst irgendetwas endgültig zu den

Akten legen möchten, dann verwenden Sie die Farbe Schwarz in Ihrem Ritual.

Schwarz steht häufig in dem Verdacht, auch schwarzmagische Kraft in sich zu tragen. Das ist kompletter Unsinn, wie die Behauptung, ein Auto hätte Killerabsichten, nur weil jemand damit einen Hund überfahren hat. Die Farbe Schwarz hat mit der Absicht, die Sie in ein Ritual einbringen, genauso wenig zu tun, wie das Auto mit dem Betrunkenen, der einsteigt und losfährt. Wenn Sie sich also Ihrer Absicht nicht ganz sicher sind, dann klären Sie sie besser, bevor Sie überhaupt ein Ritual anfangen – egal ob mit Schwarz, Rot oder Blau.

Weiß: Weiß ist das genaue Gegenteil von Schwarz. Weiß wirft alles zurück. Es eignet sich deshalb besonders gut für einen Schutzzauber. Tragen Sie dabei auch noch weiße Kleidungsstücke, so tritt Ihnen niemand mehr zu nahe.

Gelegentlich kann es vorkommen, dass Sie die Farben Schwarz und Weiß auch genau umgekehrt verwenden können. Wenn Sie jedoch nicht ganz sicher sind, bleiben Sie zu Anfang bei den hier angegebenen Anwendungsgebieten oder wählen Sie eine andere Farbe aus, die auch ungefähr zu Ihrer Absicht passt: Rot für Schutzzauber oder Braun, wenn Sie etwas beenden wollen.

Grau: Diese Mischfarbe aus Schwarz und Weiß können Sie als neutrale Farbe nutzen. Da sie sowohl die anziehende als auch die aussendende Kraft der beiden Gegensätze in sich trägt, hebt sich diese Energie in ihr auf. Grau eignet sich deshalb besonders gut, wenn Sie magische Gegenstände aufbewahren wollen, die ihre eigene Energie behalten sollen.

Schminke für den Alltag

Legen Sie für das magische Schminken nicht nur den üblichen Kajal bereit, Grundierung, Puder, Lippenstift und Lidschatten. Besorgen Sie sich außerdem Kajalstifte in allen möglichen Farben, auch in Gold und Silber. Sie können diese Stifte nicht nur dazu benutzen, verborgen im Make-up eine Liebesbotschaft auszusenden, sondern auch, um sich zu Ihren Ritualen entsprechend zu verschönern.

Ob Sie nun eine gründliche Abdeckung benutzen oder ganz auf einen Untergrund verzichten: Farbe können Sie auf jeden Fall verwenden. Wenn Sie zu den Frauen gehören, die täglich Make-up auftragen, suchen Sie sich einfach Ihre Lieblingsfarben aus und variieren dann mit kleinen Akzenten.

Das heißt nicht, dass Sie plötzlich etwas Blau ins Rouge mischen sollen, weil Sie Liebeskummer haben. Sie wollen ja schließlich nicht aussehen wie eine Faschingsleiche, und auch Orange oder Grün lassen sich schwer als sichtbares Make-up anbringen. Das Gute an magischen Farben ist jedoch, dass Ihre Umwelt sie gar nicht unbedingt wahrnimmt. Wenn Sie mal einen richtig herzlichen Tag im Büro erleben wollen, dann malen Sie sich doch einfach mal mit einem roten Konturenstift ein schönes rotes Herz auf Ihr eigenes Herz. Außer Ihnen weiß zwar keiner, dass es überhaupt da ist, die Auswirkungen sind dennoch bemerkenswert. Genauso können Sie auch andere Symbole für andere Rituale wählen, die Sie dann als abwaschbaren Körperschmuck im Verborgenen tragen.

Make-up für Rituale

Wenn Sie ein Ritual feiern, können Sie Ihre Absicht mit etwas Farbe im Gesicht, an den Händen oder auf dem Körper unterstützen. Aus anderen Kulturen ist uns Körperbemalung in vielen Formen vertraut, doch bei uns ist diese Tradition nicht mehr sehr stark ausgeprägt (wenn man mal vom täglichen Schminken absieht). Tätowierungen dagegen sind heutzutage sehr in, ohne dass den meisten Tätowierten so recht klar ist, dass sie damit nicht nur ein modisches Statement abgeben. Wenn Sie ein bestimmtes Symbol oder sonst irgendein Zeichen im Augenblick ganz wundervoll finden, denken Sie trotzdem noch ein Weilchen nach, bevor Sie sich tätowieren lassen. Dabei geht es weniger um die Kosmetik, sondern vielmehr um die Energie, die Sie sich damit für immer oder doch zumindest für eine sehr lange Zeit in Ihr Leben holen. Wenn Sie beispielsweise das Symbol einer göttlichen Kraft wählen, verpflichten Sie sich damit dieser Gottheit – ob das nun ein Kreuz oder irgendein anderes Zeichen ist.

Wenn Sie sich also nicht gleich so unwiderruflich wie bei einer Tätowierung etwas auf die Haut zeichnen wollen, dann malen und pinseln Sie einfach. Schminkstifte für Augenbrauen, Lidstrich und Lippen sind dafür besonders geeignet. Oder wählen Sie Kinderschminke, die zudem auch noch hautverträglich ist. Im Handel finden Sie alle möglichen Farben und Konsistenzen – achten Sie dabei nur darauf, dass Sie möglichst Produkte ohne Tierversuche kaufen, denn Sie wollen wohl kaum die Energie eines zu Tode gequälten Geschöpfes mitten in Ihrem Liebesritual haben.

Symbole und Zeichen

Sie können sich nun für verschiedene Rituale ganz unterschiedliche Symbole auf Gesicht, Hände und Körper zeichnen. Lassen Sie Ihrer Fantasie freien Lauf und denken Sie sich ruhig etwas aus. Wie so oft kommt es auch hierbei entscheidend darauf an, dass Sie das gezeichnete Symbol verstehen und es das ausdrückt, worum es Ihnen geht. Hier zwei »Klassiker«, links das Symbol für die Göttin, die sich in den drei Phasen des Mondes widerspiegelt. Das rechte Zeichen entspricht der männlichen Energie und der Sonne.

Die Symbole für die Planeten kennen Sie vielleicht schon aus der Astrologie:

Merkur	☿	Jupiter	♃	Uranus	⛢
Venus	♀	Saturn	♄	Neptun	♆
Mars	♂	Chiron	⚷	Pluto	♇

Neben diesen traditionellen Zeichen aus der Astrologie gibt es auch noch Symbole wie zum Beispiel ein einfaches Dreieck, das für die Dreifache Göttin von Jungfrau, Mutter und Weiser Alter steht. Dies ist nur eine kleine Auswahl an Symbolen. Wenn Sie mehr erfahren möchten, sehen Sie zum Beispiel in dem Lexikon *Die geheimen Symbole der Frauen* von Barbara G. Walker nach (s. Literatur).

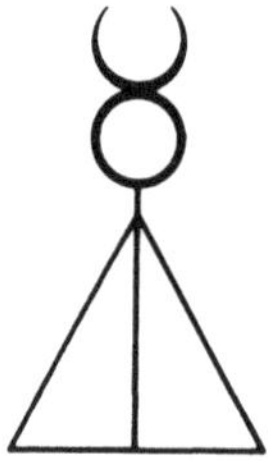

Kleider machen Liebesleute

Bei der Bekleidung geht es in erster Linie wieder darum, dass Sie sich damit auch wohl fühlen. Wenn Ihnen ein Ritual vorschreibt, Sie müssen im knallengen Schlauchrock stundenlang meditieren, wissen Sie spätestens danach, was gemeint ist. Magische Bekleidung ist alles, was Sie dazu machen. Besonders einfach ist es, sich magisch einzustimmen, indem Sie die entsprechenden Farben auswählen. Nun steht aber nicht jeder Frau, die auf Männerfang ist, die Liebesfarbe Rot. Und bei Rosa ist es noch schlimmer: Wer will schon aussehen wie ein überdimensionales Sahnetörtchen? Stellen Sie sich am besten vor Ihren Kleiderschrank und misten Sie erst einmal aus. Wenn Sie dann nur noch Stücke haben, die Ihnen gefallen, legen Sie los. Sehen Sie sich erst einmal die Farben an, die Sie am liebsten tragen. Welche Energie strahlen sie aus – ist das auch die, die Sie wollen? Schwarz mag ja schick sein, aber das kleine Schwarze mal in tiefem Burgunderrot ist auch nicht schlecht. Wenn Ihnen diese Farbe gar nicht zusagt und auch alle anderen Kombinationen und Mischfarben mit Rot, dann tragen Sie etwas Rotes unter dem Kleid in Ihrer Lieblingsfarbe. Oder nehmen Sie ein rotes Halstuch mit, einen Ring mit einem roten Stein oder ein rotes Bändchen, dass Sie sich in die Haare binden. Denken Sie einfach daran, dass Sie mit der Farbe Signale aussenden, ganz egal, ob Sie nun eine Fahne schwenken oder nur dezente rote Spitze tragen.

Geraten Sie nun aber bitte nicht in Panik, wenn weder Ihr Kleiderschrank noch Ihr übriger Haushalt irgendetwas Rotes zur Verfügung stellt. Das bedeutet nicht, dass Sie bis zum Ende Ihrer Tage ein Single bleiben. Sie können auch in Türkis eine wahre Sirene sein, wenn Sie zum Beispiel vor dem Ausgehen eine Farbmeditation machen. Sie brauchen dafür auch nicht etwa Stunden früher mit dem

Schönmachen zu beginnen. Wenn Sie im Badezimmer vor dem Spiegel stehen, lassen Sie einfach per Visualisierung rotes oder rosiges Licht über Ihren Körper laufen. Laden Sie sich wie eine Batterie damit auf. Oder richten Sie einfach Ihre Aufmerksamkeit während des Tages auf alles, das auch nur entfernt mit Liebe zu tun hat: Reklame, Musik, Farben, Liebespaare und so weiter. Am Abend dann vergessen Sie das Ganze einfach und genießen die liebestrunkene Atmosphäre, die Sie tagsüber aufgebaut haben. Das können Sie sogar während eines Bürotags machen. Lassen Sie sich von Ihrer Intuition leiten, sie ist Ihr sicherster Ratgeber.

Geschmeide und Preziosen

Schon unsere Vorfahren fertigten Schmuck aus den verschiedensten Materialien. Heute tragen wir meistens Gold oder Silber, wenn es echter Schmuck ist, oder Metalllegierungen, wenn es sich um Modeschmuck handelt. Für magische Zwecke eignet sich dieser wenig, da man nicht genau bestimmen kann, welche Energie mit dem jeweiligen Stück verbunden ist.

Machen Sie sich aber keine Sorgen, Sie müssen auch nicht im Lotto gewinnen, nur damit Sie mit Schmuck zaubern können. Silberschmuck ist nicht so teuer, und wenn Sie Ihre Kostbarkeiten genauer betrachten, werden Sie feststellen, dass es da eine ganze Reihe von Ringen, Ohrsteckern und Ketten gibt, die für magische Zwecke wie geschaffen sind.

Schmuck

Ringe: Der Ring ist ein altes Symbol für die Unendlichkeit. So symbolisiert auch die Schlange, die sich in den eigenen Schwanz beißt, genau dieses Prinzip. Nicht umsonst tauschen wir bei einer Hochzeit Ringe mit dem Partner. Sie sollen eben dafür sorgen, dass die Liebe für immer reicht (auch wenn das heute nicht mehr unbedingt üblich ist): Ringe binden und verbinden. Sie können für magische Zwecke aus Silber- oder Kupferdraht selbst Ringe flechten, das ist preiswert und gelingt auch mit zwei linken Händen. Es hängt natürlich von Ihrem handwerklichen Geschick ab, ob Sie diesen Ring hinterher weiter tragen wollen, aber es reicht ja auch schon, wenn Sie ihn in einem Medizinbeutel aufbewahren oder unter Ihr Kopfkissen legen. Auf Perfektion kommt es nicht an, wenn Sie mit dem Ergebnis magisch zufrieden sind. Wie so oft zählt auch hier Ihre Absicht mehr als Äußerlichkeiten.

Armreife und Halsketten: Beide sind, genau genommen, nur etwas größere Ringe. Sie können Sie ebenso verwenden wie Letztere. Auch hier können Sie sich wieder mit Draht behelfen, wenn Sie keine Kette zur Hand haben. Etwas Geld in ein oder zwei schlichte Silberketten zu investieren wird Sie allerdings auch nicht gleich in den Ruin treiben. Oder Sie fragen bei Familie und Freunden nach, ob sie da nicht etwas ausrangierten Schmuck abstauben können. Auch wenn eine silberne Kette gerissen ist – für magische Zwecke eignet sie sich noch immer, wenn Sie sie verknoten; das verstärkt ihren Zauber sogar noch (S. 61ff.).

Ohrringe: Wenn Sie zum Beispiel Kreolen tragen, haben Sie schon wieder einen Ring, und es gilt dasselbe wie für Fingerringe: Es ist einfach eine weitere Variante desselben Themas. Sie können aber auch Ohrringe tragen, die Ihnen eine ganz bestimmte Energie mitgeben. Wenn Sie zum Beispiel Ohrringe besitzen, auf denen ein Drache zu sehen ist, können Sie sich – falls Sie bei einer Unterredung überzeugend wirken möchten – etwas »Drachenfeuer« über diesen Drachen im Ohr holen. Sollten Sie solche Stücke in Ihrer Schmuckschatulle haben, nutzen Sie deren Power für Ihre Rituale. Ansonsten tragen Sie Ihren Schmuck aber einfach, wie er Ihnen gefällt. In den meisten Fällen ist es erstaunlich, wie wir instinktiv sowieso zu den richtigen Utensilien greifen. Vertrauen Sie sich.

Metalle

Silber: Dieses Metall lässt sich besonders gut für jede Art von Liebeszauber verwenden, besonders von Frauen. Da es mit seiner Energie zum Mond gehört, unterstützt es alle Vorhaben, die mit Gefühl zu tun haben. Obwohl im Deutschen der Mond männlich ist, gilt die Energie des Erdtrabanten bei uns als weiblich. Besonders gut eignen sich die Tage direkt vor dem Vollmond und die Zeit des Vollmonds selbst für einen Silberzauber. Wenn Sie ganz dünne Silberfolie (keine Alufolie!) bekommen können, dann heben Sie diese für besondere magische Anlässe auf. Schneiden Sie beispielsweise ein Herz aus und ritzen Sie darauf Liebessymbole ein. Legen Sie dann dieses Herz während Ihres Rituals auf den Altar. Und auch wenn die Versuchung groß ist, ritzen Sie *nicht* den Namen einer bestimmten Person ins Silber, es sei denn, es ist mit diesem Menschen abgesprochen.

Gold: Wenn Sie während eines Rituals Gold verwenden oder am Körper tragen, wirkt das wie ein Vergrößerungsglas. Sie steigern dadurch nicht nur Ihre persönlichen Kräfte, sondern auch die Energie, die Sie mit Ihrem Zauber in die Welt hinausschicken. Diese Ausstrahlung bekommt das Metall durch seine Verbindung zum Element Feuer und zur Sonne. Die Kraft der Sonne ist (trotz weiblicher Bezeichnung) eher männlich. Entsprechend können Sie jeden Sonnengott um Mithilfe bei einem Goldritual bitten.

Wenn Sie in einem Ritual Gold entsprechend aufladen, können Sie es beispielsweise gegen männliche Impotenz verwenden. Es empfiehlt sich allerdings, so etwas nur mit einer erfahrenen Hexe durchzuführen, deshalb finden Sie solch ein Ritual nicht in diesem Buch. Was Sie in derartigen Fällen dennoch selbst tun können, lesen Sie ab S. 177. Wie auch bei allen anderen körperlichen Störungen empfiehlt es sich, vor einem Ritual einen Arzt nach den Ursachen zu befragen.

Kupfer: Dieses Metall ist wesentlich preiswerter als Gold, aber oft schwerer zu bekommen als Silber, da es in der Schmuckherstellung kaum Verwendung findet. Dabei kann es Ihnen in der Liebesmagie hervorragende Dienste leisten. Schließlich ist es das Metall des Planeten Venus, der Göttin gleichen Namens, sowie der Ishtar (S. 185), Aphrodite (S. 179) und Astarte (S. 180). Wählen Sie zum Beispiel einen Kupferring für ein Liebesritual. Welche Edelsteine am besten zu Kupfer oder anderen Metallen und zu welcher Art des Liebeszaubers passen, dazu finden Sie bei den jeweiligen Beschreibungen der Steine Näheres (siehe nächster Abschnitt).

Edelsteine

Wenn Sie Edelsteine oder Halbedelsteine kaufen, lohnt es sich, nicht gleich zum Juwelier zu eilen. Für Ihre Zwecke können Sie genauso im Kaufhaus oder im Zoohandel fündig werden: Große Halbedelsteine werden meist in den Abteilungen für Zierbrunnen und Aquarien sehr preiswert angeboten. Wenn Sie nach besonders schönen Steinen suchen, gehen Sie am besten in einen Mineralienladen. Dort haben Sie mit Sicherheit die größte Auswahl. Achten Sie aber darauf, nicht auf angebliche Superangebote hereinzufallen, die speziell aufgeladen wurden und nun Wunder wirken. Meist bewirken sie nur ein Wunder: Die Kassen füllen sich. Auch wenn es vielleicht vermessen klingt, aber Sie selbst können einen Stein ebenso gut aufladen wie jeder andere Mensch. Und für Ihre ganz besonderen Bedürfnisse ist es sogar besser, da Sie schließlich genau wissen, wofür Sie diesen besonderen Stein brauchen.

Eine andere Möglichkeit sind Mineralienmessen, die übers Jahr verteilt in einer Reihe deutscher Großstädte stattfinden. Dort können Sie häufig zum Einkaufspreis das eine oder andere Prachtstück erwerben. Zusätzlich finden Sie Steine und Gegenstände, die sonst in dieser Auswahl nicht auf einem Fleck versammelt sind. Lassen Sie sich von Ihrem Gefühl leiten und vergessen Sie am besten alle Vorgaben darüber, was Sie besitzen oder besorgen müssten. Wenn Sie einen Stein finden, den Sie gern mitnehmen möchten, nehmen Sie ihn einen Augenblick in die Hand, schließen Sie die Augen (egal, was Ihre Umgebung dann denken mag) und bitten Sie um eine kurze Botschaft. Denken Sie daran, dass Ihr erster Eindruck der richtige ist – Sie wissen dann sofort, ob dieser Stein für Sie gedacht ist oder nicht.

Noch eine Anmerkung am Rande: Sie können es auch erleben, dass ein Stein zwar mit will, aber gar nicht letztlich zu Ihnen. Er benutzt Sie dann nur, um zu jemand anderem zu kommen, den Sie vielleicht erst noch treffen. Stören Sie sich nicht daran, wenn Ihnen das zu Anfang etwas merkwürdig vorkommt. Nehmen Sie es einfach so hin und geben Sie den Stein weiter, wenn Ihnen die Zeit gekommen scheint.

Pendeln mit Lapislazuli

Dieser dunkelblaue Stein ist oft sehr kostspielig. Wenn Sie allerdings keine riesigen Stücke erstehen und sich auch mit solchen begnügen, die nicht so edel aussehen, schonen Sie Ihren Geldbeutel. Wenn Sie in ein Geschäft für Modeschmuck gehen, können Sie sogar manchmal sehr preiswerte Silberringe mit einem Lapislazuli bekommen. Der typische Stein hat kleine goldene Einschlüsse. Er fördert Ihre spirituelle Aufmerksamkeit und schärft Ihre übersinnliche Wahrnehmung. Wenn Sie häufiger einen Lapislazuli bei sich tragen, öffnet es Sie stärker für innere Eingebungen, für dieses sonst manchmal etwas vage »Gefühl im Bauch«. Benutzen Sie diesen Stein für Ihren Liebeszauber, wenn Sie sich eine spirituelle Verbindung wünschen.

Ein Pendel verwenden Sie am besten für einfache Ja- und Nein-Fragen. Alles, was über diese Antworten hinausgeht, kann Ihr Pendel nicht leisten und wird dann entweder unwirsch in der Gegend herumkreisen oder nur einen Teil Ihrer Frage beantworten.

Sie können ein Pendel einfach selbst herstellen. Nehmen Sie einen Ring oder irgendeinen kleinen Gegenstand, den Sie leicht an einen dünnen Faden oder eine Kette hängen können. Das Ganze sollte nicht länger als etwa 30 Zentimeter sein. Wenn Sie einen Ring mit einem Lapislazuli besitzen, können Sie ihn zum Beispiel verwenden, um eine zukünftige Liebe auszupendeln. Stellen Sie auch dabei nur einfache Fragen: Gehe ich mit Jürgen auf die Party am Samstag? Oder: Treffe ich den Mann meines Lebens in diesem Jahr?

Wenn Sie allerdings solche Zukunftsprognosen erwarten, denken Sie daran, dass diese äußerst ungenau sind. Zum einen heißt es noch gar nichts, wenn Sie tatsächlich dem Mann Ihrer Träume begegnen, denn vielleicht ist er vergeben oder schwul. Und dann könnte es auch noch sein, dass Sie ihn zwar treffen, es aber gar nicht bemerken. Klingt unwahrscheinlich, meinen Sie – ist es aber nicht. Der Mann Ihres Lebens ist nicht notgedrungen der coole Typ an der Bar, der einfach jede haben könnte, sich aber ganz eindeutig nur für Sie interessiert (glauben Sie zumindest). Tatsächlich ist Ihr Traumprinz der unscheinbare Knabe daneben, der zwar in der Disco der Stille ist, dafür aber zu Hause im Bett den Verführer herauskehrt. Da hätten Sie endlich mal einen Mann, der nicht nur an sich selbst denkt, und Sie übersehen ihn, weil Sie zu sehr an Mr. Cool hängen. Hier können Sie Ihr Pendel einsetzen. Fragen Sie, ob es der Schönling sein soll – und die Antwort könnte Sie überraschen.

Wenn Sie noch nie gependelt haben, probieren Sie erst einmal ein bisschen herum, um ein Gefühl dafür zu bekommen. Stützen Sie einen Ellenbogen auf einer festen Unterlage ab (am besten ist ein Tisch). Nehmen Sie dann Ihr Pendel so in die Hand, dass Sie das Ende wie einen Zügel halten: Das Pendel läuft also aus Ihrer lockeren

Faust über den Zeigefinger nach unten. Dieses lose Stück mit dem eigentlichen Pendel am unteren Ende muss frei schwingen können. Winkeln Sie den Unterarm ab, so dass er dem Pendel nicht in die Quere kommen kann. Bitten Sie das Pendel zuerst, Ihnen ein Ja vorzupendeln, dann ein Nein, dann ein Unentschieden. So finden Sie heraus, welche Bewegung des Pendels Ihnen was genau sagt.

Zu diesen Weissagungen wäre zu bemerken, dass noch viel Zeit vergehen kann, bevor diese ausgependelte Zukunft tatsächlich stattfindet. Sie und andere Menschen werden noch unzählige Entscheidungen so oder so treffen, die alles wieder verändern können. Je weiter Sie also in die Zukunft gehen, desto ungenauer wird es – es sei denn, Sie haben die seltene Gabe, die möglichen von den wahrscheinlichen Zukunftsaussichten zu unterscheiden. Bis dahin sehen sie nämlich alle gleich aus.

Mit Jade Ruhe finden

Diesen Schmuckstein gibt es in unendlichen Varianten von Farben und Formen. Am bekanntesten ist bei uns die grüne Jade, die in ihren minder kostbaren Formen zu relativ gesitteten Preisen zu bekommen ist. Teurere Jade zu erstehen ist ebenfalls kein Problem, da besonders alte Stücke häufig begehrte Sammlerobjekte sind.

Ebenso vielfältig wie Größe, Form und Preis sind auch die Farben der Jade. Das bekannte Grün kennt wohl jeder, doch es gibt auch goldgelbe, dunkelrote und fast schwarze Jade. Welche Farbe Sie für einen Liebeszauber aussuchen, bleibt Ihrem Geschmack und Geldbeutel überlassen. Besonders gut eignet sich rote Jade dafür.

Da Jade nebenbei auch noch die Eigenschaft hat, Heilungsprozesse zu unterstützen, bietet sich ein Zauber gegen Liebeskummer an (genaue Beschreibungen dafür finden Sie ab S. 110).

Sie können Jade – in diesem Fall grüne – aber auch verwenden, wenn Sie den Eindruck haben, dass Sie sich gefühlsmäßig zu stark engagiert haben. Wenn Sie nur noch an diesen einen Menschen denken und nicht mehr richtig leben können, weil er Ihnen heute noch nicht zugelächelt hat, dann ist es Zeit, Jade und Ihren gesunden Menschenverstand einzuschalten. Hier ist, wohl gemerkt, nicht die Rede von der Zeit erster Verliebtheit, in der sowieso der Himmel voller Geigen hängt. Hier geht es vielmehr um diesen Zustand, den vermutlich die meisten kennen: Man fühlt sich unwohl, es fehlt einem etwas, der Angeschmachtete nimmt wenig oder keine Notiz. Dann einen Schritt zurückzutreten ist nicht ganz einfach. Lassen Sie sich dabei von der Jade helfen.

Wählen Sie ein grünes Stück Jade aus. Wenn das auch noch in einer Form geschnitzt ist, die Ihren Wunsch unterstützt, umso besser. Außerdem brauchen Sie noch eine rote und eine blaue Kerze.

Sie benötigen für dieses kurze Ritual nicht zwingend einen magischen Kreis, können aber wie üblich einen aufbauen, um die Kraft Ihres Rituals noch zu stärken. Entscheiden Sie selbst.

Gehen Sie in die Ruhe und zünden Sie zuerst die rote Kerze an. Sehen Sie in die Kerzenflamme und spüren Sie das Gefühl von Unwohlsein und Aufregung, egal wie unangenehm Sie es auch finden. Bleiben Sie einen Augenblick dabei, damit Sie bewusst wissen, wie es sich anfühlt.

Dann zünden Sie die blaue Kerze an. Schauen Sie in die Flamme der blauen Kerze und beginnen Sie zu visualisieren, dass Sie sich rundum wohl fühlen. Wenn Sie es in Ihrer augenblicklichen Situation schwierig finden, sich selbst als glücklich und ausgeglichen zu sehen, dann wählen Sie einen Augenblick in der Vergangenheit, an dem es Ihnen richtig gut ging. Wählen Sie allerdings unbedingt einen Moment, der nichts mit einer Partnerschaft oder mit anderen Menschen zu tun hat. Spüren Sie die Energie eines Augenblicks, an dem Sie mit sich selbst völlig eins waren (oder sind). Bleiben Sie bei diesem Gefühl, auch wenn Sie es nur einen kurzen Moment lang halten können, bevor Sie sich wieder miserabel fühlen.

Halten Sie während der Übung mit der blauen Kerze Ihre Jade in den Händen. Sie können Sie sich auch über das Herz halten. Gewöhnen Sie sich daran, dass die Jade die gleiche ruhige Ausgeglichenheit ausstrahlt wie Ihre blaue Kerze. Wenn Sie dann unterwegs sind und keine Kerze dabeihaben, verwenden Sie einfach die Jade als Fokus. Tragen Sie sie bei sich und lassen Sie sich von ihr unterstützen, wann immer Ihnen danach ist.

Wenn Sie diese Übung noch einmal machen möchten, weil es Ihnen immer noch oder mal wieder nicht so prickelnd geht – nur zu. Sie können das Ganze wiederholen, sooft es Ihnen ein Bedürfnis ist. Dann brauchen Sie allerdings nur noch die blaue Kerze und machen auch nur den Teil des Rituals, der mit der blauen Kerze zusammenhängt. Den Unruhezustand kennen Sie zur Genüge und brauchen ihn nicht jedes Mal aufs Neue wachzurufen.

Halten Sie dieses Miniritual so oft ab, wie Sie wollen – bis Sie wieder ganz bei sich sind und sich nicht mehr von Ihren Gefühlen gehetzt fühlen. Selbstverständlich können Sie diese Übung auch durchführen, wenn es Ihnen bestens geht, sozusagen als Vorbeugung gegen Durchhänger.

Mondstein für große Gefühle

Der Mondstein gehört schon seit langem zu den Zaubersteinen. Seine meist weißlich schimmernde Oberfläche erinnert an das Gestirn, dessen Namen er trägt. Entsprechend gehört er zum Planeten Mond und zum Element Wasser. Da er von seiner Energie her eher zu den Steinen mit weiblicher Energie zählt, eignet er sich hervorragend für einen Liebeszauber für Frauen. Neben seiner starken Verbindung zum Mond und großen Gefühlen stärkt er auch noch die feminine Seite von Frauen. Tragen Sie also Schmuck aus Mondsteinen, wenn Sie Ihre Weiblichkeit betonen und fördern möchten.

Dieser Halbedelstein verträgt sich gut mit Silber. Wenn Sie den folgenden Zauber durchführen, können Sie entweder halbrund geschliffene Mondsteine oder eine Mondsteinkette verwenden.

Wählen Sie für dieses Ritual auf jeden Fall einen Mon(d)tag, um die Energie des Mondes zu beschwören. Besorgen Sie sich eine rosafarbene Kerze und zwölf Mondsteine – für jeden Monat einen. Wenn Sie ein Schmuckstück besitzen, das mehr oder weniger Steine enthält, macht es auch nichts. Stellen Sie nur sicher, dass die Kette oder das Armband sich im Kreis um Ihre Kerze legen lässt. Ein einzelner Ring mit einem Mondstein ist daher für dieses Ritual ungeeignet, Sie können aber Ihren Zauber dann abwandeln. Schmücken Sie Ihren Altar oder Kraftplatz möglichst opulent, denn schließlich geht es hier um die ganz großen Gefühle.

Gehen Sie in die Ruhe und schließen Sie Ihren magischen Kreis. Zünden Sie Ihre rosafarbene Kerze an und halten Sie Ihre Hände so dicht daneben, dass Sie gerade noch die Flamme spüren können. Schicken Sie nun all Ihre Sehnsucht nach der ganz großen Liebe in die Kerzenflamme und die Kerze.

Nun legen Sie einen Mondstein nach dem anderen um die Kerze herum. Gehen Sie dabei im Uhrzeigersinn vor. Der erste Stein steht für den November (das heidnische Neujahr). Visualisieren Sie, was Sie mit Ihrer großen Liebe im November alles tun können. Dann legen Sie einen Stein für Dezember hin und stellen sich wieder vor, wie Sie mit Ihrem Liebsten Weihnachten vorbereiten und feiern und was Sie sonst noch so alles tun möchten. Gehen Sie ruhig ins Detail und sprechen Sie es laut aus, wenn Sie wollen. Je intensiver Sie mit Ihrer Aufmerksamkeit dabei sind, desto mehr Energie schicken Sie auf die Suche nach dem gewünschten Partner. Gehen Sie nacheinander durch den Jahreskreis, bis Sie beim Oktober angekommen sind.

Wenn Sie so den Jahres- und Mondsteinkreis geschlossen haben, gehen Sie in Gedanken weiter, wieder in einen November und so weiter, so dass Sie eine Energiespirale aufbauen. Lassen Sie Monate und Jahre an sich vorbeifliegen, ohne sich alles im Detail vorzustellen. Das eine oder andere Ereignis könnte kurz auftauchen, aber es geht mehr um die Kraft, die Sie in dieser Spirale sammeln, und deren allgemeine Absicht. Lassen Sie Ihren Liebes-Wirbelwind nicht zu schnell werden. Stellen Sie es sich wie beim Hammerwerfen vor: Wenn Sie den Punkt erreicht haben, an dem Sie sich nicht mehr schneller drehen können, lassen Sie los. Schicken Sie die Energie mit einem Ruf oder einem einfachen Ja auf den Weg. Sie können auch noch einen Zauberspruch zur Bekräftigung anhängen.

Bleiben Sie einen Augenblick ruhig und spüren Sie, wie die Energie Ihres Rituals sich auf den Weg gemacht hat. Es kann sein, dass Sie sich etwas müde fühlen, falls Sie sehr viel eigene Power mit hineingegeben haben. Öffnen Sie nun Ihren magischen Kreis wieder.

Achten Sie nach diesem Ritual darauf, sich gut zu erden, und essen Sie etwas. Verwahren Sie anschließend die einzelnen Mondsteine oder legen Sie sie in einem Kräuterbeutel (zum Beispiel mit Zitronenmelisse, siehe S. 147) unter Ihr Kopfkissen. Wenn Sie eine Mondsteinkette oder ein Armband benutzt haben, tragen Sie das Schmuckstück, um Ihren Wunsch nach der großen Liebe noch zu stärken.

Falls Sie nur einen Ring mit einem Mondstein besitzen, legen Sie ihn neben Ihre Kerze und umgeben diese statt mit Mondsteinen mit Blüten einer geeigneten Pflanze, wie Gardenie (S. 153) oder Jasmin (S. 155). Ansonsten verfahren Sie wie oben beschrieben.

Sonderfall Perle

In allen Kulturen werden Perlen als wertvolle »Schmucksteine« verwendet. Der wesentliche Unterschied zu den tatsächlichen Steinen ist allerdings, dass für jede Perle die Muschel, in der sie gewachsen ist, stirbt, bevor jemand den kostbaren Schatz heben kann. Wenn Sie deshalb auf Perlen in Ihrer magischen Arbeit verzichten möchten, gibt es eine Fülle von Alternativen, wie Stein, Holz oder angespülte Muscheln, die sich verwenden lassen, ohne dass zu Ihrem Vergnügen eine Kreatur umgebracht wird. Solange kein wirklich zwingender Grund vorhanden ist, warum Perlen für einen Zauber gebraucht werden, muss man sie auch nicht verwenden. Für ein Liebesritual, das Perlen vorschreibt, bieten sich stattdessen Mondsteine an (siehe oben).

Selbstverständlich ist es aber jedem selbst überlassen, sich für oder gegen Perlen zu entscheiden, so wie sich jeder Mensch für oder gegen vegetarisches Essen oder Pelzmäntel entscheidet.

Den Liebesquarz aufladen

Quarz können Sie in Form von klarem Kristall oder von Rosenquarz verwenden. Beide eignen sich für Liebeszauber hervorragend. Wenn Sie einen klaren Kristall benutzen, verbinden Sie ihn zur Verstärkung mit Kupfer. Wenn Sie die Möglichkeit haben, sich preiswert Schmucksteine fassen zu lassen, nutzen Sie sie oder stöbern Sie auf Flohmärkten. Häufig finden Sie dort für nur wenig Geld höchst nützliche magische Zutaten.

Klare Kristalle können Sie mit praktisch jeder Energie aufladen. Wählen Sie dazu am besten einen Stein, den Sie möglichst oft bei sich tragen können. Wenn Sie ihn in der Tasche haben wollen, bietet sich ein getrommelter Stein an, der keine scharfen Kanten hat. Wenn Sie ihn nur auf Ihren Altar oder die Fensterbank legen wollen, können Sie auch rohe Kristalle verwenden, die noch preiswerter sind.

Wählen Sie für dieses Ritual einen getrommelten Quarz oder einen gefassten Schmuckstein aus. Weiterhin brauchen Sie alles, was Sie auch sonst für Ihren magischen Kreis benutzen; ferner Rosenöl oder -tinktur (S. 74ff.), Ylang-Ylang-Öl, einige Rosenblätter und eine Keramik- oder Glasschale, etwa in der Größe einer Dessertschale.

Für die Dekoration Ihres Kraftplatzes können Sie jeden Gegenstand wählen, der zum Liebesritual passt: Nehmen Sie rote Kerzen, räuchern Sie zum Beispiel mit einer Mischung aus Rosenblättern, Copal (S. 160), Orangenschale (S. 150), Lavendel (S. 156) und Rosmarin (S. 146).

Legen Sie Ihren Zauber möglichst auf den Freitag (S. 177), den Tag der Venus. Reinigen Sie den Kristall wenn nötig (S. 172), damit er die Energie aufnehmen kann, die Sie hineinschicken wollen.

Gehen Sie in die Ruhe und schließen Sie den magischen Kreis wie gewohnt. Legen Sie die Schale mit Rosenblättern aus, so dass der Kristall gut darauf Platz hat. Geben Sie ihn dann in die Schale.

Visualisieren Sie Ihren Wunsch in den Kristall: Sehen Sie sich, wie Sie den Kristall in Ihrer Jackentasche berühren und Sie und Ihre Umgebung von einem sanften Glühen erfüllt werden, das Menschen magisch anzieht. Sehen Sie, wie Sie nur umschwärmt oder leidenschaftlich geliebt werden – oder auch beides. Visualisieren Sie ausgiebig.

Wenn Sie so weit sind, geben Sie einen Tropfen Rosenöl oder -tinktur und einen Tropfen Ylang Ylang auf den Stein. Nehmen Sie den Stein in die Hand und reiben Sie ihn damit ein. Reiben Sie die ganze Kraft Ihres Wunsches in den Stein.

Legen Sie Ihren Liebesquarz nun wieder auf die Rosenblätter und bedecken Sie ihn dann vollständig mit den Blütenblättern. Halten Sie noch einmal Ihre Hände darüber und sprechen Sie ein kräftiges »So soll es sein«.

Öffnen Sie den magischen Kreis und lassen Sie den Stein mindestens über Nacht die Kraft aller Stoffe, die Sie im Ritual benutzt haben, aufnehmen.

Am nächsten Morgen können Sie ihn aus der Schale nehmen und bei sich tragen. Sollte er noch etwas fettig sein, wischen Sie ihn vorsichtig mit den Händen ab – auf keinen Fall abwaschen, sonst ist Ihr Zauber gleich wieder verflogen, und Sie können von vorn anfangen.

Die Schale mit den duftenden Rosenblättern können Sie eine Weile neben Ihr Bett stellen, um nachts von Ihrem Liebsten zu träumen und den Kristall dort aufzubewahren. Wenn die Rosenblätter verwelkt sind, legen Sie Ihren Liebesquarz nachts unter Ihr Kopfkissen.

Smaragd der Fülle

Dieser kostbare Edelstein ist so teuer, dass Sie ihn sich vermutlich nicht leisten können – es sei denn, Sie gehen auf die Suche und halten nach unreinen Steinen Ausschau, die zur Schmuckherstellung uninteressant sind. Da könnten Sie genau das Richtige für Ihren Hokuspokus finden. Falls Sie nicht fündig werden und auch keine wohl wollende Erbtante haben, verwenden Sie statt des Smaragds einen Aquamarin oder Beryll. Die können sich auch normal Sterbliche leisten, ohne gleich hungern zu müssen.

Der Smaragd (und sein Ersatz) steht für die Erdenergie unseres Planeten. Astronauten vergleichen die Erde gern mit diesem grünen Edelstein. Die Energie des Smaragds verbindet sich am besten mit Silber oder Kupfer. Die Liebesmagie, die Sie mit dem Smaragd unterstützen, ist erdverbunden und praktisch. Mit ihm gewinnen Sie einen Kumpel zum Pferdestehlen, der auch noch den Abwasch nicht scheut. Farbgebung und Dekoration rund um Ihr Ritual unterstützen Ihre Zielsetzung noch stärker: grüne Kerzen, Tulpen oder ähnliche Blumen, je nach Jahreszeit, und etwas Räucherwerk.

Eine Liebesbeziehung sollte wie ein üppig gedeckter Tisch sein, voll mit herzhaften und süßen Speisen, Getränken und schönem

Schmuck. Wenn Sie also in einer Beziehung leben, die dieser Beschreibung nicht oder nur unvollständig entspricht, holen Sie mit einem Smaragdzauber diese Fülle heran. Da der Smaragd mit Überfluss verbunden ist, bietet sich ein Zauber an, der diese Eigenschaft mit in die von Ihnen gewünschte Beziehung hineinbringt.

Gehen Sie an dieses Ritual mit dem Gefühl heran, dass das Beste gerade gut genug für Sie ist. Es steht Ihnen zu – weil Sie ein Mensch sind und jeder Mensch das Recht auf alles hat, was er braucht.

Wählen Sie für dieses Ritual einen kleinen Smaragd, in einem Ring zum Beispiel, oder einen der Ersatzsteine. Wichtig ist in diesem Zusammenhang nur, dass der Stein scharfe Kanten hat. Sie können also einen unbearbeiteten Stein nehmen (der dann entsprechend preiswert ist) oder aber einen geschliffenen Schmuckstein. Außerdem brauchen Sie noch zwei grüne Kerzen, etwas Liebesräucherwerk (S. 82ff.) und einige Kupferpfennige oder andere kleine Kupferstücke.

Führen Sie dieses Ritual am besten an einem Freitag durch, damit Ihnen die Liebesgöttin Venus über die Schulter schaut. Eine Alternative wäre noch der Dienstag, der Tag des Gottes Mars. Wie auch immer man diese Zuordnung kommentieren will, der Gott des Krieges ist erstaunlicherweise gleichzeitig auch für Eheschließung zuständig. Manche halten es in solchen Fällen allerdings lieber mit Hera (S. 184) oder Juno (S. 186). Günstig ist die Phase des zunehmenden Mondes, bei abnehmendem Mond müssten Sie gegen den natürlichen Energiefluss arbeiten und dementsprechend mehr Power produzieren, um das gleiche Ergebnis zu bekommen. Das wäre so ähnlich, wie wenn Sie gegen den Strom einen Fluss hinauffahren; auch das kostet mehr Treibstoff als andersherum.

Legen Sie sich alles zurecht, was Sie für Ihr Ritual brauchen. Gehen Sie dann in die Ruhe und schließen Sie den magischen Kreis.

Nehmen Sie die beiden grünen Kerzen und den Smaragd (oder Ersatzstein) und ritzen Sie Symbole in die Kerzen, die für Sie Liebe im Überfluss bedeuten. Wenn Sie zum Beispiel heiraten möchten, ritzen Sie Eheringe ein, für Liebe ritzen Sie ein Herz, für ein gemütliches Heim zu zweit ein Haus und so weiter. Sie können ritzen, bis Ihre

Kerzen mit kleinen Zeichnungen bedeckt sind. Machen Sie sich keine Sorgen, falls Ihre Zeichnungen nicht gerade reif für die Kunstakademie sind. Wichtig ist einzig und allein, dass Sie mit dem jeweiligen Ritzwerk genau das verbinden, was Sie hineingelegt haben.

Wenn Sie mit allem fertig sind, zünden Sie die Kerzen an und visualisieren, wie sich das mit Ihren Wünschen aufgeladene Wachs mit der Flamme verbindet und über die Luft in alle Winde verteilt. Schicken Sie Ihre Wünsche ausdrücklich in alle vier Himmelsrichtungen und sprechen Sie ein lautes »So soll es sein«.

Ebenso verfahren Sie mit Ihrem Räucherwerk (vergessen Sie nicht, Kohlestücke vor dem Ritual anzustecken, damit Sie durchgeglüht sind, wenn Sie beginnen). Halten Sie die Hände in den aufsteigenden Rauch und visualisieren Sie, wie sich Ihr Wunsch in die Lüfte erhebt und in alle vier Himmelsrichtungen davongetragen wird.

Wenn Sie fertig sind, nehmen Sie die Kupferstücke und ziehen sie durch die Kerzenflammen Ihrer Wunschkerzen. Tun Sie das nur ein oder zwei Mal und verbrennen Sie sich an dem heißen Metall nicht die Finger, sonst wendet sich Ihre Aufmerksamkeit ab und der Ersten Hilfe zu. Visualisieren Sie dabei genau wie eben, wie sich das Kupfer mit Ihrem Wunsch auflädt. Sie können es auch noch einige Augenblicke zwischen den Händen halten und so Ihre Visualisierung noch verstärken.

Wenn Sie fertig sind, legen Sie die Kupferstücke neben die beiden Kerzen und öffnen den magischen Kreis.

Lassen Sie die Kerzen vollständig abbrennen, bis sie von selbst ausgehen. Sorgen Sie aber unbedingt dafür, dass sie an einem sicheren Ort stehen, wo Sie auch über Nacht und ohne Aufsicht stehen bleiben können. Um auf Nummer sicher zu gehen, stellen Sie sie einfach in die Badewanne, sofern diese nicht aus einem brennbaren Material besteht, und halten Sie die Flamme von Duschvorhängen, Handtüchern und Ähnlichem fern. Sie können die Kerzenständer auch in ein Gefäß mit Wasser stellen, wenn Sie ganz sichergehen wollen. Passen Sie nur auf, dass niemand schlaftrunken in Ihren Zauber stolpern kann.

Eine andere Möglichkeit ist die Küchenspüle, die in vielen Haushalten aus Metall und somit unbrennbar ist. Sorgen Sie aber hier dafür, dass kein Luftzug oder in der Nähe stehende Gegenstände einen Brand verursachen können. Stellen Sie sicher, dass niemand zu Schaden kommen kann. Wenn Sie absolut keinen Platz haben, an dem Sie brennende Kerzen stehen lassen können, dann löschen Sie sie aus. Zünden Sie sie am folgenden Abend wieder an und wiederholen Sie das, bis die Kerzen vollständig heruntergebrannt sind. Achten Sie darauf, dass Sie keinen Abend auslassen.

Die Kupferstücke aus Ihrem Ritual übergeben Sie den beiden übriggebliebenen Elementen (die Kerzen gehörten dem Feuer, das Räucherwerk der Luft): Ein Kupferstück vergraben Sie an einem Ort, der sich dafür eignet, zum Beispiel unter einem Baum oder in einem Feld. Je stärker dieser Ort mit der Idee von Wachstum und Reichtum verbunden ist, desto besser.

Das letzte Kupferstück werfen Sie in ein fließendes Gewässer. Diesmal reicht ein Abfluss nicht aus. Suchen Sie sich ein kleines Flüsschen oder einen Bach, aber achten Sie darauf, dass Sie dort, wo Sie Ihr Kupferstück hineinwerfen, den Grund nicht erkennen können. Sie können auch einen See oder Teich wählen, solange er einen Zu- und Ablauf hat.

Dieses Ritual kann sich ruhig über mehrere Tage hinziehen, wenn Sie es nicht schaffen, an einem Tag die Kerzen abzubrennen, die Kupferstücke zu vergraben und in ein fließendes Gewässer zu werfen. Verbringen Sie allerdings nicht mehr Zeit damit als bis zum nächsten Vollmond, da sich die aufbauende Kraft des Mondes sonst in ihr Gegenteil verkehrt und sich die Energie innerhalb Ihres Rituals zu stark verändert.

Die feste Bindung: Knotenmagie

Was wäre für einen bindenden Liebeszauber passender als Knotenmagie? Sie können für Liebeskordeln und andere Zauber aus diesem Bereich jede Art von Seilen, Fäden oder auch Halsketten benutzen. Sie müssen sich nur knoten lassen. Wählen Sie Ihr Material in passenden Farben: Wenn es um einen Liebeszauber geht, rot oder rosa, bei einem Fruchtbarkeitszauber eher grün, bei Eifersucht eher gelb und so weiter. Sie können in Ihre Fäden, Kordeln und Gebinde auch besondere Gegenstände einflechten oder knoten, um so die Energie noch stärker zu binden und zu verbinden (siehe unten).

Falls Sie vorhaben, Ihr fertiges Werk an einen Baum zu binden oder zu vergraben, achten Sie darauf, dass die von Ihnen verwandten Materialien möglichst umweltfreundlich sind. Schließlich erbitten Sie die Hilfe von guten Geistern und wollen sie nicht etwa verärgern, indem Sie Müll in ihrer Heimstatt hinterlassen. Seien Sie erfinderisch: Warum nicht etwas aus Binsen oder Haselruten flechten? Die Blätter der Kastanie eignen sich ebenfalls gut, um darin etwas einzuwickeln. Wählen Sie pflanzengefärbte Fäden, umweltfreundlich hergestelltes Papier und Stifte, die keine gefährlichen Stoffe enthalten. Machen Sie aus Ihren Zaubereien ein Geschenk für Mutter Natur – und sie wird es Ihnen danken.

Das Band der Liebe

Wählen Sie dafür ein Band in Rot oder Rosa. Rot geht mehr in die leidenschaftliche Ecke, bei Rosa betonen Sie den freundschaftlichen Anteil. Sie können natürlich auch beide Farben zusammen verwenden.

Suchen Sie sich Dinge für Ihr Liebesband, die Sie mit einer romantischen Beziehung, mit Liebe und Partnerschaft verbinden. Wenn Sie keine Gegenstände mit einflechten wollen oder können, dann zeichnen Sie sie einfach auf. Es geht dabei nicht darum, möglichst realistisch zu sein, Sie brauchen also keinen Malkurs zu absolvieren. Vielmehr ist einzig wichtig, dass Sie mit Ihrer Zeichnung das verbinden, was Sie sich wünschen.

Schneiden Sie aus möglichst rotem Papier kleine Herzen aus, auf die Sie Ihre Wünsche malen oder zeichnen. Auch wenn Sie kein Talent zur Künstlerin haben, geben Sie sich ein bisschen Mühe, dann wirkt der Zauber einfach besser. Zeichnen Sie beispielsweise einen Verlobungs- und einen Ehering, wenn Sie sich einen Ehemann wünschen, zeichnen Sie ein gemütliches Haus, aus dem zwei lachende Menschen herausschauen, ein Baby, wenn Sie sich eines wünschen, zwei Menschen, die sich küssen, und so weiter.

Wenn Sie eher eine Partybekanntschaft für ein Liebesabenteuer suchen, dann können Sie auch das auf Ihren Papierherzen verewigen: ein Sektglas vielleicht, ein Bett mit einer sich wild bewegenden Bettdecke und so weiter. Denken Sie beim Malen und Zeichnen daran, wie Kinder malen oder wie einfache Comics gezeichnet sind. Beschränken Sie sich nur auf das Wesentliche. Wenn Sie mit den Bildern fertig sind, stanzen Sie ein Loch in die Herzen, damit Sie sie am Band aufhängen können.

Nun beginnen Sie, Ihre Fäden zu flechten. Machen Sie zunächst einen Knoten und sagen Sie dabei: »Mit diesem Knoten binde ich meine Liebe an mich.« Lassen Sie unbedingt offen, wer das sein wird, sonst haben Sie unter Umständen für den Rest Ihres Lebens jemanden am Hals, den Sie schon nach zwei oder drei Monaten am liebsten wieder los wären.

Weben Sie Ihre Herzen in die Kordel, aber achten Sie darauf, dass Sie insgesamt neun Knoten machen, den am Anfang und am Schluss mitgerechnet. Sie haben damit dreimal drei Knoten. Drei ist die Zahl der Großen Mutter, und Sie sprechen damit die Jungfrau, Mutter und Alte an, wenn Sie zaubern. Die dreifache Drei bringt noch zusätzlich eine Verstärkung.

Sie können Ihre Kordel über mehrere Tage flechten oder alles auf einmal zusammenstellen, ganz wie es Ihnen beliebt. Wenn Sie die Zeit und Gelegenheit haben, können Sie das Ganze auch noch als Ritual machen. Sie schließen dann wie gewohnt Ihren magischen Kreis und malen und basteln, bis Ihre Liebeskordel fertig ist. Danach öffnen Sie den Kreis wieder.

Wenn Sie sich einen Baum ausgesucht haben, gehen Sie an einem Freitag los – der Venustag ist gut für die Liebe – und hängen Ihre Kordel in den auserwählten Baum. Bitten Sie ihn darum, Ihren Wunsch zu unterstützen, und den Wind, Ihren Wunsch in alle Welt zu tragen. Verstärken Sie das Ganze mit einem kräftigen »So soll es sein«.

Silberschlingen für die Treue

Wenn Sie eine zerrissene Silberkette besitzen, werfen Sie sie nicht weg – und falls Sie sie nicht reparieren lassen wollen, kann sie Ihnen dennoch gute Dienste beim Zaubern leisten.

Holen Sie sich dazu außerdem noch einige Dinge, die Sie auf die Silberkette auffädeln können, so ähnlich wie bei einem Sammelarmband – gleichgültig, ob Sie nun kostbaren Schmuck anhängen oder kleine Zettel, bunte Wollfäden oder Glasperlen. Wichtig ist, dass Sie etwas mit den Gegenständen verbinden und dass sie für Ihren Treuezauber bedeutsam sind.

Bei diesem kleinen Ritual ist es wichtig, dass Sie nicht etwa Ihren augenblicklichen oder zukünftigen Partner zur Treue verdonnern, sondern dass Sie ihm immer noch die freie Wahl lassen. Wenn Sie sich den stadtbekannten Partylöwen aussuchen, erwarten Sie nur nicht, dass Sie ihn mit diesem Zauber schon irgendwie geradebiegen. Damit würden Sie ganz klar etwas in Ihrer Beziehung verbiegen. Es geht nicht darum, etwas zu erzwingen, sondern eher darum, Sie und die Beziehung mit Ihnen so umwerfend zu machen, dass er gar nicht mehr den Wunsch hat, anderswo anzudocken.

Falls Sie in der Partnerschaft diejenige sind, die Schwierigkeiten mit der Treue hat, machen Sie sich vor dem Ritual ganz klar, warum Sie treu sein möchten. Wenn Sie nicht wirklich die Absicht haben, Ihrem Partner gegenüber auch wirklich ehrlich zu sein, dann lassen Sie diesen Zauber lieber. Sie verschwenden dann nur Ihre Zeit. Untreue passiert nicht einfach so, sie hat ihre Gründe – und bevor Sie sich daranmachen, magisch etwas ins Lot zu bringen, schauen Sie erst einmal genau hin, warum Sie oder Ihr Partner es mit der Treue nicht so genau nehmen.

Wählen Sie für Ihren Treuezauber den Venustag Freitag oder den Marstag Dienstag – je nachdem, ob Sie einfach nur die Liebesverbindung stärken wollen oder ob es Ihnen um etwas Festes geht. Legen Sie sich die üblichen Utensilien für Ihren magischen Kreis zurecht, außerdem noch Ihre Silberkette und alles, was Sie daranhängen wollen. Zusätzlich brauchen Sie noch etwas rote Nähseide.

Gehen Sie in die Ruhe und schließen Sie den magischen Kreis. Nehmen Sie die Silberkette und machen Sie den ersten Knoten an einem Ende so, dass noch etwa zwei Zentimeter überstehen. Visualisieren Sie dabei, wie die Schlinge der Kette alles Gute in Ihrer Beziehung festhält. Jeder Knoten stärkt Ihre Verbindung zum Partner.

Wenn Sie selbst diejenige sind, die Probleme mit der Treue hat, dann können Sie auch konkreter werden. Visualisieren Sie in diesem Fall, dass Sie nur noch Augen und Ohren für Ihren Geliebten haben und alle anderen Ihnen ganz uninteressant erscheinen. Achten Sie dabei darauf, dass Ihnen wirklich daran gelegen ist, mit diesem Menschen eine innige Zweierbeziehung einzugehen, und Sie nicht etwa versuchen, sich selbst von etwas zu überzeugen, was Ihnen gar nicht liegt.

Sobald Sie alle Knoten gemacht, alles eingewoben und aufgefädelt haben, was Ihnen am Herzen liegt, lassen Sie auch hinter dem letzten Knoten wieder etwa zwei Zentimeter übrig. Nehmen Sie die Silberkette nun an beiden Enden und heben Sie sie hoch. Verschlingen Sie die beiden Enden, so dass sich ein Kreis bildet, und umwicklen Sie sie so mit der Nähseide, dass sie fest verbunden sind und nicht mehr zu erkennen ist, wo Anfang und Ende ist. Sprechen Sie dabei in eigenen Worten oder gereimt etwas, das diese Verbindung bekräftigt, zum Beispiel: »Bei Feuer, Wasser, Luft und Erde / mein Treueschwur zur Wahrheit werde.«

Lassen Sie sich etwas einfallen – es muss ja nicht Goethesches Format haben, sondern sollte nur leicht zu merken sein. Wiederholen Sie Ihren Satz oder Zauberspruch, während Sie die Enden miteinander verbinden, wieder und wieder.

Wenn Sie fertig sind, öffnen Sie den magischen Kreis. Ihre Kette werfen Sie in ein fließendes Gewässer. Es muss kein reißender Fluss sein, nur möglichst tief, so dass weder Sie noch jemand anders Ihre Kette wieder herausholen kann. Eine andere Möglichkeit ist auch die offene See. Wenn Sie also im Urlaub sind, können Sie dieses Ritual am Strand machen und die Silberkette dann möglichst beim Tiefstand der Ebbe ins Meer werfen (sonst macht beim nächsten ablaufenden Wasser jemand einen interessanten Fund).

Kirschkerne zaubern Eheglück

Dies ist ein abgewandelter Knotenzauber, da es hier nicht ausschließlich um die Knoten geht, sondern ebenso um die Kirschkerne selbst.

Da es in der Natur der Sache – sprich Kirsche – liegt, fangen Sie diesen Zauber am besten im Sommer an. Kaufen Sie so viele Kirschen, dass sie mindestens die Anzahl Ihrer Lebensjahre abdecken. Besorgen Sie sich außerdem einen kleinen Handbohrer, mit dem Sie Löcher in die Kirschkerne bohren können, und einen langen roten oder rosafarbenen Faden. Der Faden oder das Band darf nicht dicker sein als die Löcher, die Sie in die Kirschkerne bohren.

Essen Sie Kirschen, bis die Zahl der Kerne Ihren Lebensjahren entspricht. Da es unangenehm ist, mit den Kernen zu arbeiten, wenn noch Fruchtfleisch daran hängt, legen Sie sie für einige Tage in Essig und waschen Sie die Kirschkerne danach gut mit warmem Wasser ab (kein Spüli!). Lassen Sie sie trocknen.

Am Tag des Neumonds legen Sie all Ihre Kirschkerne an Ihren Kraftplatz oder Altar. Wenn er im Freien liegt, sorgen Sie für eine wetterfeste Unterbringung Ihrer Kirschen und sonstigen Zutaten, da dieser Zauber über mehrere Monate geht. Falls Sie in einem Zimmer zu Hause arbeiten, sorgen Sie dafür, dass dieser Ort frei von unerwünschten Störungen ist. Ungünstig ist jeder Platz, wo Sie jedes Mal wieder alles wegräumen müssten.

Legen Sie an Ihrem Kraftplatz alles zurecht, was Sie brauchen: Kerne, Bohrer, farbiges Band und alle »Zutaten« für Ihren magischen Kreis. Wählen Sie Farben, die zu Ihrem Vorhaben passen, also Rot oder Rosa für die Kerzen und als Blumendekoration Pflanzen, die Liebe anziehen. Sie können auch darauf achten, dass Ihre Zutaten besondere Wünsche noch verstärken. Wenn Sie beispielsweise einen liebevollen häuslichen Typ suchen, wählen Sie entsprechend Zutaten und Helfer aus, die zu den Elementen Erde und Wasser gehören. Wenn Sie mehr auf der Suche nach einem Abenteurer sind, suchen Sie sich lieber etwas, das mit Feuer und Luft zu tun hat. Ihre Kerzen können Sie ebenfalls mit den entsprechenden Ölen (S. 74ff.) »salben« und dadurch die jeweilige Energie noch verstärken.

Gehen Sie in die Ruhe und schließen Sie den magischen Kreis. Legen Sie die Kirschkerne in die Mitte des Kreises und rufen Sie Hera (S. 184) an, die Göttin von Herd und Heim. Ihr liegen besonders Ehe und Familie am Herzen, und so wird sie gern bei diesem magischen Ritual helfen. Opfern Sie ihr zum Dank nach dem Ritual etwas Getreide. Vergraben Sie es in einem Waldstück, wo Tiere die Körner und die Pflanzen finden können, oder pflanzen Sie einen Strauch oder Baum im Garten, der Früchte trägt. Wenn Sie von diesem Baum oder Strauch später ernten, vergessen Sie nicht, der Göttin einen Teil abzugeben.

Halten Sie die Hände nun über Ihre Kirschkerne und visualisieren Sie Kirschbäume in voller Blüte. Sehen Sie sich selbst und einen geliebten Menschen unter den Bäumen spazieren gehen. Visualisieren Sie dann, wie immer mehr Menschen dazu kommen und Sie alle gemeinsam Ihre Hochzeit feiern. Seien Sie dabei unbedingt vorsichtig, dass Sie auf keinen Fall einen bestimmten Menschen in der Rolle des anderen sehen. Falls Ihnen das nicht möglich ist, lassen Sie diesen Teil des Rituals einfach weg und schicken nur Ihren Wunsch nach einem Ehepartner in die Kirschkerne.

Wenn Sie so weit sind, nehmen Sie einen Kirschkern und bohren ein Loch hindurch. Dann öffnen Sie wieder den magischen Kreis.

An jedem der folgenden Tage durchbohren Sie einen Kirschkern. Sie brauchen dafür nicht jedes Mal den ganzen magischen Kreis aufzubauen. Zünden Sie nur Ihre Kerzen an, und falls Sie neue brauchen, ersetzen Sie die abgebrannten durch die gleichen, die Sie anfangs benutzt haben: Sie sollten auch mit dem gleichen Öl eingerieben sein.

Gehen Sie kurz in die Ruhe und beginnen Sie dann. Durchbohren Sie aber nur an den Tagen des zunehmenden Mondes jeweils einen Kirschkern. Sie können so in einem Monat nur maximal vierzehn Kirschkerne bearbeiten. Wenn alle Kerne ein Loch haben, warten Sie auf den folgenden Neumond.

Diesmal errichten Sie wie am Anfang Ihres Zaubers wieder Ihren magischen Kreis. Nehmen Sie dann die Kirschkerne und reihen Sie sie auf Ihrem Faden auf. Visualisieren Sie dabei wieder Ihr Ziel, einen Ehepartner zu finden.

Wenn Sie fertig sind, öffnen Sie den Kreis und tragen die Kirschkernkette ins Schlafzimmer. Legen Sie sie unter Ihr Kissen. In den darauffolgenden vierzehn Nächten des zunehmenden Mondes tragen Sie die Kette während der Nacht um Ihr linkes Knie (Herzseite) und visualisieren vor dem Einschlafen ihren Wunsch.

Am Abend des Vollmondes nehmen Sie die Kette und legen Sie an einen sicheren Ort, wo weder Sie noch jemand anders an sie herankommt. Solange die Kette sicher verwahrt ist, wirkt auch der Zauber. Falls Sie die Kette vergraben möchten, stellen Sie sicher, dass sie nicht versehentlich bei nächster Gelegenheit wieder ausgegraben werden kann.

Kräuterbeutel für die Liebe

Diese kleinen Beutel haben es in sich, auch wenn sie zunächst eher unscheinbar wirken und auf den ersten Blick so gar nichts mit Erotik zu tun haben. Sie müssen zum Glück keine Nähkünstlerin sein, um sich so einen Kräuter- oder Medizinbeutel herzustellen, nur etwas Geduld mit Nadel und Faden ist gefragt.

Wählen Sie als Material unbedingt ungebleichte Naturfasern und fangen Sie nicht gleich mit Seide an, wenn Sie keine Näherfahrung besitzen. Seide ist schwer zu verarbeiten, Baumwolle oder Leinen reichen dagegen völlig aus und sind leicht zu bekommen. Wenn Sie Ihren Medizinbeutel für längere Zeit aufheben möchten oder mehrfach verwenden, benutzen Sie Leder.

Waschen Sie den Stoff zunächst gründlich, entweder in der Maschine oder von Hand. Sie befreien ihn so von allen Einflüssen, die sich auf feinstofflicher Ebene während der Produktion und auf dem Weg in Ihren Schrank angesammelt haben. Falls Sie nicht gerade Waschleder gekauft haben, sollten Sie Leder lieber mit Rauch reinigen (S. 172f.) als mit Wasser.

Schneiden Sie für einen Kräuterbeutel, den Sie zunähen wollen, ein Stück von etwa zehn mal zehn Zentimetern und von etwa 15 mal 15 Zentimetern zu, wenn Sie ihn lieber mit einer Schnur zubinden möchten. Die kleinen Beutel lassen sich gut unter Kissen und Matratzen legen, im Büro in einer Schublade unterbringen oder zwischen die Wäsche im Kleiderschrank legen. Die größeren Beutel kann man gut aufhängen, zum Beispiel im Eingangsbereich Ihrer Wohnung, an einem Fenster oder in einem Baum, oder sie auch um den Hals tragen. Zum Zusammenbinden eignen sich auch wieder Naturmaterialien. Schön sind natürlich bunte Bänder, aber auch einfaches Leder; sogar ein Bindfaden, wenn Sie gar nichts anderes mehr im Hause haben, tut es zur Not. Wenn Ihr Beutel für einen längeren Zeitraum irgendwo hängen oder liegen soll, können Sie ihn auch noch schmücken: Nehmen Sie dafür Glasperlen oder Muscheln, farbiges Stickgarn oder einfach farbige Bänder. Auch mit Stofffarbe kann man experimentieren, und ein kräftiges rotes Herz auf einem Beutel, mit dem Sie den Mann fürs Leben oder den nächsten Lebensabschnitt suchen, macht sich immer gut. Lassen Sie Ihrer Fantasie freien Lauf und visualisieren Sie bei der Arbeit, wofür dieser Medizinbeutel gedacht ist.

Wenn Sie Ihr Beutelchen zunähen wollen, bietet es sich an, vor dem Ritual drei Seiten bereits zu schließen – Sie sparen dann währenddessen etwas Zeit. Denken Sie daran, sich Nadel und Faden im Kreis zurechtzulegen. Falls Sie es doch einmal vergessen sollten, macht das auch nichts, dann nähen Sie Ihren Kräuterbeutel erst nach dem Ritual zu. Nur eines sollten Sie unbedingt beherzigen: Verlassen Sie während Ihres Rituals nicht den magischen Kreis.

Wenn Sie frische Zutaten wie Orangenschalen und Rosenblätter verwenden, empfiehlt es sich, den Beutel zunächst samt Inhalt richtig trocknen zu lassen, die Mischung aus ungetrockneten Blättern und Aromen also am besten luftig aufzuhängen. Falls Ihre Mischung wider Erwarten doch mal schlecht werden sollte, wiederholen Sie den Zauber einfach mit getrockneten Zutaten. Sie brauchen dann nur etwas Geduld, bis die Dinge, die Sie ausgewählt haben, fertig getrocknet sind. Der Vorteil bei getrockneten Zutaten ist, dass Sie sich bei passender Gelegenheit gleich einen Vorrat anlegen können. Wenn beispielsweise der Jasmin blüht, ernten Sie frische Blütenblätter und verwenden sie teilweise, falls Sie gerade einen Zauber planen. Einige trocknen Sie und bewahren sie am besten in dunklen Gläsern auf. Achten Sie bei der Aufbewahrung unbedingt darauf, dass Ihre Blütenblätter oder Früchte wirklich durch und durch trocken sind, damit Sie beim Öffnen ein halbes Jahr später keine böse Überraschung erleben, weil Ihr kostbarer Jasmin verschimmelt ist. Wenn Sie sichergehen wollen, dass Ihre Blütenblätter wirklich trocken bleiben, geben Sie einige Körner Reis auf den Boden des Glases – sie nehmen Feuchtigkeit auf. Ebenso wirkungsvoll ist es, den Inhalt der Gläser auf einer Keramik- oder Glasplatte für einige Minuten in die Sonne zu legen, nachdem sie schon eine Weile abgelagert sind. Hinterher wandern Ihre Blütenblätter nicht nur trockener in die Gläser zurück, sondern auch aufgeladen mit Sonnenlicht.

Einen Kräuter- oder Medizinbeutel können Sie in jedes Liebesritual einbauen. Wenn es um aufregende Liebesnächte geht, legen Sie ihn anschließend unter Ihre Matratze, ganz gleich ob Sie sich den leidenschaftlichen Don Juan erst noch angeln wollen oder ob Sie Ihren Märchenprinzen zu mehr Fantasie animieren möchten.

Wenn Sie einen entsprechenden Beutel in den Eingangsbereich Ihrer Wohnung hängen, wirkt die Kräutermischung allgemeiner, öffentlicher. Sie wirkt sich dann auf alle aus, die zur Tür hereinkommen, und ist wie ein Leuchtfeuer, das den geeigneten Mann fürs Leben herbeiwinkt.

Liebesbouquet in Pink

Für diesen Liebesbeutel nehmen Sie vier Teile möglichst frische Rosenblätter. In diesem Fall sind Duftrosen am besten geeignet. Wenn Sie eine Blüte abrupfen, denken Sie daran, sich liebevoll bei der Pflanze zu bedanken.

Geben Sie einen Teil frische Orangenschale dazu (nehmen Sie unbedingt garantiert unbehandelte Früchte). Dazu legen Sie nun noch einige Blätter einer Duftnelke (die besten sind die pinkfarbenen) und einige Krümel frischen Zimt (am besten von richtigen Zimtstangen).

Gehen Sie wie üblich in die Ruhe und schließen Sie Ihren magischen Kreis. Legen Sie alle Zutaten zusammen in die Mitte Ihres Kreises.

Die Kräuter geben Sie nacheinander auf den Stoff und visualisieren dabei, wie sich die Energien der Pflanzen miteinander verbinden und gegenseitig verstärken. Bitten Sie die Pflanzengeister, Sie bei Ihrem Vorhaben zu unterstützen.

Wenn Sie mit Ihrem Ritual insgesamt fertig sind, öffnen Sie den Kreis wie üblich und bringen den Beutel dorthin, wo er wirken soll.

Sobald Sie Ihren Medizinbeutel dort aufgehängt haben, wo Sie ihn wirken lassen wollen, lassen Sie ihn in Ruhe seine Pflicht tun. Vergessen Sie ihn einfach (auch wenn es schwer fällt).

Wenn Sie den Beutel irgendwann einmal nicht mehr dort haben möchten, weil Ihr Wunsch in Erfüllung gegangen ist oder Sie das Gefühl haben, Sie möchten den Zauber auffrischen, dann vergraben Sie den alten Beutel. Sie können ihn auch öffnen und die Energie sowie den Inhalt in den Wind streuen, mit der Bitte um sinnvolle Nutzung.

Blütenzauber der vier Himmelsrichtungen

Verwenden Sie für diesen Liebeszauber jeweils einen Teil Rosenblätter, Lavendel, Primelblüten und Orangenblüten. Diese Mischung lässt sich schwer herstellen, wenn Sie unbedingt nur frische Zutaten benutzen wollen, da diese Pflanzen nicht gleichzeitig blühen. Behelfen Sie sich also ruhig mit getrockneten Blüten – am besten ernten und trocknen Sie die Pflanzen für Ihren Zauber, wann immer es geht, selbst. Es ist sinnvoll, sich um Orangenblüten an einen Blumenladen zu wenden – wenn es gar nicht klappen will, lassen Sie sie einfach weg oder nehmen stattdessen geriebene Orangenschalen.

Für diesen Blütenzauber brauchen Sie keine bestimmte Art der Partnerschaft im Visier zu haben. Hier geht es ganz allgemein um Liebe in Ihrem Leben. Logischerweise wird sich dadurch über kurz oder lang auch der Traumprinz einstellen, wenn Sie das tatsächlich wollen. Dieser Zauber ist dennoch nicht so zielgerichtet wie ein wahrhaftiger Partnerschaftszauber, bei dem Sie schon im Hinterkopf haben, wohin Sie mit dem Zukünftigen in den Urlaub fahren wollen oder wie viele Enkelkinder Sie beide mal haben werden.

Neben Ihren Blüten brauchen Sie für dieses Ritual noch ein Stück Tuch, aus dem Sie einen Medizinbeutel fertigen können, ein rotes Band und einen kleinen Reisigbesen etwa in der Größe eines Tischfegers oder eine andere kleine Bürste, möglichst mit Naturborsten. Wählen Sie auch für diesen Zauber am besten den Freitag oder zumindest die Venusstunde (S. 172) eines anderen Tages.

Legen Sie alles bereit und beginnen Sie mit einer allgemeinen Reinigung. Dazu nehmen Sie Ihren Besen und bürsten erst einmal kräftig Ihren eigenen (Energie-)Körper aus. Sie müssen dafür nicht auf der Haut herumschrubben, fahren Sie ruhig mit etwas Abstand an Ihrem Körper entlang und bürsten Sie mit kräftigen Strichen alles von sich ab, was da nicht hingehört. Es ist so ähnlich, wie wenn Sie sich unter der Dusche mit einer Wurzelbürste säubern – nur ohne Körperkontakt.

Sie können dieses Reinigungsritual tatsächlich auch mit einer Dusche verbinden, wenn Sie zum Beispiel einen Massagehandschuh besitzen, mit dem Sie sich unter dem fließenden Wasser abreiben. Wichtig ist, dass Sie den Elementen Luft oder Wasser alles übergeben, was nicht zu Ihnen gehört. So klärt sich Ihre Energie, und Sie bleiben nicht in Situationen und Gedanken hängen, die Sie aus den vergangenen Tagen oder sogar Wochen noch mit sich herumtragen. Grundsätzlich gilt für die Magie immer, je konzentrierter Sie mit Ihren Gedanken, Gefühlen und Absichten beim magischen Thema sind, desto stärker richten Sie Ihre Kraft auf das von Ihnen gewählte Ziel, und desto zufriedenstellender wird auch das Ergebnis Ihrer Bemühungen ausfallen.

> Nun gehen Sie in die Ruhe und schließen Ihren magischen Kreis. Platzieren Sie Ihre vier Kräuter in die jeweils dazugehörige Himmelsrichtung. Fangen Sie wie beim magischen Kreis mit dem Osten an. Legen Sie dorthin den Lavendel.
>
> Halten Sie Ihre Hände über die Blüten, nehmen Sie etwas davon in die Hand, malen Sie mit dem Finger darin herum: Mit einem Wort, nehmen Sie Kontakt mit der Energie der Pflanze und der Energie der Luft auf. Visualisieren

Sie all die Möglichkeiten dieses Elements, Liebe in Ihrem Leben zu verbreiten – durch interessante Gespräche mit Freunden und einem Liebsten, kreative Ideen für Lust und Liebe oder Ihre persönlichen Projekte, das Kribbeln im Bauch, wenn es Sie so richtig erwischt hat und alles noch ganz am Anfang und viel verprechend ist, Liebe zum Leben und all seinen interessanten Facetten. Wenn Sie sich und den Lavendel ganz damit aufgeladen haben, gehen Sie zum nächsten Quadranten über.

Legen Sie im Süden zum Feuer die Orange und verfahren Sie wieder wie beim Lavendel. Im Süden visualisieren Sie Leidenschaft und die lebendige Kraft des Elements Feuer, die Wärme in der Beziehung zu anderen Menschen, den Funken, der überspringt, wenn Sie das Leben lieben. Spüren Sie, wie sich die Energie der nunmehr zwei Elemente in zwei Lichtsäulen über den Blüten sammelt.

Wenn Sie so weit sind, gehen Sie zum Westen über. Dorthin gehören die Rosenblätter. Versenken Sie sich wieder in die Kraft dieses Elements. Visualisieren Sie die heilenden Kräfte des Wassers, die alles wegspülen, was Sie aus früheren Beziehungen an Verletzungen davongetragen haben, ferner die innige Tiefe von freundschaftlichen Gefühlen, von Liebe zwischen ebenbürtigen Partnern. Nun haben Sie eine dritte Lichtsäule neben jenen, die bereits über den anderen beiden Blüten stehen.

Als Letztes gehen Sie zum Element Erde im Norden. Dorthin legen Sie die Primelblüten. Für dieses Element visualisieren Sie alles, was eine Beziehung – ob Freundschaft oder Liebe – erdet. Hier können Sie Ihr eigenes Zuhause erbitten, eine Heimat bei einem anderen Menschen, zu dem Sie nach Hause kommen können, gemeinsame Erlebnisse mit Freunden und Liebhaber wie Essen, Verreisen, Wohnen. Visualisieren Sie wieder eine Lichtsäule. Sie haben jetzt einen Kreis im Kreis geschlossen.

Visualisieren Sie nun die Kraft dieser vier Elemente und wie die vier farbigen Lichtsäulen, die durch die Blüten hindurchgehen, von ihnen gespeist werden. Es kann sein, dass jede der Lichtsäulen eine bestimmte Farbe annimmt, je nachdem, was in diesem speziellen Quadranten für Sie das Wichtigste ist.

Nehmen Sie nun von den Blüten, wieder von Osten angefangen, jeweils einige weg und legen Sie sie nacheinander in die Mitte auf Ihr Tuch. Vermischen Sie die Blütenblätter sanft mit den Fingern und visualisieren Sie dabei, wie sich die Energie der vier Himmelsrichtungen, Ihre Wünsche und das farbige Licht miteinander verbinden.

Mit dem roten Band verschließen Sie nun den Beutel. Anschließend nehmen Sie die restlichen Blüten nacheinander in die Hand, bis Sie die Energie der Pflanzen und des farbigen Lichtes in Ihren Händen spüren. Sie fühlen jetzt einen bunten Wirbelwind aus Licht, der sich im Uhrzeigersinn um Sie dreht.

Schließen Sie einen Augenblick die Augen und machen Sie sich diese Kraft noch einmal ganz bewusst. Dann werfen Sie die Blüten mit Schwung in die Luft und lassen die Energie aus Ihrem Ritual frei. Sie können dazu einfach nur ausatmen, laut schreien, ein kräftiges »So soll es sein« oder einen Zauberspruch (S. 177f.) dazu sprechen, ganz wie es Ihnen passend erscheint. Wichtig ist nur, dass Sie es mit Schwung tun und aus ganzem Herzen.

Verharren Sie einen Augenblick mit geschlossenen Augen und spüren Sie, wie sich die Energie von Ihnen wie eine Schallwelle entfernt. Dann öffnen Sie die Augen wieder und dabei ebenso auch Ihren magischen Kreis.

Sammeln Sie die Blütenblätter zusammen, die Sie in die Luft geworfen haben, und streuen Sie sie in Ihrem Garten aus, wenn Sie einen haben. Andernfalls legen Sie die Blütenblätter bei der nächsten Gelegenheit irgendwo draußen unter einen Busch oder Baum. Murmeln Sie dabei ruhig einen Dank an die Pflanzengeister, die Ihnen dieses Ritual ermöglicht haben.

Den Beutel mit Blütenblättern hängen Sie am besten in der Nähe des Eingangs auf oder an einem Platz in Sichtweite. So signalisieren Sie den Kräften, die Sie herbeizaubern wollen, wo es langgeht.

Nach diesem Ritual ist es sehr wichtig, sich zu erden. Legen Sie dazu einfach die Hände auf den Boden und schicken Sie alle noch übrig gebliebene Energie in die Erde, mit der Bitte, sie sinnvoll zu verwenden. Eine weitere gute Methode der Erdung ist, etwas zu essen oder zu trinken. Stellen Sie nach Möglichkeit schon vor Ihrem Ritual etwas bereit.

Aromatische Kräuterliebe

Wenn Sie sich eine Liebesbeziehung wünschen, die einfach alles umfasst – eine gute Freundschaft, heiße Liebesspiele, eine spirituelle Verbindung und Nachwuchs –, dann nehmen Sie für Ihren Kräuterbeutel eine Mischung aus Vanille (von getrockneten Schoten, die Sie in kleine Stücke schneiden), Rosenblättern, Gardenienblüten, Hyazinthenblüten, Koriandersamen und eine Prise Baldrianwurzel. Bei letzterer Zutat achten Sie aber unbedingt darauf, dass es wirklich nur eine winzige Prise ist. Der Gestank – anders kann man es wirklich nicht nennen – ruiniert Ihnen sonst Ihren Liebesduft.

Da diese Bestandteile aus verschiedenen Teilen der Welt kommen und die Blumen zu unterschiedlichen Jahreszeiten blühen, besorgen Sie sich am besten getrocknete Vorräte, die Sie dann in dunkel getönten Gläsern aufbewahren können, sobald sie vollständig getrocknet sind.

Dieses Kräutersäckchen können Sie auch verschenken. Wenn Sie es ansprechend herrichten und mit anderen Geschenken kombinieren, ist es eine schöne Hochzeitsgabe für einen Freund oder eine Freundin, denen Sie all das in ihrer Ehe wünschen.

Flüssige Versuchung: Öle und Tinkturen

Es gibt verschiedene Möglichkeiten, Öle für magische Zwecke zu bekommen. Die einfachste ist, sie zu kaufen. Das hat den Vorteil, dass Sie garantiert reine ätherische Öle bekommen, wenn Sie sie bei einem entsprechenden Anbieter erstehen. Doch das hat den Nachteil, dass diese Methode unpersönlich ist und Sie gerade bei Liebesmagie bessere Ergebnisse erzielen, je mehr Sie von Ihrer eignen Energie investieren. Nur einen Geldschein über den Tresen zu schieben ist, magisch betrachtet, nicht sehr einfallsreich. Wenn Sie allerdings berufstätig sind oder Kinder haben, reicht meist die Zeit nicht aus, auch noch aufwändig Öle herzustellen oder Tinkturen zu mixen. Trotzdem empfehle ich Ihnen, zumindest einmal so etwas selbst zu machen, damit Sie wissen, welcher energetische Unterschied dahinter steckt. Sie können sich dann bei späteren Ritualen immer individuell entscheiden, nach welcher Variante Sie dieses Mal vorgehen wollen.

Öle Marke Eigenb(r)au

Wenn Sie selbst Öl herstellen, brauchen Sie dafür zum Beispiel die entsprechenden Blütenblätter und eine Flasche Olivenöl; Sie können auch Gewürze, Blätter oder Gemüse verwenden. Die Mengen hängen von der Menge des Öls ab, das Sie herstellen wollen. Für einen Viertelliter etwa füllen Sie zunächst eine Hand voll Ihrer Blüten in eine Flasche, die eine möglichst große Öffnung hat, sich aber gut verschließen lässt. Saft- oder Milchflaschen eignen sich dafür, bei kleineren Mengen auch Sahnefläschchen oder andere Lebensmittelflaschen, außerdem Marmeladen- oder Gurkengläser. Achten Sie aber unbedingt darauf, dass sie wirklich gut ausgewaschen sind. Schließlich wollen Sie in Ihrer heißen Liebesnacht nicht nach sauren Gurken riechen.

Zu den Blüten geben Sie Olivenöl, bis das Glas oder die Flasche voll ist. Verschließen Sie nun den Glasbehälter und stellen Sie ihn an einen warmen, dunklen Ort. Schütteln Sie die Mischung mehrmals am Tag, damit alle Blüten mit dem Öl in Berührung kommen. Am dritten Tag gießen Sie das Öl durch ein feines Tuch und füllen wieder eine gute Hand voll Blütenblätter ins Glas. Dazu kommt das bereits verwendete Öl. Heben Sie es wieder drei Tage auf und schütteln Sie die Mischung immer wieder. Wiederholen Sie diesen Vorgang, bis Duft, Farbe und Energie des Öls sich ausreichend verändert hat. Wie oft Sie das Ganze wiederholen, hängt von Ihnen ab: Machen Sie es einfach zu einer Übung für Ihre Wahrnehmung. Vielleicht sagt sie Ihnen nach fünf Tagen, dass Ihr Öl fertig ist, vielleicht auch erst nach zwei Wochen. Oder »fragen« Sie in einer kurzen Meditation das Pflanzenöl einfach direkt, wenn Sie sich nicht ganz sicher sind. Sie werden keine hörbare Antwort bekommen, aber ein klares Gefühl dafür, ob Sie weitermachen sollen oder ob es ausreicht.

Wenn Ihr Öl so weit ist, seihen Sie es zum letzten Mal durch und füllen Sie es in eine dunkle Flasche. Bewahren Sie sie dunkel und kühl auf. Diese Mischung hält sich monatelang, wenn Sie wirklich alle festen Bestandteile der Blüten oder Kräuter herausgefiltert haben. Zur Sicherheit können Sie noch einige Tropfen einer Benzointinktur hinzugeben, die konservierend wirkt (S. 80).

Achten Sie darauf, dass Sie Ihr Öl möglichst nur zur äußeren Anwendung benutzen, es sei denn, Sie haben Gewürzpflanzen genommen. Diese können Sie auch unbedenklich innerlich anwenden.

Die Grundausstattung: Die Öle, die Sie fertig kaufen können, sind hoch konzentriert und nur unter bestimmten Bedingungen zur unverdünnten Anwendung geeignet. Besorgen Sie sich also neben den ätherischen Ölen auch ein Basisöl und einen Messbecher, so dass Sie selbst mischen können. Eine Grundausstattung für Liebesöle ist ein solches Basisöl aus Aprikosenkernen oder irgendein anderes Öl, das möglichst wenig fremde Stoffe enthalten sollte.

Dieses Basisöl können Sie nun wahlweise mit ätherischen Ölen versetzen. Wählen Sie als Grundausstattung Rose, Jasmin, Ylang Ylang, Lavendel, Orange und Rosmarin. Die beiden zuerst genannten sind in ihrer reinen Form sehr teuer; kaufen Sie also Mischungen, die nur anteilig Rose oder Jasmin beinhalten: Der Duft ist dann zwar nicht so stark, die magische Wirkung bleibt aber bestehen. Die anderen Öle sind erschwinglich. Achten Sie beim Kauf darauf, dass Sie wirklich reine Öle bekommen und keine synthetischen Ersatzstoffe – schon am Preis erkennen Sie, ob Sie es mit echten Ölen oder nur »Nachahmungen« zu tun haben. Gute Öle haben sehr unterschiedliche Preise und rangieren unter zehn Mark für zehn Milliliter Lavendel- oder Orangenöl bis hin zu hundert Mark und mehr für nur einen Milliliter Jasminöl.

Traditionelle Liebesdüfte sind außerdem Patschuli und Moschus. Sie haben eine sehr starke Wirkung, sind aber auch relativ teuer – und vor allem stammen sie von Tieren. Daher sollte man gerade bei der Liebesmagie lieber darauf verzichten. Wenn Sie Zauberrezepte finden, die diese Stoffe enthalten, können Sie sie ohne weiteres durch andere ersetzen.

Liebesöl

Besorgen Sie sich einige Fläschchen, die möglichst lichtundurchlässig sein sollten. Sie bekommen sie in verschiedenen Größen in Apotheken, Naturkost- und Bioläden. Es empfiehlt sich, immer einen Vorrat an verschiedenen Größen und entsprechende Aufkleber zum Beschriften zu Hause zu haben.

Von Ihrem Basisöl messen Sie immer die gewünschte Menge ab, je nachdem, wie viel Öl Sie produzieren wollen. Fangen Sie am Anfang am besten mit kleineren Mengen an, bis Sie wissen, wie viel Sie von welchem Öl auch tatsächlich brauchen. Es hat keinen Zweck, große Mengen zu produzieren, da Öl leicht ranzig wird. Wenn Sie Ihre Öle mischen, achten Sie darauf, dass Sie ungestört sind. Sie können das Mischen auch in einen magischen Kreis verlegen und dem Ganzen so noch mehr Energie verleihen. Hier nur zwei Ölmischungen, die Sie leicht selbst herstellen und sicher anwenden können:

Rosen-Rosmarin-Öl für alle Gelegenheiten

Wenn Sie dieses Öl selbst herstellen, können Sie je eine Flasche mit Rosenblättern und eine mit Rosmarin zubereiten. Das hat den Vorteil, dass Sie beide Öle auch für andere Mischungen verwenden können. Geben Sie die beiden dann erst zusammen, wenn Sie tatsächlich ein Ritual planen. Das Gleiche gilt für gekaufte Öle, die Sie am besten erst unmittelbar zuvor oder während des Rituals mischen. Diese Mischung können Sie für jede Art von Liebeszauber verwenden. Reiben Sie damit Kerzen ein oder geben Sie ein paar Tropfen in ein Liebesbad oder eine Körperlotion.

Ylang-Ylang-Orangen-Öl für erotische Stunden

Dieses Öl unterstützt Ihr Vorhaben bestens, wenn Sie etwas mit Erotik im Sinn haben. Verwenden Sie diese Mischung zum Beispiel im Schlafzimmer, geben Sie einige Tropfen davon in Ihr Badewasser oder mischen Sie zwei Tropfen Ylang Ylang und einen Tropfen Orange in Ihr Körperöl. Achten Sie darauf, dass Sie es gut vermischen, bevor Sie es auf die Haut auftragen oder ins Badewasser steigen.

Tinkturen lassen sich sehr einfach und preiswert selbst herstellen. Sie brauchen dafür nur die Blume, das Kraut oder das Gewürz, dessen Tinktur Sie herstellen möchten, stilles Mineralwasser und hochprozentigen Weinbrand, der später in der Tinktur jedoch nur zu einem winzigen Prozentsatz enthalten sein wird.

Was Sie aber vor allem für Ihre Tinkturen brauchen, ist Geduld und Zeit. Am besten wirken sie nämlich, wenn sie unter unmittelbarer Sonnenbestrahlung entstehen, das heißt, Sie brauchen dafür mindestens drei bis vier Stunden wolkenlosen Himmel. Wenn Sie also einen Tag erwischen, an dem kein Wölkchen den blauen Himmel trübt, stellen Sie ein Gefäß, das weder aus Plastik noch auch Metall bestehen darf, draußen im Freien auf und füllen es mit stillem Mineralwasser. Geben Sie dann zum Beispiel Rosenblätter dazu. Achten Sie aber beim Pflücken der Blätter darauf, dass Sie sie nicht mit den Händen anfassen – Sie können mit kleinen Stöcken arbeiten, mit Essstäbchen oder dünnen Baumwollhandschuhen: Es ist wichtig, dass Ihre persönliche Energie nicht in die Tinktur übergeht.

Bleiben Sie während der gesamten Zeit beim Gefäß und sprechen Sie beispielsweise mit den Devas (Pflanzengeistern) des Krauts oder der Blume, die Sie für Ihre Tinktur ausgewählt haben. Lassen Sie sich auf diese Weise Informationen geben, wozu genau Sie Ihre Tinktur verwenden können oder sollen.

Wenn die Zeit um ist (drei Stunden Minimum), füllen Sie eine gut gereinigte Wein- oder Spirituosenflasche bis zur Hälfte mit dem Blütenwasser. Achten Sie dabei wieder darauf, dass Sie die Flüssigkeit nicht mit bloßen Händen berühren und weder Metall noch Plastik verwenden (das gilt auch für einen Trichter). Wenn Sie fertig sind, füllen Sie die Flasche mit Weinbrand auf. Verschließen Sie die Flasche fest und beschriften Sie sie. Für den täglichen Ritualgebrauch füllen Sie eine kleine Flasche mit Weinbrand und geben mit einer Pipette einen Tropfen Ihrer Mutterlösung dazu. Diese kleinere Flasche sollte ebenfalls einen Pipettenverschluss haben, damit Sie gut dosieren können.

Wenn es einmal schnell gehen muss, können Sie unverdünnt einen Tropfen aus dieser Mischung zum Beispiel auf einen fertigen Medizinbeutel geben oder ihn einem Räucherwerk beimischen. Üblicherweise wird diese Mischung noch einmal verdünnt. Nehmen Sie zum Beispiel ein Glas Wasser und geben Sie nur einen Tropfen dieser Mischung in das Glas. Trinken Sie diese Mixtur vor, während oder nach einem Ritual, um Energie zu verstärken, zu wecken oder abzumildern.

Probieren Sie selbst aus, wie bestimmte Tinkturen bei Ihnen wirken, und stellen Sie Vergleiche an. Wenn Sie zum Beispiel mit anderen zusammen solche Tinkturen herstellen, können Sie gleichzeitig mehrere Mixturen bearbeiten, so dass Sie auch mehrere Mutterlösungen verschiedener Pflanzen erhalten.

Tinkturen wie diese können wie andere homöopathische Mittel auch gegen alle Arten von Unwohlsein und Erkrankungen benutzt werden. Dann allerdings müssten Sie sie bei Sonnenlicht herstellen. Da die in diesem Buch beschriebenen Rezepte jedoch für die medizinische Anwendung ungeeignet sind, befragen Sie zu geeigneten Behandlungsmethoden bitte Ihren Arzt oder Homöopathen.

Was tun Sie, wenn die Sonne nicht scheint? Das ist auch kein Beinbruch – dann visualisieren Sie die Kraft der Sonne einfach in Ihre Tinktur hinein. Das ist zwar etwas anstrengender, als wenn es von selbst passiert, hat aber den gleichen magischen Effekt. Eine weitere Möglichkeit, wie Sie eine Tinktur energetisch richtig aufladen können, ist ein Pendel aus Kristall. Verwenden Sie dazu auf keinen Fall Bleikristall, auch wenn es hübsch anzusehen ist. Reine Bergkristalle sind besser geeignet; sogar in Kaufhäusern findet man heute bereits schöne Steine. Für ein Energiependel ist der Bergkristall ideal, weil er am besten leitet und am wenigsten eigene Schwingungen einbringt, die die Power Ihrer Tinktur beeinflussen könnten.

Halten Sie Ihr Kristallpendel über die Tinktur, solange Sie können, und lassen Sie wie durch ein Brennglas Energie in die Mischung fließen. Sie können sich dabei Sonnenlicht vorstellen oder einen mehr abstrakten Energiefluss. Wichtig ist nur, dass Sie mit Ihrer Aufmerksamkeit dabeibleiben. Sich über so einen relativ langen Zeitraum wirklich nicht ablenken zu lassen, bedarf der Übung. Wenn Sie also sonniges Wetter nutzen können, tun Sie das, damit es Ihnen insgesamt leichter fällt. Sollten Sie jedoch einmal das Gefühl haben, dass es zu diesem Zeitpunkt einfach nichts mit Ihrer Tinktur wird, dann lassen Sie es sein. Schütten Sie alles weg und fangen Sie an einem besser geeigneten Tag wieder von vorn an. Schließlich wollen Sie Ihre Mischung die nächsten Jahre über verwenden (denn so lange hält sich die Alkohol-Mutterlösung), so dass es sich lohnt, so viel Mühe auf die Herstellung zu verwenden. Bei den meisten Pflanzen reicht es völlig aus, die Grundflüssigkeit ausschließlich aus Wasser herzustellen. Wenn Sie allerdings mit dem Ergebnis nicht zufrieden sind, geben Sie schon zu Anfang Alkohol bei. Probieren Sie verschiedene Möglichkeiten, bis Sie diejenige finden, die Ihnen die besten Ergebnisse ermöglicht.

Die Tinkturen tragen die Energie der gewählten Zutaten. Wenn Sie also eine Tinktur für Liebeszauber herstellen, können Sie zum Beispiel Gin als Alkohol dazugeben und damit die Energie der Wacholderbeere hinzufügen. Wenn Sie Alkohol auch nicht in winzigsten Mengen zu sich nehmen dürfen oder wollen, verwenden Sie statt dieses hochprozentigen Konservierungsmittels einfach einen guten Essig. Das gilt ganz besonders auch, wenn Sie Tinkturen für Kinder herstellen. Sobald Sie einen Tropfen Tinktur in Wasser geben, verfliegt der Geschmack des Essigs sofort, die Wirkung aber bleibt gleich.

Benzointinktur: Diese Tinktur brauchen Sie nur, um damit selbst hergestellte Öle für eine sehr lange Zeit haltbar zu machen. Sinnvoller, als diesen Aufwand zu betreiben, ist es jedoch, Öle frisch herzustellen oder aus gekauften ätherischen Ölen zu mischen. Geben Sie dafür etwa zwei gestrichene Esslöffel Benzoinpulver in ein Marmeladenglas. Füllen Sie dieses mit einer Tasse hochprozentigem Alkohol (z.B. Rum oder Wodka) oder sehr gutem Obstessig auf und lassen Sie das Ganze an einem dunklen warmen Ort etwa einen Monat ziehen. Seihen Sie die Mischung ab und heben Sie die Benzointinktur an einem dunklen kühlen Ort auf. Am besten eignen sich Flaschen mit Pipetten, da Sie diese Tinktur ohnehin nur tropfenweise verwenden.

Tinktur »Männerfang« Diese Tinktur trägt ihren Namen zu Recht, weil ein Fläschchen davon nicht nur lang hält, sondern auch schon durchschlagende Erfolge gezeitigt hat. Bevor Sie diese Mischung verwenden, seien Sie sich aber auch wirklich sicher, dass Sie auf Männerfang sind. Sonst blockieren Sie entweder die Energie, die Sie herbeizitiert haben, oder aber Sie finden sich plötzlich heiß begehrt und wollten doch eigentlich nur einen harmlosen Flirt. Geben Sie für diese Tinktur auf eine 100-Milliliter-Flasche Basismittel (Essig oder Alkohol) jeweils einen Tropfen Kardamom, Rosmarin und Zitrone. Ein Mann auf Frauenfang verwendet statt der Zitrone Limette. Nehmen Sie von dieser Mischung jeweils drei Tropfen morgens und abends in einem halben Glas Wasser. »Salben« Sie damit ebenfalls Gegenstände wie Kerzen, wenn Sie ein Liebesritual durchführen.

Fruchtbarkeitstinktur: In puncto Fruchtbarkeit brauchen Sie und Ihr Partner unterschiedliche Tinkturen. Sie sollten auch hier wieder darauf achten, dass Sie keine der angegebenen Stoffe unverdünnt zu sich nehmen.

FÜR FRAUEN: Nehmen Sie zu gleichen Teilen je einen Tropfen Weizen- und Mohntinktur. Wenn Sie diese Tinkturen herstellen, empfiehlt es sich, das Getreide und den Mohn vor dem Einweichen zu zerdrücken.

Geben Sie von der zweimal verdünnten Mischung (siehe oben) je zwei Tropfen in ein Glas mit Wasser und trinken Sie dieses vor dem Schlafengehen. Visualisieren Sie dabei, dass Sie ein Kind bekommen und alles, was Sie damit verbinden. Neben dieser Übung und möglichen Ritualen zum Thema müssen Sie unbedingt körperliche Ursachen für Unfruchtbarkeit von einem Arzt abklären lassen.

FÜR MÄNNER: Sie brauchen eine Mischung aus Olive und Wacholder. Einfach nur Oliven zu essen und Gin zu trinken bringt allerdings nichts. Abgesehen von einem Arztbesuch, der mögliche Ursachen der Unfruchtbarkeit oder Impotenz abklärt, geben Sie jeweils zwei Tropfen der verdünnten Mischung in ein Glas Wasser und trinken Sie dieses vor dem Schlafengehen. Visualisieren Sie dabei Ihren Wunsch.

Schutztinktur: Bei jeder Art von Schutzzauber ist es wichtig, Schutz vor etwas zu beschwören und nicht etwa gegen etwas oder jemanden. Wenn Sie Ihren Schutz nämlich gegen eine bestimmte Person oder Sache richten, kann sich das Ganze leicht ins Gegenteil verkehren. Indem Sie zum Beispiel Schutz gegen die Autos der Marke X zaubern möchten, kann es Ihnen passieren, dass Sie umso schneller von denen der Marke Y erwischt werden. Verlagern Sie also nicht Ihr Ziel irgendwo nach außen, sondern bleiben Sie mit Ihrem magischen Schutzmantel dicht bei sich selbst. Er wirkt dann umso besser.

Für eine magische Schutztinktur eignen sich Wacholder und rote Geranie. Wenn Sie eine Wacholdertinktur herstellen, zerdrücken Sie die Beeren vorher etwas. Geben Sie zu gleichen Teilen Wacholder und rote Geranie in Ihre Schutztinktur: mindestens drei, maximal fünf Tropfen. Nehmen Sie diese Tinktur nicht ein, sondern geben Sie mit der Fingerspitze einen Tropfen davon auf das kleine Dreieck in der Mitte des Schlüsselbeins und auf Ihren Solarplexus. Tragen Sie die Flasche ruhig tagsüber bei sich und erneuern Sie diesen Schutz, sooft Sie möchten. Sie brauchen es nicht zu übertreiben, da die Tinktur lange anhält. Vertrauen Sie Ihrem Instinkt, wie oft Sie einen Tropfen brauchen und wohin Sie die Tropfen geben. Vielleicht fühlen Sie sich noch wohler, wenn Sie etwas von der Tinktur auf Ihre Stirn (das dritte Auge) oder in den Nacken tupfen. Probieren Sie aus, wie Sie sich optimal geschützt fühlen.

Lusttinktur: Brennnesseln eignen sich paradoxerweise besonders für eine luststeigernde Tinktur. Pflücken Sie junge Pflanzen, die möglichst nicht in der Nähe von stark befahrenen Straßen wachsen sollten: Sie haben sonst auch noch alle möglichen Schwermetalle in Ihrer Tinktur. Setzen Sie diese Tinktur wie die anderen an. Verwenden Sie das fertige Produkt im Schlafzimmer, tupfen Sie sich davon etwas auf die Kleidung, wenn Sie ein aufregendes Rendezvous vorhaben, oder geben Sie etwas davon in Ihr Schönheitsbad.

Rauchzeichen für die Liebe

Mischen Sie doch einfach Ihr eigenes Räucherwerk für einen Liebeszauber. Die meisten Zutaten sind leicht zu bekommen; wenn Sie aber Schwierigkeiten haben, die eine oder andere aufzutreiben, beweisen Sie Mut zur Lücke oder wählen Sie ein anderes Kraut, das Ihnen passend erscheint. Achten Sie allerdings darauf, dass Sie nicht versehentlich etwas abbrennen, das gesundheitsschädliche Gase freisetzt.
Es ist günstig, erst einmal eine kleine Portion zu mischen und sich genau aufzuschreiben, wie viel wovon darin ist. Dann können Sie nach dem Ausprobieren verändern und die Zusammenstellung so lange verbessern, bis sie ganz Ihren Vorstellungen entspricht. Rezepte wie diese heben Sie am besten in Ihrem *Buch der Schatten* (S. 165f.) auf.

Für das selbst gemachte Räucherwerk brauchen Sie Kohletabletten, die Sie in den meisten Esoterikläden bekommen. Wenn Sie dort nicht fündig werden, fragen Sie bei der nächstgelegenen katholischen Kirche nach einer Bezugsadresse. Das Gleiche gilt auch für Weihrauch, der eine gute Ergänzung für Ihr Räucherwerk ist. Er hat zwar nicht direkt mit Ihrem Liebeszauber zu tun, öffnet Sie aber für jede Art des spirituellen Kontakts. Nicht umsonst hat dieses leichte Rauschmittel im Gottesdienst verschiedener Religionen seinen festen Platz.

Räuchermischung »Liebesrausch«

Nehmen Sie Rosenblätter, Copal und Lavendel etwa zu gleichen Teilen und geben Sie nach Geschmack noch etwas Weihrauch und Zimt dazu. Wenn Sie gute Duftrosen haben, nehmen Sie davon ruhig etwas mehr. Bevor Sie Ihre Räuchermischung entzünden können, brauchen Sie eine Kohletablette, die bereits heiß ist, wenn Sie mit Ihrem Ritual beginnen. Zünden Sie diese deshalb immer schon vorher an, da sie etwa zehn Minuten braucht, bis sie ganz durchgeglüht ist. Sie können Ihre Zutaten natürlich auch auf ein echtes Feuer legen, wenn Sie einen Kamin besitzen oder im Freien Feuer machen.

Verändern Sie diese Mischung, indem Sie an Stelle von Zimt Hibiskusblüten dazugeben. Eine andere Möglichkeit ist, Rosmarin hinzuzufügen: Er klärt und reinigt. Wenn Sie einen Liebeszauber vorhaben, bei dem es ganz allgemein um den Erfolg bei Männlein oder Weiblein geht, dann geben die Damen ihrem Räucherwerk etwas Zitrone bei, die Herren nehmen Limettenschale. Dann wird es sicher ein interessanter Flirt – und vielleicht auch mehr.

Fruchtbare Rauchwolken

Für einen Fruchtbarkeitszauber fügen Sie Ihrem Räucherwerk etwas Weizenmehl hinzu. Wenn es möglich ist, mahlen Sie das Getreide selbst; andernfalls kaufen Sie Biomehl, damit wirklich noch alles Ursprüngliche im Mehl enthalten ist. Achten Sie darauf, dass es nicht zu viel Mehl wird, damit Sie Ihre Kohle nicht damit löschen. Wenn Mehl Ihnen zu puderig ist, können Sie auch Schrot nehmen. Eine Prise reicht schon aus.

Schützender Rauch

Wenn Sie Ihren Liebeszauber mit Schutz verbinden möchten, geben Sie etwas Wacholderbeere dazu. Achten Sie darauf, dass es nur ganz wenig ist, sonst überlagert dieser Geruch alles andere. Gerade die Energie von Rosen und Lavendel ist vergleichsweise sanft und deshalb leicht zu übertönen, wenn Sie es mit einer der anderen Zutaten übertreiben.

Die Liebeslaube

Wenn Sie glückliche Besitzerin eines Gartens sind, dann legen Sie sich dort doch eine Liebeslaube mit entsprechenden Pflanzen an. Achten Sie bei der Anlage darauf, dass insgesamt runde Formen dominieren, harmonische Linien, die den Göttinnen der Liebe und der Fruchtbarkeit allemal lieber sind als scharfe Kanten und düstere Ecken. Lassen Sie der Romantik freien Lauf. Pflanzen Sie Beete mit Duftrosen, Jasmin, Jelängerjelieber (Geißblatt), Tränenden Herzen und Katzenminze um Ihre Liebeslaube. Sie haben richtig gelesen: Katzenminze. Damit erfreuen Sie nicht nur Ihre eigenen Stubentiger, sondern auch die aus der Nachbarschaft. Die Vierbeiner knabbern gern mal daran – zudem sind die Pflanzengeister dieser Pflanze ausgesprochen gesellig und lieben es geradezu, harmonische Schwingungen in Ihrem Garten zu verbreiten. Stellen Sie Statuen von Liebesgöttern und -göttinnen dazu und verteilen Sie großzügig größere und kleinere Rosenquarze unter den Sträuchern, in den Beeten und rund um Ihren Sitzplatz.

Zusätzlich können Sie auch noch Windspiele aufhängen, die zum Beipiel nach dem Planeten Venus gestimmt sind, oder einfach solche, deren Klang Sie besonders mögen. Wenn ein Baum oder Busch in der Nähe des Sitzplatzes steht, können Sie dort ein Band aufhängen, in das Sie all Ihre Liebeswünsche eingeknüpft haben. Sollten Sie im eigenen Garten kein passendes Gewächs finden – es sollte mindestens so groß sein wie Sie –, dann suchen Sie sich in einem Wald oder Park einen Baum aus, zu dem Sie eine gute Verbindung haben.

Bevor Sie jedoch einfach irgendwo irgendetwas in einen Baum hängen, fragen Sie vorher nach, ob ihm das überhaupt recht ist – schließlich gefällt es Ihnen auch nicht, wenn Ihnen jemand ungefragt an den Haaren zupft. Auch Bäume mögen's höflich.

Falls Sie keinen Garten haben, in dem Sie sich ein Liebesplätzchen aufbauen könnten, schaffen Sie sich Ihre Liebeslaube einfach auf dem Balkon oder im Haus. Keine Wohnung ist dafür zu klein, und wenn Sie nur in einer Ecke Ihres Schlafzimmers Bilder von blühenden Rosengärten und Jasmin und dazu eine duftende Rose in einer Vase aufstellen. Auch ein kleiner Rosenquarz hat dort Platz, eine liebesrote Kerze und eine Duftlampe für Ylang Ylang. Lassen Sie Ihre Fantasie spielen und dekorieren Sie so lange um, bis Ihnen das Ergebnis gefällt.

Magische Liebesblumen

Dieses Ritual können Sie im Prinzip für jede Pflanze nutzen. Stauden, Büsche oder Bäume können meist im Herbst oder im Frühjahr gepflanzt werden. Für einen Liebeszauber eignet sich der Frühling besser. Besonders zwischen Mai und Juni ist die Energie für Liebeszauber günstig, doch ist es bei vielen Pflanzen notwendig, mindestens die Eisheiligen im Mai abzuwarten, bevor es in die Erde geht.

Wenn Sie also eine Pflanze mit einer Liebessuche beauftragen möchten, wählen Sie diese sorgfältig aus. Nehmen Sie sich die Zeit, in ein gutes Gartencenter zu gehen oder zu einer Gärtnerei, auch wenn Sie dort vielleicht ein paar Mark mehr bezahlen. Ideal wäre es, wenn Sie Ihre Blume, den Baum oder Busch von einem Ökohof bekommen könnten. Sie haben dann eine klarere Energie in Ihrer Pflanze – und Mutter Erde dankt es Ihnen.

Bereiten Sie den Platz vor dem Pflanzen nicht nur mit Dünger oder Ähnlichem vor, sondern auch magisch – möglichst schon mindestens einen Tag, eine Woche oder gar eine Mondphase vorher. Nehmen Sie dazu die Dinge mit, die Sie gewöhnlich für Ihren magischen Kreis verwenden.

Gehen Sie in die Ruhe und schließen Sie den magischen Kreis. Klären Sie die Energie, reinigen und segnen Sie den Ort. Dann legen Sie kleine Steine aus dem Garten als Ring um die Pflanzstelle. Sie können auch Halbedelsteine dazwischen legen, programmierte Kristalle oder andere Steine, die zu Ihrem Vorhaben passen. Dann öffnen Sie den magischen Kreis wieder und lassen alles mindestens einen Tag lang so ruhen.

Am folgenden Tag bereiten Sie alles für das Pflanzen vor und holen sich das vorgesehene Gewächs. Stellen oder setzen Sie sich daneben, so dass Sie mit der Pflanze Kontakt aufnehmen können.

> Gehen Sie in die Ruhe und schließen Sie den magischen Kreis wieder. Dann sprechen Sie mit der Pflanze und bitten um Unterstützung für Ihren Zauber. Visualisieren Sie die Pflanze gesund und munter wachsend und so eng mit Ihrem Wunsch verbunden, dass dieser mit ihr blüht und gedeiht. Für einen langfristigen Wunsch – wie etwa eine gute Partnerschaft für eine Ehe – lohnt es sich, einen Baum zu pflanzen. Wenn Sie im Garten oder auf dem Bal-

kon dazu keinen Platz haben, gehen Sie einfach in den Wald oder erkundigen Sie sich, wo ein Baum gebraucht wird. Für kurzfristigere Wünsche reichen auch Pflanzen mit einer nicht ganz so langen Lebensdauer. Ungeschickt wäre es allerdings, Einmalblüher für ein Ritual zu benutzen, bei dem es um den Mann fürs Leben geht.

Wenn Sie mit allem fertig sind, öffnen Sie den magischen Kreis wieder.

Betreuen Sie Ihren neuen Verbündeten in Sachen Liebe gut, sofern das nötig und möglich ist. Je besser es der Pflanze geht, desto nachdrücklicher fliegt auch Ihr Wunsch ins Universum hinaus.

Liebeskraut und Rüben

Liebe geht durch den Magen, das weiß schließlich jeder. Was liegt also näher, als die Küche zum magischen Ort erster Güte zu erklären, wenn es um einen Liebeszauber geht.

Es beginnt mit den richtigen Zutaten. Verwenden Sie beim Kochen – wo immer es geht – kein Metall. Bei Vorbereitung, Zubereitung und Essen lassen sich auch andere Materialien einsetzen: Rühren Sie mit einem Holzlöffel, schneiden Sie auf Keramik zu und machen Sie einen Auflauf in der Glasform. Aber selbst wenn Sie in der Küche nichts als Metall haben sollten, ist das kein Beinbruch; vermeiden Sie allerdings Plastik, wo immer es geht. Durch die außerordentlich komplizierte Herstellung ist Plastik derartig weit entfernt von seinem Ursprungsmaterial, dass Sie dabei Unmengen unerwünschter Energieströme in Ihr Essen mischen, auf die Sie gut verzichten können.

Der Nachteil metallener Gegenstände – wie bei veredeltem Stahl – ist, dass weitere Bestandteile die energetische Schwingung stark verändern. Metall an und für sich hat schon eine sehr starke, wenig organische Schwingung. Bei Nahrungsmitteln kann das ähnlich wirken, als wenn Sie einen Nagel mit Hilfe einer Dampfwalze in die Wand treiben – einfach zu viel des Guten. Probieren Sie es aber einfach mal aus. Kupfergeschirr gibt eine insgesamt friedlichere Energie ab als Eisen oder Stahl. Die stärkste Verbindung gehen Lebensmittel mit Holzgegenständen oder Ton ein. Beide sind – ebenso wie

Nahrungsmittel – eher organisch, da Holz gewachsen und Ton durch seine Beschaffenheit dem Element Erde noch näher ist als Metall.

Rezepte und Würztipps müssen Sie nun nicht jedes Mal als ausgiebiges Ritual feiern. Das ist im täglichen Leben recht unpraktisch. Schließlich wollen Sie das Essen auf den Tisch bringen und nicht erst vorher noch zusätzlich zwei Stunden am Herd herumstehen. Konzentrieren Sie sich beim Kochen also nur kurz auf Ihr Ziel und lassen Sie dann die so gesammelte Energie ins Essen fließen. Seien Sie sich einfach Ihrer Absicht bewusst und machen Sie sich nicht zu viele Gedanken, wie genau was jetzt wirkt. Wenn Sie allerdings ein wichtiges Essen vor sich haben und zubereiten, kann es sich schon lohnen, ein richtiges Ritual zu feiern.

Für Ihr Küchenritual haben Sie schon einiges am Platz, das Sie nicht mehr extra bereitstellen müssen: Feuer aus dem Herd und Wasser aus der Leitung. Falls Sie mit Gas kochen, haben Sie sogar eine offene Flamme und könnten sich so Kerzen sparen. Doch das Feuer lässt sich durch Kerzen natürlich noch verstärken, zumal die Farben der Kerze Ihren Zauber unterstützen. Wenn Sie elektrisch kochen, empfiehlt es sich sogar, eine Kerze dazuzunehmen, damit die offene Flamme auch dabei ist. Wenn Sie sich an einem Ort aufhalten, wo Sie keine Kerze aufstellen können, visualisieren Sie eben das elektrische Feuer, das Sie sich leicht als Funken und fließendes Feuer vorstellen können.

Beim Element Erde sieht es so ähnlich aus: Sie können einfach die Nahrungsmittel, die Sie zubereiten, für die Erde nehmen oder noch einen Stein dazulegen. Die Luft können Sie durch passendes Räucherwerk einbeziehen oder durch den Dampf, der beim Kochen entsteht. Improvisieren Sie und probieren Sie aus. Da Sie sich beim Kochen eh konzentrieren müssen, bietet es sich an, auf zu viel Brimborium zu verzichten. Bereiten Sie beispielsweise eine Mahlzeit für Freunde zu und möchten einfach nur eine gute Stimmung erzielen, so wählen Sie Ihre Zutaten entsprechend aus und legen einfach los. Sollten Sie allerdings Streithähne unter den Gästen haben, könnte es angebracht sein, vorher ein Reinigungs- und Friedensritual zu machen. Für einen netten Abend mit Ihrem Partner reicht ein einfaches Kochen mit Visualisieren völlig. Wenn Sie aber etwas Besonderes planen, machen Sie mehr daraus. Wie viel Magie und Ritual für die jeweilige Situation angemessen ist, wissen Sie am besten.

Wenn Sie dieses Mahl kochen, sollten Sie sich zuvor sicher sein, dass Sie diesen Menschen auch wirklich bei sich haben möchten, und lassen Sie bei der Vorbereitung auf gar keinen Fall den Wunsch weg, dass das Ergebnis bitte allen nützen möge. Fast alle hier angegebenen Lebensmittel fördern Lust und Liebe. Sie können natürlich auch beliebig mischen und sich neue Kombinationen einfallen lassen.

Sie können alle Gerichte einfach »nur« zubereiten und dabei Ihren Wunsch visualisieren – Sie können aus dem Ganzen aber auch ein Ritual machen. Stellen Sie im zweiten Fall nur sicher, dass Sie die Küche wirklich für sich allein haben, da Sie beim Zaubern nicht den magischen Kreis verlassen sollten (sonst purzeln die Energien innen und außen durcheinander). Wenn Sie keine Gelegenheit haben, alles auf einmal zuzubereiten, dann machen Sie vorher einfach mit allen Zutaten ein Ritual, um sie mit Ihrem Liebeswunsch aufzuladen. Oder Sie visualisieren beim Zubereiten, was das Zeug hält.

Legen Sie alle Zutaten bereit, die Sie zum Kochen brauchen. Gehen Sie einen Augenblick in die Ruhe und schließen Sie wie gewohnt den magischen Kreis. Legen Sie die Hände auf die Zutaten und visualisieren Sie Liebe, Lust und Leidenschaft ins Essen – und zwar Ihre: auf keinen Fall die des anderen Menschen, den Sie da eingeladen haben.

Auch wenn Sie unwiderstehlich und bezaubernd sind, Sie müssen dem anderen die Wahl lassen, es sei denn, Sie wollen schwarzmagisch arbeiten. Allerdings werden Sie sich dann nie sicher sein, ob der andere Mensch nicht doch nur bei Ihnen ist, weil Sie ihn manipuliert haben – das wäre eine armselige Beziehung. Ziehen Sie es vor, einen Partner zu lieben, der Ihnen gleichberechtigt gegenübersteht. Die Versuchung kann zwar groß sein, zumal wenn der Auserwählte unschlüssig ist oder gar gleichgültig oder abweisend – lassen Sie es trotzdem sein.

Begrüßungsdrink

trockener Sekt	*oder:*	frisch gepresster Orangensaft
1 Schuss Aprikosenlikör		Zitronen- oder Limettensaft
		1 Schuss Traubensaft

Fangen Sie zunächst mit einem Liebescocktail an. Zur Begrüßung können Sie einen Sekt anbieten, dem Sie einen Schuss Aprikosenlikör zugeben. Das riecht nicht nur lecker, sondern bringt auch gleich die richtige Stimmung. Aprikosen steigern die Aufnahmefähigkeit für alle Liebesdinge und wecken Lustgefühle. Achten Sie darauf, dass Sie einen wirklich trockenen Sekt nehmen, da Sie sonst süßen Sirup trinken, der die Stimmung sofort ruiniert.

Wenn Sie einen alkoholfreien Drink anbieten möchten, dann nehmen Sie frisch gepressten Orangensaft, etwas Zitronensaft (nicht zu viel, sonst wird es zu sauer) oder Limettensaft und einen Schuss Traubensaft. Dekorieren Sie mit einer Scheibe Zitrone oder Limette.

Rot wie die Liebe: Tomatensuppe
1 kg frische Tomaten oder 2 große Dosen Tomaten
1/2 l Tomatensaft
Salz und Pfeffer
1 Schuss Sahne

Den Auftakt der Mahlzeit macht eine ganz gewöhnliche Tomatensuppe. Wenn Sie es sich leicht machen möchten, nehmen Sie einfach ganze Tomaten aus der Dose, besser sind aber frische Früchte. Geben Sie diese kurz in heißes Wasser, damit sich die Haut abziehen lässt (bei Dosentomaten ist das nicht mehr nötig) und legen Sie sie dann mit etwas Tomatensaft in einen großen Topf. Lassen Sie das Ganze bei mittlerer Hitze aufkochen (nicht überkochen lassen). Lassen Sie die Tomaten für etwa 15 Minuten auf kleiner Hitze köcheln, sie sollen nur weich werden. Währenddessen rühren Sie mit einem Holzlöffel Salz und Pfeffer (möglichst frisch gemahlen) ein. Wenn Sie einen hölzernen Zauberstab besitzen und ihm heiße Suppe zumuten wollen, nehmen Sie ihn zum Einrühren.

Das Salz verbindet Sie mit der Erde, damit Sie vor lauter Liebe nicht die Bodenhaftung verlieren. Der Pfeffer gibt Ihrer Liebe den richtigen Schwung. Beim Rühren – im Uhrzeigersinn – visualisieren Sie alles, was Sie gern fühlen möchten in Ihrer Tomatensuppe.

Sie können die Suppe auf der abgeschalteten Kochplatte stehen lassen, um alles andere vorzubereiten. Vor dem Servieren geben Sie noch einen Schuss Sahne dazu. Sahne steht wie alle Milchprodukte für Nahrung im Überfluss: Sie erinnern sich, im Schlaraffenland fließen Milch und Honig. Zusätzlich geben Sie noch etwas frisches Basilikum dazu. Falls Sie kein frisches bekommen können, nehmen

Sie getrocknetes. Sie sollten es dann allerdings schon von Anfang an dazugeben, damit es sein Aroma entfalten kann.

Salat »Liebeslust«
Tomaten
Endiviensalat
Avocados
Bohnen
Karotten
Essig und Öl oder Jogurt
Salz und Pfeffer
Kräuter
Gewürze

Nun bereiten Sie den Salat vor; fixe Mengenangaben gibt es nicht, so dass Sie je nach Geschmack und Vorliebe die Zutaten gewichten können. Vermischen Sie Tomaten, Endiviensalat, Avocados und Bohnen und reiben Sie Karotten dazu. Lassen Sie aber unter allen Umständen grünen Kopfsalat weg, da Sie sonst genau das Gegenteil von dem erreichen, was Sie vorhaben (er eignet sich allerdings bestens, wenn Sie einen allzu feurigen Liebhaber etwas abkühlen möchten, S. 139).

Während Sie zupfen, schnipseln und mischen, visualisieren Sie wieder wie schon bei der Tomatensuppe alles, was Sie sich wünschen. Geben Sie Essig und Öl dazu, Salz und Pfeffer. Als Alternative können Sie auch eine Jogurtsoße abschmecken. Geben Sie an Kräutern alles dazu, was Ihnen von der Liste ab S. 140 zusagt, nur übertreiben Sie es nicht. Auch beim Kochen für die Liebe ist weniger oft mehr. Passen Sie aber auf, wenn Sie zum Beispiel ein Lust förderndes Kraut wie Petersilie wählen, da es gleichzeitig auch die Fruchtbarkeit stärkt. Schließlich wollen Sie von einem flotten One-Night-Stand nicht gleich schwanger werden. Prüfen Sie am besten alle Eigenschaften, bevor Sie anfangen zu mischen.

Auflauf à la Amor
1–2 Karotten
1 große oder 2 kleine Stangen Lauch
1 kleine Zwiebel
etwas Meerrettich
Salz und Pfeffer

2 Tassen Milch oder Sahne
$^1/_2$ Tasse gemischte Kräuter
etwas geriebene Muskatnuss
$^1/_2$ –1 Tasse Sonnenblumenkerne
150 g Naturjogurt

Als Hauptgericht reichen Sie einen Auflauf, der es in sich hat, aber dennoch leicht zuzubereiten ist. Lauch und Karotten helfen beim Verlieben, Zwiebel, Rettich und Pfeffer würzen mit Lust. Ein paar Sonnenblumenkerne sorgen für eine in jeder Beziehung fruchtbare Partnerschaft (vergessen Sie also besser nicht zu verhüten, wenn Sie keinen Nachwuchs wollen).

Schneiden Sie Karotten, Lauch und Zwiebel klein und geben Sie sie dann in eine gefettete Auflaufform. Mengen Sie Milch oder Sahne oder ein Gemisch von beidem (je nachdem, ob Sie lieber mit oder ohne Kalorien kochen wollen) darunter und würzen Sie kräftig mit Salz und Pfeffer. Geben Sie dazu noch etwas geriebene Muskatnuss und Kräuter, die Ihnen für den Zweck sinnvoll erscheinen. Rühren Sie kräftig um und nutzen Sie diesen Arbeitsgang, um Ihren Wunsch noch zu bekräftigen. Rühren Sie im Uhrzeigersinn, da Sie etwas anziehen und verbinden wollen.

Gießen Sie die fertige Mischung über den Auflauf und streuen Sie dann die Sonnenblumenkerne darüber. Geben Sie Jogurt über den Auflauf, bis alles bedeckt ist. Sie können mit ein paar Krümeln Muskatnuss, ein paar Sonnenblumenkernen und Kräutern dekorieren. Wenn Sie bei Ihrem Angebeteten allerdings nicht gleich mit der Tür ins Haus fallen wollen, dann vermeiden Sie auffällige Muster wie Herzen oder Eheringe. Der Auflauf kommt bei 200 Grad für etwa eine Stunde in den Ofen und wird heiß serviert.

Früchte der Liebe
Obst nach Wahl

Zum Nachtisch gibt es den altbewährten Obstsalat – zumindest im Frühjahr und Sommer. Wählen Sie unbedingt Früchte der Saison aus; im Winter bieten sich leider – gut eingelagert – eigentlich nur Äpfel aus eigenen Landen an. In der richtigen Jahreszeit können Sie jedoch zwischen Kirschen, Pflaumen, Weintrauben, Aprikosen, Erdbeeren, Äpfeln und Birnen wählen. Sie dürfen auch Exoten wie Bananen dazunehmen – allerdings gilt, dass Früchte, die sehr weit gereist sind, einfach nicht mehr so viel Power haben wie diejenigen, die in der Nähe wachsen.

Wenn Sie natürlich aus dem eigenen Garten ernten können, ist das ganz ideal. Probieren Sie bei Zaubergerichten außerdem den Unterschied zwischen Lebensmitteln aus ökologischem Anbau und aus der Industrie aus. Sie werden überrascht sein, wie viel leichter es sich mit dem Ökogemüse zaubern lässt. Bequemen Köchinnen sei also der Bioladen als Bezugsquelle dringend ans Herz gelegt.

Für den Obstsalat schneiden Sie alle Früchte klein (nach Möglichkeit nicht schälen, denn in der Schale steckt die meiste Energie der Frucht), vermischen sie miteinander und lassen das Ganze eine Stunde im Kühlschrank stehen, damit es Saft zieht – schon sind Ihre »Früchte der Liebe« fertig.

Liebeskuchen

Wie bei anderen Gerichten können Sie auch beim Kuchenbacken magisch nicht nur auf die Geschmacksnerven wirken. Ganz wichtig ist es aber, bei der Vorbereitung Ihr Ziel intensiv zu visualisieren.

Für den Liebeskuchen können Sie die Früchte verwenden, die Sie selbst besonders mögen – falls es jahreszeitenbedingt kein frisches Obst gibt, das aus der Nähe kommt, nehmen Sie Äpfel und backen einen Apfelkuchen. Sie können Rosinen (sprich getrocknete Trauben) und Gewürze hinzufügen; welche sich dafür eignen, lesen Sie in der Liste ab S. 140. Zimt schmeckt immer gut an Äpfeln, aber auch Anis oder Kardamom, Nelken und Muskat sind in Maßen sehr anregend.

Legen Sie alle Backzutaten bereit und halten Sie einfach nur die Hände über alles. Visualisieren Sie Ihren Wunsch und geben Sie diese Energie an die Lebensmittel ab.

Obstkuchen »Passionata«
250 g Butter
250 g Zucker
abgeriebene Schale von 1 Zitrone
4 Eier
270 g Mehl

2 gestrichene Teelöffel Backpulver
1 Kilo Pfirsiche/Aprikosen/Pflaumen/Äpfel oder sonstiges Obst
Honig

Dieser Blechkuchen lässt sich mit verschiedenen Früchten herstellen und beliebig würzen. Wählen Sie zu diesem Basisrezept einfach das Obst aus, das am besten zu Ihrer Absicht passt.

Zuerst rühren Sie die Butter schaumig und geben nach und nach Zucker und Zitronenschale dazu. Dann kommen die Eier dazu. In diese Schaummasse rühren Sie dann das gesiebte und mit dem Backpulver vermischte Mehl ein. Den Teig geben Sie auf ein gefettetes Blech und verteilen das Obst darauf. Sie backen den Kuchen bei etwa 200 Grad 30 bis 40 Minuten lang. Wenn Sie mögen, können Sie nach dem Backen noch etwas Honig über den Kuchen träufeln (nicht zu viel, im Zweifelsfall erst etwas abkühlen lassen).

Rhabarberkuchen für die Treue: Eine Variante des »Passionata«-Rezepts ist zum Beispiel ein Rhabarberkuchen. Wenn Sie die Treue in Ihrer Beziehung stärken möchten, wählen Sie dieses Obst für Ihr Backvorhaben. Das oben angegebene Rezept bleibt gleich, allerdings empfiehlt es sich, die Zucker- oder die Honigmenge zu erhöhen, da Rhabarber doch erheblich saurer ist als beispielsweise Pflaumen oder Kirschen. Schließlich wollen Sie Ihren Liebsten ja wohlwollend stimmen.

Liebestränke

Sie können Liebestränke allein für ein Ritual mixen oder sie auch gemeinsam mit einem Partner oder einer Partnerin genießen. Ob Sie nun das eine oder andere vorhaben – achten Sie unbedingt darauf, dass Sie keine Zutaten verwenden, die in Nahrungsmitteln nichts zu suchen haben. Zwar sind Gewürze gut, aber im Übermaß gibt es auch da üble Nebenwirkungen. Denken Sie daran, dass weniger mehr ist, zumal es Ihnen nicht um Quantität, sondern um Qualität geht.

Auch wenn Sie Unmengen von einer Substanz zu sich nehmen – wenn Sie nicht mit Herz und Verstand bei der Sache sind, können Sie sich den Aufwand getrost sparen. Bei der Herstellung eines

Hexentranks für Rituale achten Sie daher darauf, dass Sie von allem nur eine Prise nehmen, dann haben Sie zwar die Energie eingeschlossen, aber kommen auch bei Ritualen, die Sie über mehrere Tage oder Wochen durchführen, nie auf unangenehme oder gar gefährliche Dosierungen.

Sie können sich beim Liebestrank grundsätzlich entscheiden, ob Sie etwas mit oder ohne Alkohol verwenden wollen. Wenn Sie ein Ritual vorhaben, empfiehlt es sich, ein möglichst alkoholfreies oder niedrigprozentiges Gebräu zu wählen, damit Sie weiterhin bei klarem Verstand bleiben.

Heißer Früchtetee mit Schuss
Hibiskusblüten- oder Hagebuttentee
1 Schuss Rotwein oder Traubensaft
Zimt, Nelken und Kardamom

Einen ganz gewöhnlichen Tee aus Hibiskusblüten oder Hagebutten können Sie zum Liebescocktail aufpeppen, wenn Sie entsprechende Zutaten beimischen. Als Erstes kommt ein Schuss Rotwein oder – für die alkoholfreie Version – Traubensaft dazu: Beides können Sie entweder kalt hineingeben oder zusammen mit dem Tee aufwärmen. Besonders gut funktioniert es, wenn Sie den Tee auf ein Stövchen stellen und dann Wein oder Saft hinzufügen – dann wird alles zusammen gut durchwärmt, ohne zu kochen.

Geben Sie dann in einen Teefilter aus Papier eine Mischung aus Zimt, Nelken und Kardamom, hängen ihn in den Tee und lassen das Ganze mindestens eine Stunde lang ziehen. Rühren Sie ab und zu um und visualisieren Sie dabei Ihren Wunsch.

Lustwein
Rotwein oder roter Traubensaft
Koriandersamen und Kumin

Wenn Sie dieses Gebräu testen, sollten Sie auf jeden Fall für erotische Sturmgefechte gerüstet sein. Geben Sie etwas gemahlenen Koriandersamen und Kumin (Kreuzkümmel) in warmen Wein. Am besten eignet sich auch hier wieder Rotwein. Lassen Sie Ihren anregenden Glühwein heiß ziehen, aber auf keinen Fall kochen. Nach etwa einer Stunde ist der Zaubertrank dann einsatzbereit.

Sie können dieses Rezept auch alkoholfrei servieren, wenn Sie statt des Rotweins einfach roten Traubensaft verwenden.

Orangen mit Zitronenpep
Frisch gepresster Orangensaft
1 Spritzer Zitronensaft
Zitronengras

Frisch gepresster Orangensaft an sich ist bekanntermaßen sehr gut für das Wohlbefinden. Wenn Sie bei dieser Gelegenheit auch noch Ihr Liebesleben gesunden lassen wollen, dann geben Sie dem Orangensaft nicht nur einen Spritzer Zitronensaft bei, sondern rühren das Getränk auch am besten mit Zitronengras um. Sie können auch jeden anderen Drink mit Zitronengras dekorieren, das sieht apart aus und fördert die Lust in Ihrer Beziehung.

Wodka und Co.: Welche Mixgetränke mit Alkohol Sie auch herstellen: Entscheiden Sie sich, welche Energie Sie im Drink haben wollen. Bei Gin ist es die Power der Wacholderbeere, bei Rum Zucker und bei Weinbrand die Traube. Mit der Wahl Ihrer alkoholischen Beimischung können Sie die Energie Ihres Getränks unterstützen oder abmildern, je nachdem, wofür Sie es einsetzen wollen.

Lust der Liebe, Last der Eifersucht

Nun haben Sie ihn also, den Partner Ihres Herzens. Sie möchten ihn jetzt auch ganz gern behalten, schließlich haben Sie auf dem Weg zum Traumprinzen reichlich Frösche geküsst und sind in so manches Fettnäpfchen getappt. Vorausgesetzt, der Traumprinz sieht Sie auch als seine Traumfrau an, haben Sie schon mal gute Karten. Und wenn er dann auch noch einen Draht zur Magie hat, umso besser. Das ist aber nicht unbedingt nötig, sofern Sie bei kleinen Alltagszaubereien rund um die Liebe irgendwann mal ganz allgemein seine Zustimmung einholen. Beim Liebeszauber für schöne gemeinsame Stunden brauchen Sie diese Zustimmung unbedingt, sonst landen Sie mal wieder bei der schwarzen Magie. Und wenn es Sie auch noch so in den Fingern juckt: Sollte er sich nur unklar äußern oder ablehnen, dann verzichten Sie lieber darauf.

Die folgenden Liebeszauber sind als Partnerübungen gedacht, Anleitungen für ein Soloritual finden Sie in den Kapiteln über Selbstliebe (S. 10ff.) und den Mann fürs Leben oder den nächsten Lebensabschnitt (S. 24ff.).

Liebesbad für zwei

Es gibt mehrere Möglichkeiten, wozu Sie diese Gelegenheit nutzen können; deshalb vorweg erst einmal der grundsätzliche Ablauf, den Sie dann entsprechend Ihren Wünschen abändern können.

Wichtig beim Liebesbad für Paare ist, dass Sie wirklich gemeinsam alles vorbereiten und auch wieder gemeinsam aufräumen. Grundsätzlich geht es bei der Magie um ein Gleichgewicht zwischen unterschiedlichen Energien, in diesem Fall zwischen Ihnen und einem Partner oder einer Partnerin. Dass also nur einer oder eine die Wanne schrubbt und einkauft, kommt nicht in Frage. Teilen Sie die Aufgaben zwischen sich auf. Ausflüchte oder Entschuldigungen gelten nicht. Wenn Ihnen andere Dinge so viel wichtiger sind, warten Sie besser mit diesem Ritual noch eine Weile, bis Sie sich wirklich sicher sind, dass Sie etwas für Ihre Beziehung tun wollen. Sonst verpufft Ihre ganze Mühe, weil Sie nicht an einem Strang ziehen.

Für Ihr gemeinsames Liebesbad brauchen Sie zunächst natürlich eine Badewanne. Falls Sie zu Hause keine haben, nutzen Sie einfach den nächsten gemeinsamen Urlaub. Auch in fremden Wannen können Sie diesen Zauber durchführen, wenn Sie dann auch vielleicht nicht so viele Zutaten parat haben. Improvisieren Sie oder nehmen Sie einiges von zu Hause mit.

Legen Sie sich vor dem Ritual alles zurecht, damit Sie nicht mehr herum laufen müssen, wenn Sie einmal angefangen haben. Sie brauchen die üblichen Gegenstände für Ihren magischen Kreis – in diesem Fall alles mal zwei. Nicht nur Sie allein machen dieses Ritual, sondern auch Ihr Partner, das heißt, er oder sie bringt ebenfalls für die vier Elemente etwas mit. Sprechen Sie sich ab, Sie brauchen beispielsweise keine zwei Kelche fürs Wasser oder zwei Räuchergefäße. Beim Räucherwerk selbst sieht das dann schon anders aus, da könnten Sie beispielsweise einen unterschiedlichen Geschmack haben, was den Duft betrifft. Vielleicht haben Sie eher einen Hang zu einem erdigen Duft, während Ihr Partner mehr für einen süßen Rosenduft oder für eine erotische Moschusnote schwärmt. Auch wenn Sie ganz unterschiedliche Vorlieben haben, berücksichtigen Sie beide. Der Rauch aus zwei verschiedenen Räuchermischungen oder -stäbchen, der dabei entsteht, schafft schon eine erste Verbindung zwischen Ihnen. Wenn Sie keinen Rauch mögen, können Sie auch hier wieder eine Duftlampe statt des Räucherwerks nehmen. Wählen Sie dabei Düfte aus, die Ihren beiden Nasen zusagen. Sie können auch hier mischen.

Bei den Kerzen sollten es allerdings schon zwei sein: Sie vertreten Sie beide und Ihre Gemeinsamkeiten, die Sie in diesem Ritual stärken wollen. Auch in der Sandschale (für die Erde) können sich zwei unterschiedliche Sandsorten befinden, müssen aber nicht. So stellen Sie wieder Ihre Zweisamkeit dar. Wenn Sie mit einzelnen Steinen arbeiten, nehmen Sie jeder einen Stein, den Sie wie immer in den Norden legen.

Wenn Sie alles zusammenhaben, bereiten Sie das Badezimmer so vor, dass es Ihnen eher wie ein Tempel denn wie ein nüchternes Bad erscheint. Die Vorbereitung ist wichtig, um Sie auf das Ritual einzustimmen. Entscheidend ist dabei allerdings zunächst Ihrer beider Geschmack: Wenn Sie es also lieber ganz ohne Schnörkel mögen, dann stellen Sie einfach nur neun Kerzen auf, das bringt Sie und auch das Bad genug in Stimmung. Achten Sie wie immer darauf, nicht etwa Handtücher, Regale oder hölzerne Toilettendeckel abzufackeln.

Ganz wichtig während eines so speziellen Partnerrituals ist Ihre innere Einstellung. Falls es das erste Mal ist, dass Sie so etwas gemeinsam durchführen, vereinbaren Sie vorher, dass es in Ordnung ist, wenn einer von Ihnen mittendrin aussteigen möchte. Sollten Sie zu irgendeinem Augenblick während dieses Rituals das Gefühl haben, dass Sie lieber nicht weitermachen möchten, dann hören Sie auf jeden Fall auf und schließen einfach Ihr Ritual ab. Wenn Sie allerdings schon häufiger gemeinsam gezaubert haben, dann brauchen Sie diese Vorsichtsmaßnahme nicht.

Schließen Sie den magischen Kreis gemeinsam. Einigen Sie sich vorher, ob Sie beide einen Text sprechen wollen, ob Sie sich abwechseln, ob Sie in Ihren eigenen Worten still etwas sagen, ob Sie durcheinander murmeln oder wie Sie es auch immer handhaben wollen. Suchen Sie sich als Ansprechpartner unter den Göttern und Göttinnen die aus, die Ihnen beiden etwas sagen, oder wählen Sie Ihre jeweiligen Lieblinge aus. Vielleicht fühlen Sie sich bei den Göttinnen besser aufgehoben und Ihr Partner bei den Göttern. Sie finden im Kapitel über die Gottheiten (S. 179ff.) eine große Auswahl an Göttinnen, aber nur eine sehr kleine Auswahl an Göttern. Die Herren der Schöpfung scheinen nicht nur im wahren Leben, sondern auch auf dem Olymp und in anderen göttlichen Hochburgen der Ansicht zu sein, Liebe sei Frauensache.

Nachdem Sie das Badewasser eingelassen und den magischen Kreis geschlossen haben, stellen Sie sich in die Mitte des Raumes. Wenn Sie nur ein kleines Badezimmer Ihr Eigen nennen, stellen Sie sich einfach dorthin, wo Platz dafür ist. Halten Sie sich für eine Weile an den Händen und sehen Sie sich in die Augen, um die Verbindung zwischen Ihnen noch zu stärken. Dabei geht es nicht darum, wer gewinnt, weil der andere zuerst wegsieht, sondern einfach um eine bewusste Kontaktaufnahme, bevor Sie anfangen mit Ihrem Ritual.

Denken Sie daran, was immer Sie in den nächsten Minuten oder Stunden innerhalb des magischen Kreises tun, ist etwas Besonderes – und Sie sind nicht allein. Die Geister, die Sie gerufen haben, hören Ihnen besonders gut zu. Wenn Sie also spezielle Wünsche in Bezug auf Ihre Beziehung haben, ist hier Zeit und Gelegenheit, sie ihnen ans Herz zu legen.

Sobald Sie mit Ihrem Ritual fertig sind und aus der Wanne steigen, trocknen Sie sich gegenseitig ab – wenn es ein freundschaftliches Bad war, ist das ein zärtlicher Liebesdienst. Wenn es ein erotisches Bad war, überlasse ich die weitere Gestaltung Ihrer Fantasie.

Lassen Sie das Badewasser ab, halten Sie gemeinsam die Hände darüber und bekräftigen Sie Ihr Ritual wieder mit einem deutlichen »So soll es sein«.

Erotisches Bad

Dieses Ritual können Sie anwenden, wenn Sie Ihre Beziehung erotisch aufpeppen wollen. In vielen Kulturen unserer Vorfahren galten Sexualität und Erotik als etwas Heiliges; auch die hexische Tradition gehört dazu. Die Energie, die wir freisetzen, wenn wir einem anderen Menschen in Liebe begegnen, ist enorm und wurde und wird dazu benutzt, magische Rituale zu unterstützen. Wenn Sie nur nach einem Kick suchen, passiert nicht viel, auch wenn Filme über so genannte magische Praktiken oder geheimnisvolle Liebesrituale die Fantasie beflügeln.

Sie sollten in diesem Fall unbedingt dafür sorgen, dass Sie ungestört sind – auch auf dem Weg vom Bad zum Schlafzimmer. Kinder schicken Sie am besten zu den Großeltern oder zu Freunden, füttern Haustiere vorher und hängen das Telefon am besten gleich aus. Sie brauchen die üblichen Gegenstände für Ihren magischen Kreis und wie beim Freundschaftsbad das meiste in doppelter Ausführung – nur hier alles in der Farbe Rot, die Liebe und Lust signalisiert. Falls es Ihrem Geschmack entspricht, können Sie sogar Ihr Badewasser rot einfärben; Speisefarbe macht es möglich.

Wählen Sie Rosen für Ihre Dekoration und mischen Sie Rosenblätter und Jasminblüten zusammen, die Sie während des Rituals ins Badewasser streuen. Wenn sie Sie im Wasser stören, hängen Sie sie in einem kleinen Stoff- oder Papierbeutel (Teefilter) ins Wasser.

Bringen Sie so viele Kerzen, wie sich aufstellen lassen, ins Bad, aber denken Sie auch an die Sicherheit. Ihre Aufmerksamkeit ist anderswo gefragt. Wenn Sie nicht so viele rote Kerzen haben, nehmen Sie, was Ihnen zur Verfügung steht – und kaufen in der nächsten Vorweihnachtszeit alle Bestände roter Stumpenkerzen für den Adventskranz auf. Es lohnt sich, immer einen großen Vorrat aller Formen und Farben parat zu haben – zum Beispiel für ein solches Liebesbad.

An anregenden Ölen wählen Sie alles, was Sie mögen, besonders gut geeignet ist Ylang Ylang. Legen Sie ein Körperöl bereit – es sei denn, eingeölte Körper turnen Sie und Ihren Partner eher ab, dann lassen Sie das Öl natürlich weg. Sie wollen ja nicht die Stimmung zerstören.

Bevor Sie ins Wasser steigen, halten Sie sich einen Augenblick an den Händen und sehen sich an, um die Verbindung zwischen Ihnen herzustellen.

> Wenn Sie spüren, dass Sie wirklich ganz beieinander sind und Sie von außen nichts mehr behelligt, steigen Sie zusammen in die Wanne (Achtung, nicht zu viel Wasser ein-

lassen, da es sonst leicht überschwappt – besonders bei gefärbtem Wasser eine unerotische Ablenkung).

Legen Sie Ihre Handinnenflächen einen Augenblick auf das Wasser und visualisieren Sie die fließende Kraft des Elements, das liebevoll Ihren Körper umschmeichelt und so zärtlich ist wie die Hand eines Liebenden.

Berühren Sie den Körper Ihres Partners, aber nur in Abwechslung mit ihm. So kann jeder sich ganz auf das Streicheln und Berühren, das Gestreichelt- und Berührtwerden einlassen. Vielleicht ist das ungewohnt für Sie und Sie fangen an zu kichern. Kein Problem, kichern Sie nur zu, kitzeln Sie Ihren Partner, wenn Sie mögen. Lachen ist Liebe und Erotik pur.

Wechseln Sie sich mit den Berührungen ab, aber bleiben Sie nicht so lange im Wasser, bis sich Ihre Haut auflöst. Sie können auch nach dem Bad noch weitermachen. Bleiben Sie bei Ihren Berührungen vorerst beim Necken und Herausfordern, genießen Sie einfach das Geschenk Ihrer gegenseitigen Anziehungskraft. Dieses Ritual muss nirgendwo hinführen, ob Sie miteinander schlafen oder nicht, ergibt sich von selbst und spielt in diesem Augenblick keine Rolle.

Lassen Sie Ihre Zärtlichkeiten langsam abklingen und steigen Sie aus Ihrem Liebesbad. Halten Sie gemeinsam kurz die Hände übers Wasser und bedanken Sie sich bei diesem Element für die Energie, die es Ihnen überlassen hat.

Trocknen Sie sich gegenseitig ab und, wenn Sie mögen, ölen Sie sich gegenseitig ein. Gönnen Sie sich so viel Zeit, wie Sie brauchen – Sie haben keine Eile. Bleiben Sie wieder bei Liebkosungen und Zärtlichkeiten, ohne »zur Sache« zu kommen. Bewundern Sie Ihren Partner als einmaliges Geschenk. Es könnte sein, dass Sie im Alltag den Blick für diese wesentliche Erkenntnis verloren haben. Frischen Sie sie auf. Genießen Sie den Körper Ihres Partners als etwas Besonderes und Einzigartiges, wenn Ihnen dieses Wissen vielleicht zwischen Büro und Haushalt verloren gegangen ist. Seien Sie aufmerksam und nehmen Sie den anderen wahr, so als wäre er ein Gott oder eine Göttin – genau das ist er nämlich auch. Nichts anderes bedeutet es, wenn die Bibel sagt, dass Gott uns nach seinem Bild schuf. Wir sind ein Teil des Göttlichen, das ein Teil von uns ist.

Nesseln für das Lustbad

Auf den ersten Blick lassen sich Brennnesseln nur schwer mit einem lustfördernden Wannenbad in Verbindung bringen. Bedenkt man allerdings, dass diese Nesselart zum Planeten Mars und dem Element Feuer gehört, leuchtet das Ganze schon eher ein. Wenn Sie also Ihr Liebesleben etwas in Fahrt bringen wollen, sammeln Sie junge Brennnesselblätter (die sich im Übrigen auch noch hervorragend für Salat eignen). Achten Sie dabei darauf, dass Sie möglichst wenig nesselnde Pflanzenteile pflücken. Außerdem ist es wichtig, dass Sie nicht nur eine Pflanze berauben, sonst beeinträchtigen Sie deren Wachstum.

Lassen Sie Ihr Badewasser nicht zu heiß ein, sonst werden Sie zu schnell müde – es sei denn, Sie wollen nur ein kurzes Tauchbad nehmen, das Sie einfach nur aufheizt – in jeder Beziehung. Sie können dieses Bad einfach nur für sich durchführen oder daraus insgesamt ein Ritual machen.

Der Ablauf entspricht den übrigen Baderitualen.

> Gehen Sie zuerst in die Ruhe und schließen Sie dann den magischen Kreis.
>
> Nun geben Sie die ausgewählten Zutaten – Sie können die Brennnesseln mit Gewürzen oder Kräutern (S. 140ff.) zusammen verwenden – in Ihr Badewasser und rühren im Uhrzeigersinn um. Dabei visualisieren Sie klar Ihr Ziel. Bleiben Sie während des Bades beim Visualisieren und schicken Sie das Badewasser nach dem Bad mit einem bekräftigenden »So soll es sein« auf den Weg, Ihren Wunsch zu erfüllen.
>
> Dann öffnen Sie den magischen Kreis wieder.

Wenn Sie das Ganze nicht als Ritual, sondern einfach nur als Bad praktizieren, dann lassen Sie den magischen Kreis weg und konzentrieren sich nur auf Ihre Visualisierungen.

Unter der Dusche können Sie ebenfalls die Blätter der Brennnessel verwenden, um sich damit vor einer heißen Liebesnacht abzureiben. Spätestens in diesem Augenblick werden Sie deutlich merken, ob Sie wirklich Blätter junger Pflanzen und damit ungefährliche geerntet haben. Visualisieren Sie dabei unaufhörlich Ihren Wunsch.

Freundschaftsbad

In diesem Fall möchten Sie die Freundschaft zwischen Ihnen beiden stärken, Ihre gemeinsamen Interessen betonen, ein tieferes Verständnis erreichen. Betonen Sie den Freundschaftsaspekt mit der Farbe Rosa. Nehmen Sie rosa Kerzen und Rosenquarze und wählen Sie rosafarbene Rosenblätter für Ihr Ritual. Auch alles andere, was diesen Teil Ihrer Beziehung besonders gut darstellt, können Sie in Ihr Ritual einbauen: Gegenstände, die die Freundschaft zwischen Ihnen symbolisieren (sie sollten wasserfest sein, Sie sind schließlich im Bad), Blumen, die für Sie eine besondere Bedeutung haben, Fotos, die diesen Teil Ihrer Beziehung darstellen, oder was Ihnen sonst einfällt. Bei Fotos ist übrigens Vorsicht geboten, da Wasser hässliche Flecken verursacht. Wenn Sie die Bilder nicht in einem schützenden Rahmen haben, probieren Sie einen ganz einfachen Trick: Wickeln Sie die Fotos in Frischhaltefolie. Die können Sie hinterher leicht wieder abziehen und Ihre Fotos erleiden keinen Schiffbruch.

Wählen Sie als Duftöl für diesen Teil des Rituals Rosmarin, Geranie oder Rose aus. Sie können auch mischen.

Bevor Sie beide in die Wanne steigen, lassen Sie Rosenblätter in die Wanne fallen und geben jeder zwei bis drei Tropfen des gewählten Öls ins Wasser. Rühren Sie beide im Uhrzeigersinn dreimal um und visualisieren Sie, wie sich die Kraft der Pflanzen im Wasser ausbreitet und jeden Tropfen mit ihrer Energie erfüllt.

Wenn Sie sich jetzt in die Wanne setzen, haben Sie hoffentlich daran gedacht, dass zwei erwachsene Menschen viel Wasser verdrängen. Etwa zwanzig bis dreißig Zentimeter Wasserhöhe reichen meist schon aus. Vorsicht vor Überschwemmung.

> Machen Sie es sich so bequem wie möglich und sitzen Sie einander gegenüber. Fassen Sie Ihre Hände über Kreuz, so dass es von oben gesehen wie eine liegende Acht – das

Zeichen für Unendlichkeit – aussieht. Schließen Sie beide die Augen. Wenn Sie möchten, können Sie leise summen, um die Energie zu verstärken. Visualisieren Sie die Energie, die zwischen Ihnen besteht, und lassen Sie sie durch die Acht fließen. Stellen Sie sich die Dinge vor, die Sie bereits gemeinsam tun und hiermit bekräftigen, sowie die Dinge, die Sie gern gemeinsam tun möchten. Es ist dabei nicht wichtig, ob Sie sich zur selben Zeit dieselben Dinge vorstellen. Wenn Sie sich vorher abgesprochen haben, worum es Ihnen bei dem Ritual geht, ist dieses Detail der Reihenfolge nicht entscheidend. Wichtiger ist, dass Sie sich wirklich einig über Ihre Gemeinsamkeiten sind. Bleiben Sie aufmerksam bei Ihrer eigenen Energie und der des Partners.

Falls Sie nicht so recht wissen, wie Sie diesen Teil beenden sollen, vereinbaren Sie ein Zeichen, damit beide wissen, dass der andere fertig ist. Am einfachsten ist es, die Augen während des Visualisierens zu schließen und anschließend wieder zu öffnen. Das heißt, wenn Sie sich wieder ansehen, kann es weitergehen.

Lösen Sie Ihre Hände voneinander und legen Sie sie aufs Wasser. Geben Sie die Energie, die Sie durch Ihr Ritual aufgebaut haben, an das Wasser ab. Sie können es nun über Ihren Körper laufen lassen, sich gegenseitig damit begießen oder einfach nur still in dieser Kraft sitzen.

Wenn Sie so weit sind, steigen Sie beide aus der Wanne. Damit die Rosenblätter nicht den Abfluss verstopfen, fischen Sie sie aus der Badewanne, bevor Sie den Stöpsel ziehen. Legen Sie sie später im Garten ab oder in einem Blumentopf. Verfahren Sie beim Rest Ihres Rituals wie oben beschrieben.

Versöhnungszauber mit Mondsteinen

Es hat einen fürchterlichen Krach gegeben und Sie haben sich gerade wieder versöhnt. Trotzdem haben Sie das Gefühl, die Energie zwischen Ihnen und Ihrem Partner ist noch nicht wieder völlig im Reinen. Jetzt könnten Sie das Ganze auf sich beruhen lassen und warten, bis es sich von selbst erledigt. Dann allerdings besteht die Gefahr, dass Sie sich vielleicht bei nächstbester Gelegenheit wegen einer ähnlichen Sache wieder an die Gurgel gehen.

Wenn Sie verhindern wollen, dass so ein Muster einreißt, gibt es mehrere Möglichkeiten. Wenn Sie das Gefühl haben, es geht bei Ihren Streits und Auseinandersetzungen mit Partnern oder Freunden immer wieder um die gleichen Dinge, kann vielleicht ein Therapeut helfen, dem auf den Grund zu gehen. Es kann nie schaden, wirklich gut über sich selbst Bescheid zu wissen. Besonders in der Magie ist das äußerst wichtig. Jeder blinde Fleck in Ihrem Leben kann Ihnen während eines Rituals Fußangeln stellen, mit denen Sie nicht gerechnet haben und die Sie auch gar nicht gebrauchen können. Mal ganz abgesehen von den katastrophalen Liebesgeschichten, die wir uns so gern immer wieder antun, bevor wir begriffen haben, dass es auch ganz anders geht. Setzen wir hier voraus, dass es sich um einen »normalen« Streit handelte, der keine größeren Dramen nach sich zieht, und Sie einfach nur wieder Ihre Gemeinsamkeit bekräftigen möchten.

Besorgen Sie sich am besten geschliffene Mondsteine (sie werden üblicherweise halbrund und ohne Facetten geschliffen) – sie geben die Kraft des Steines besser ab und entsprechen durch ihren ebenmäßigen Schliff am ehesten der Harmonie, die Sie mit diesem Ritual erzeugen wollen. Benutzen Sie zwei grüne, zwei blaue und zwei rote Kerzen für dieses Ritual. Die grünen Kerzen stehen für Ihre höchst weltlichen Gemeinsamkeiten, die bei ganz banalen Dingen beginnen: Welche Zahncreme Sie benutzen, wohin Sie in Urlaub fahren und wer heute den Abwasch erledigt. Die beiden blauen Kerzen helfen dabei, die Wunden zu heilen, die Ihr Streit geschlagen hat. Dabei ist es völlig unwichtig, wer angeblich Recht hatte oder wer angefangen hat. Die zwei roten Kerzen gehören zum Ritual, damit Sie die Liebe stärken, die Sie füreinander empfinden.

Bevor Sie Ihr Ritual starten, seien Sie sich über Ihre Absicht ganz klar. Sprechen Sie darüber und planen Sie das Ritual unbedingt gemeinsam. Falls einer von Ihnen noch Zweifel hat oder Vorbehalte, lassen Sie erst einmal von Ihrem Vorhaben ab. Sie bremsen sonst die Wirkung Ihres Zaubers aus und verschwenden die Energie, die Sie mit Ihrem Ritual in Bewegung gebracht haben. Das wäre so ähnlich, wie wenn Sie mit angezogener Handbremse fahren.

Wählen Sie für dieses Ritual einen Tag, an dem Sie sich die Zeit nehmen können, wirklich zusammen zu sein. Schalten Sie Ihre Handys und Ihr Telefon ab, am besten auch noch die Haustürklingel. Nehmen Sie sich den Tag Zeit füreinander und unternehmen Sie etwas, woran Sie beide Spaß haben. Wenn Sie sich dabei in der freien Natur bewegen, umso besser.

Am Vorabend legen Sie sich alles zurecht und machen folgende kleine Reinigungsübung für Ihre Wohnung: Füllen Sie in einen Napf Wasser und etwas Salz. Rühren Sie das Salzwasser mit einem Finger oder mit einem Zauberstab dreimal um und segnen Sie es dabei. Dann gehen Sie im Uhrzeigersinn durch Ihr Haus und spritzen ein paar Tropfen in jede Ecke jedes Raumes. Tun Sie das gemeinsam oder abwechselnd, wie es Ihnen am besten gefällt. Visualisieren Sie dabei eine Art goldener Käseglocke aus schützendem Licht, die sich über Ihren gesamten Lebensbereich legt. Wenn Sie fertig sind, schütten Sie das Salzwasser in den Ausguss und spülen etwas Wasser nach (das zählt wie ein fließendes Gewässer).

Am eigentlichen Tag des Rituals legen Sie alles bereit, was Sie für Ihren Harmoniezauber brauchen.

Halten Sie sich an den Händen und gehen Sie in die Ruhe. Dann schließen Sie entweder einzeln oder gemeinsam den magischen Kreis. Platzieren Sie die grünen Kerzen in den Norden, die blauen Kerzen in den Westen und die roten in den Süden Ihres Kreises. Sie selbst stellen sich in den Osten, den Ort des Anfangs.

Schließen Sie für einen kurzen Moment die Augen und rufen Sie sich den Zweck Ihres Rituals in Erinnerung. Nun beginnen Sie, Ihre Kerzen anzuzünden. Es bietet sich an, dass einer anfängt und dann der andere nachzieht – einigen Sie sich also vorher, wie Sie es gern hätten.

Die Person, die anfängt, zündet ihre rote Kerze an und konzentriert sich einen Augenblick lang auf das gemeinsame Ziel der Versöhnung. Während Sie die rote Kerze in der Hand halten, sagen Sie Ihrem Partner, was Sie an ihm lieben. Wenn Sie fertig sind, ist er daran (oder umgekehrt). Danach stellen Sie die roten Kerzen im Süden des Kreises ab.

Nun kommen die blauen Kerzen an die Reihe. Verfahren Sie wieder wie eben, nur dass Sie diesmal über das sprechen, was Sie sich an Heilung wünschen (zum Beispiel, dass Sie wieder einander voll und ganz vertrauen können) und was Ihnen Leid tut. Dabei geht es überhaupt nicht darum, wer was getan oder ursprünglich angefangen hat. Zum Streit gehören immer zwei. Bleiben Sie bei Ihren eigenen Belangen, fangen Sie Ihre Sätze mit »Ich« an und nicht mit »Du«. Überlassen Sie die andere Seite Ihrem Partner.

Falls Sie dieses Ritual allein durchführen, reden Sie so mit der anderen Person, als wäre sie da. Sie können überraschende Ergebnisse erzielen, auch wenn die Menschen, um die es geht, gar nicht körperlich anwesend sind. Wenn Sie so weit sind, stellen Sie die blauen Kerzen in den Westen.

Nun kommen Sie an die grünen Kerzen. Dabei geht es darum, was Sie ganz konkret machen wollen, damit sich die Versöhnung auch wirklich in Ihrem gemeinsamen Leben auswirkt. Sprechen Sie laut aus, was Sie selbst tun wollen, um Ihre Gemeinsamkeit zu stärken. Es müssen keine riesigen Projekte sein, kleine alltägliche Dinge reichen aus. Beschränken Sie sich auf Weniges, damit Sie auch wirklich alles tun können, was Sie sich vorgenommen haben. Denken Sie daran, dass Ihnen jemand – nicht nur Ihr Partner – aufmerksam zuhört und Ihre Vorhaben sehr ernst nimmt. Versprechen Sie nichts, was Sie nicht auch wirklich halten können. Wenn Sie so weit sind, stellen Sie Ihre Kerzen im Norden ab.

Nehmen Sie einen der kleinen Mondsteine und halten ihn jeweils einen Augenblick lang über die Kerzenflammen der roten, blauen und grünen Kerzen. Visualisieren Sie dabei, wie die eben angeregten Themen in den Stein fließen. Wenn Sie dieses Ritual gemeinsam praktizieren, tauschen Sie anschließend die Mondsteine aus. Tragen Sie sie bei sich, bis Sie das Gefühl haben, es hat sich erledigt. Wenn Sie das Ritual allein durchführen, schenken Sie den Mondstein anschließend Ihrem Partner, sozusagen zur Versöhnung. Wenn Sie dabei das Gefühl haben, dass Sie ein besserer Mensch als er sind oder dass Sie viel versöhnungsbereiter als er sind oder Ähnliches, dann machen Sie das Ritual am besten sofort noch einmal. Dann sind Sie immer noch dabei, Recht zu haben, das heißt innerlich sind Sie noch mitten im Streit.

Wenn Sie mit dem Mondstein so weit sind, legen Sie ihn in den Osten des Kreises und löschen Ihre roten, blauen und grünen Kerzen. Dann öffnen Sie den magischen Kreis.

Gelber Eifersuchtszauber

Wenn Sie die Eifersucht plagt, lohnt es sich zunächst einmal, darüber nachzudenken, wo diese Angst, den anderen zu verlieren, eigentlich herkommt. Dabei können Sie höchst weltlich vorgehen und mit einem Therapeuten herausfinden, an welchem Thema Sie da genau knabbern.

Sie können es auch magisch probieren, Ihre Eifersucht endlich in den Griff zu bekommen. Als Vorbereitung lohnt es sich, das Kapitel zur Selbstliebe (S. 10ff.) durchzuarbeiten. Lassen Sie keines der Rituale aus, denn es könnte sein, dass sich Ihr Problem damit schon von allein erledigt. Falls es noch nichts gebracht hat, machen Sie einen gelben Eifersuchtszauber. Wie der Name schon sagt, nehmen Sie dafür alles, was gelb ist: Die Dekorationen für Ihren Kraftplatz sind ebenso gelb wie Kerzen oder Steine. Außerdem brauchen Sie eine gelbe Münze, zum Beispiel ein Fünf- oder Zehn-Pfennig-Stück. Wählen Sie als Zutaten für Medizinbeutel oder Räucherwerk klärende Kräuter wie Salbei, Rosmarin und Weihrauch.

Gehen Sie in die Ruhe und schließen Sie den magischen Kreis.

Legen Sie die Münze vor sich hin, den linken und den rechten Zeigefinger übereinander auf dem Geldstück. Schließen Sie die Augen und spüren Sie Ihre Eifersucht. Lassen Sie Ihren Gefühlen freien Lauf, achten Sie nur darauf, dass Sie nichts davon abschicken. Das heißt, senden Sie keine Verwünschungen oder dergleichen los, sonst funktioniert es nicht und Ihr Zauber geht nach hinten los.

Wenn Sie sich so richtig aufgeladen fühlen, beginnen Sie, Ihre Eifersucht durch Ihre Hände und Ihre Finger in die Münze zu schicken. Spüren Sie, wie sich das Metallstück auflädt. Es kann eine Weile dauern, bis Sie fühlen, dass Sie alles abgegeben haben. Falls Sie sich zwischenzeitlich Sorgen machen, ob so eine kleine Münze das alles aufnehmen kann, seien Sie versichert: Sie kann.

Wenn Sie so weit sind, lösen Sie die Verbindung und bleiben einen Augenblick einfach nur ruhig. Spüren Sie genau hinein, wie es sich ohne Eifersucht lebt, wie Sie sich fühlen. Falls noch etwas übrig ist, legen Sie noch einmal Ihre Finger auf die Münze.

Sobald Sie fertig sind, öffnen Sie den magischen Kreis.

Berühren Sie die Münze jetzt nicht mehr direkt. Nehmen Sie sie mit Hilfe eines Tuches auf, schlagen Sie sie darin ein und gehen Sie am besten sofort zu einem Ort, wo Sie sie vergraben können. Dort legen Sie das Geldstück in die Erde – mit der Bitte, die darin gesammelte Energie am richtigen Platz sinnvoll zu verwenden. Vergraben Sie das Metallstück und gehen Sie, ohne sich noch einmal umzusehen.

Bei diesem Ritual ist es ganz wichtig, dass Sie wirklich keine Lust mehr auf Eifersuchtsszenen haben. Wenn Sie in irgendeiner Form der Meinung sind, dass Sie eigentlich gar nichts machen müssten, weil schließlich Ihr Partner dafür sorgt, dass Sie eifersüchtig werden, dann lassen Sie das Zaubern lieber sein. Sie könnten das Ganze sonst ständig wiederholen, ohne Erfolg zu haben.

Chilischoten gegen Untreue

Erstaunlicherweise kommt so etwas in der Magie häufiger vor: Da gibt es ein Gewürz wie die Chilischote, die wilde Leidenschaft verspricht, wenn Sie damit kochen. Auf der anderen Seite können Sie genau das – nämlich zu viel Leidenschaft an der falschen Stelle – mit genau demselben Gewürz einschränken.

Wenn Sie also einen Partner haben, von dem Sie annehmen, dass er für einen Seitensprung anfällig ist, machen Sie ein Chilischotenritual.

Sie brauchen dafür zwei große getrocknete Chilischoten und etwas rotes oder rosafarbenes Band. Zusätzlich benutzen Sie alles, was Sie auch sonst für Ihr Ritual verwenden.

Gehen Sie in die Ruhe und schließen Sie den magischen Kreis. Rufen Sie eine streitbare Göttin oder einen Kriegsgott um Hilfe an oder wählen Sie eine Gottheit, die Heim, Herd und Familie schützt – je nachdem, worauf es Ihnen besonders ankommt.

Legen Sie Ihre beiden Schoten in die Mitte und visualisieren Sie die beiden als Ihren Partner und Sie selbst. Nun legen Sie beide über Kreuz aufeinander und binden sie mit dem Faden fest zusammen. Öffnen Sie dann den magischen Kreis wieder.

Legen Sie die Chilis unter Ihre Kopfkissen, so lange, wie Sie es für nötig halten. Der Wunsch des Partners nach Abwechslung wird kleiner werden oder sogar ganz verschwinden. Falls die Beziehung bereits am Ende ist, reichen die Schoten allerdings nicht aus, zumal wir dann wieder beim Manipulieren wären.

Das Ende einer großen Liebe

Auch dieses Thema darf in einem Buch über Liebesmagie nicht fehlen. Sicher hofft niemand, dass sich die große Liebe als Flop erweist, aber vielleicht war der Weggefährte für ein paar Jahre eben genau das: nur ein Begleiter auf Zeit.

Egal, ob es sich um eine langjährige Ehe, einen intensiven Flirt oder eine mehr oder weniger dauerhafte Beziehung handelt, Scheiden tut weh. Zumindest einem der Beteiligten, meist beiden (auch wenn das nicht immer auf den ersten Blick zu sehen ist). Wie also eine Liebesbeziehung liebevoll beenden? Auf der ganz alltäglichen Ebene heißt es Reden. Wenn Sie diejenige sind, die verlässt, sprechen Sie mit dem zukünftigen Ex, liebevoll, wenn Sie können. Schließlich ist er immer noch der Mensch, in den Sie sich einmal verliebt haben – und das heißt, er hat Qualitäten. Lassen Sie ihn sanft gehen. Wenn Sie wütend sind, seien Sie wütend, aber greifen Sie nicht an. Was auch immer ein anderer Mensch getan hat, wenn Sie die Verletzung zum Dreh- und Angelpunkt Ihres eigenen Denkens und Handelns machen, halten Sie weiter an der Beziehung fest – ganz egal, wie laut Sie auch behaupten, dass Sie das Ganze beenden wollen.

Wenn Sie die Verlassene sind, wird es schon schwieriger; aber wenn es die Möglichkeit gibt, ist ein Gespräch immer hilfreich. Beim magischen Scheiden geht es nicht darum, wer die Kinder bekommt, wer Schuld hat oder wer wem wann was gesagt oder getan hat. Sobald Sie magisch an eine Trennung herangehen, ist es sehr wichtig, dass Sie etwas Abstand gewinnen, bevor Sie einen Zauber starten. Wenn Sie noch zutiefst verletzt sind, dem anderen die Augen auskratzen könnten und auch sonst in hellem Aufruhr sind, dann lassen Sie den Trennungszauber vorerst ruhen. Tun Sie sich selbst erst einmal etwas Gutes und verwöhnen Sie sich zum Thema Selbstliebe (S. 10ff.). Dann bleibt immer noch genug Zeit, die Trennung auch magisch in die Wege zu leiten. Ein Trennungszauber kann auch angesagt sein, wenn Sie Ihren Partner zum Beispiel durch einen Unfall verloren haben. Wichtig ist dabei nicht, wie lange der Verlust schon her ist, sondern, ob Sie ihn wirklich schon gehen lassen wollen. Lassen Sie alle gut gemeinten Ratschläge sausen: Es ist uninteressant, ob andere der Meinung sind, Sie seien nun so weit, eine neue

Liebe zu finden. Erst wenn Sie selbst dieser Meinung sind, dann ist es Zeit für einen neuen Liebeszauber, dann ist es Zeit, sich für eine neue Partnerschaft zu öffnen.

Scheiden tut weh

Um es gleich von Anfang an klar zu sagen: Ein magischer Trennungszauber funktioniert garantiert. Wenn Sie also noch unerledigte Dinge im Hinterkopf haben oder doch noch mit dem Ex liebäugeln – dann lassen Sie besser die Finger davon. Sie verwirren dann nur sich selbst und andere. Falls Sie sich aber ganz sicher sind, können Sie sich entweder einen Tag dafür Zeit nehmen oder das Trennungsritual über einen längeren Zeitraum laufen lassen – das kann eine Woche oder auch ein ganzer Monat sein. Im Folgenden finden Sie diese Möglichkeiten beschrieben.

Feuriger Trennungszauber

Bei diesem und den folgenden Ritualen ist es unbedingt wichtig, dass Sie nicht etwa Ihre Wut oder Ihren Frust einfach so losschicken. Schließlich ist das Universum keine Müllhalde, auf der Sie alles abladen können, worauf Sie gerade keine Lust mehr haben.

Sie brauchen als Zutaten die üblichen rituellen Gegenstände wie bei jedem Ritual: Räucherwerk für die Luftgeister, Kerzen für die Feuerwesen, Wasser für den Westen und Erde oder Sand für die Erdwesen. Wählen Sie zum Beispiel eine Kerze in Schwarz, deren Energie alles aufnehmen kann, was Sie abgeben wollen. Wenn es eher um einen heilenden Aspekt gehen soll, entscheiden Sie sich zum Beispiel für Dunkelblau. Überlegen Sie einfach, was zu Ihrem ganz speziellen Vorhaben am besten passt. Lassen Sie sich von Ihrer inneren Eingebung leiten.

Stellen Sie sicher, dass Sie nicht gestört werden. Falls Sie die Zeit für dieses Ritual nicht aufbringen können oder wollen, probieren Sie es lieber mit dem Zauber, der eine Woche beziehungsweise eine Mondphase lang dauert.

Suchen Sie ein paar Gegenstände zusammen, die für Sie die Beziehung symbolisieren, die Sie mit diesem Ritual beenden wollen. Achten Sie darauf, dass alles brennbar ist. Wenn Sie beispielsweise Ihren Ehering am liebsten verbrennen wollen, fertigen Sie eine einfache Zeichnung des Rings an und benutzen sie stattdessen (was Sie mit dem Ring anstellen können, dazu später mehr). Als Gefäß für die eigentliche Verbrennung eignen sich alle feuerfesten Behälter. Wenn Sie beispielsweise einen kleinen kupfernen Kessel mit drei Messingbeinchen haben – wunderbar! Das Ganze stellen Sie auf einen feuerfesten Untergrund und sind schon fertig. Wenn Sie nicht ganz sicher sind, ob Ihr Gefäß hitzebeständig ist, probieren Sie es vorher draußen aus, auf der eigenen Terrasse oder in einer ruhigen Parkecke. Zusätzliche Sicherheit bieten auch die Küchenspüle oder die Badewanne, zumal Sie das Bad abschließen können, damit Sie ungestört bleiben (Sie wissen doch, das ruhigste Plätzchen ist immer noch das stille Örtchen, auch für kurze Zaubereinlagen).

Legen Sie vor dem Ritual alle Gegenstände zurecht (Streichhölzer nicht vergessen!) und achten Sie darauf, dass sich alles in Reichweite befindet.

Öffnen Sie wie gewohnt den magischen Kreis und rufen Sie Ihre spirituellen Helfer, Engel oder wen Sie auch immer gern bei dieser Arbeit dabeihaben möchten. Holen Sie sich sehr bewusst Unterstützung und Hilfe.

Schließen Sie kurz die Augen und lassen Sie zuerst noch einmal die Erinnerungen vor Ihrem inneren Auge vorbeiziehen, die Sie gern behalten möchten. Nehmen Sie sich Zeit.

> Öffnen Sie Ihre Augen und bedanken Sie sich für diese guten Zeiten. Sie bedanken sich nicht bei Ihrem ehemaligen Partner, sondern ganz allgemein. Dann nehmen Sie die Gegenstände in die Hand, die für Sie zum Sinnbild der missglückten Beziehung geworden sind. Nehmen Sie sie nacheinander in die Hände und lassen Sie dabei die schlechten Erinnerungen Revue passieren. Wenn dabei Tränen fließen, macht das nichts. Wenn Sie wütend werden, schimpfen Sie ruhig ein bisschen. Achten Sie aber darauf, dass Sie es einfach nur tun, um sich Luft zu verschaffen. Sie wünschen sich dabei kein bestimmtes Ergebnis (Sie bekommen sonst das Ergebnis ungezügelter Wutgedanken dreifach zurück, und darauf können Sie vermutlich gut verzichten).

Verankern Sie in Gedanken alles, was mit dieser Beziehung zu tun hatte und was Sie mit den von Ihnen gewählten Gegenständen beenden wollen. Legen Sie diese dann in Ihr Gefäß und zünden Sie alles an. Egal, ob es nun flammend abfackelt oder nur mäßig glimmt – visualisieren Sie, wie sich Belastung, Kummer und Bindung in Rauch auflösen. Bitten Sie das Feuer in Ihren eigenen Worten um seine reinigende Kraft und die Luft darum, alle Reste der Beziehung mitzunehmen, die Energie zu verwandeln und, wo es angebracht ist, sinnvoll einzusetzen. Schließen Sie die Augen und spüren Sie, wie die Elementarwesen genau das tun, worum Sie sie gebeten haben.

Öffnen Sie die Augen und warten Sie, bis alle Gegenstände in der Schale verbrannt sind oder nur noch leicht glimmen. Streuen Sie etwas Sand darüber und bitten Sie die Erde, sich Ihres Kummers und all der anderen Dinge anzunehmen, die Sie jetzt loslassen. Dann sprengen Sie etwas Wasser darüber und bitten auch das Wasser, sich der Energie anzunehmen, die Sie jetzt loslassen. Verschenken Sie Ihren Kummer, denn er wandelt sich so in pure Energie – und diese kann irgendwo anders einen Baum grünen lassen oder ein Lächeln bewirken.

Nun verabschieden Sie Ihre Helfer mit einem Dank und öffnen den magischen Kreis wieder.

Die Reste Ihrer verbrannten Dinge vergraben Sie in einem Beet, einschließlich Sand und Wasser. Nachdem Sie alles vergraben haben, klopfen Sie die Erde wieder fest und lassen es dort. Achten Sie darauf, dass Sie es nicht versehentlich beim nächsten Gartenfrühjahrsputz wieder ausgraben können. Suchen Sie sich dafür einen Platz aus, der weit genug von Ihrem Haus liegt, so dass Sie ihn einfach vergessen können.

Wochentrennungszauber

Für dieses Ritual brauchen Sie acht Tage hintereinander: am ersten Tag etwa eine halbe Stunde Zeit, an den darauffolgenden jeweils nur ein paar Minuten und am letzten Tag wieder etwas mehr Zeit.

Wählen Sie ein etwa 15 mal 15 Zentimeter großes Stück naturbelassenen Stoff (auf keinen Fall einen anderen; falls Sie keinen bekommen können, behelfen Sie sich mit einer einfachen ungebleichten und ungefärbten Papiertüte). Nähen Sie daraus ein kleines Säckchen, das an einer Seite offen bleibt und später mit einer Kordel (auch diese ungefärbt und ungebleicht) verschlossen werden kann.

Ferner benötigen Sie sieben kleinere und einen etwas größeren Kieselstein, die Sie alle zusammen noch gut in der Hand halten können sollten, Räucherwerk, Kerzen, Wasser und Sand wie für das Basisritual (siehe auch S. 162ff.) und eine kleine Garten- oder Kehrschaufel.

Fangen Sie mit diesem Zauber an einem Wochentag Ihrer Wahl an – auf der Liste der Tage ab S. 176 können Sie nachlesen, welche Tage für welche Art der Unternehmung besonders geeignet sind. Je nachdem, welchen Schwerpunkt Ihr Trennungszauber hat, wählen Sie sich einen Tag aus. Nehmen wir an, Sie haben den Samstag gewählt, der sich gut für alles eignet, was mit Begrenzung zu tun hat, da er vom Saturn regiert wird. Sie möchten eine Liebesbeziehung beenden, in der Sie selbst gefühlsmäßig immer noch sehr stark engagiert sind, und gleichzeitig Klarheit über Ihren augenblicklichen Zustand gewinnen. Zusätzlich suchen Sie sich eine Stunde des Tages aus, in der ebenfalls der Saturn regiert (S. 172).

Wenn Sie besonderen Wert auf ein Ende mit Nachdruck legen, holen Sie sich Unterstützung von Thor, dem Gott des Donnerstags (auch Donar genannt). Falls Sie gern eine harmonische Trennung hätten, dann nehmen Sie den Freitag, der unter der Venus steht. Sie können auch mehrere dieser Energieprinzipien verbinden, indem Sie einen Saturntag mit einer Venusstunde kombinieren oder umgekehrt.

Am ersten Tag Ihres kleinen Rituals brauchen Sie die üblichen Zutaten für die Elemente und zusätzlich sieben kleine und einen etwas größeren Stein. Sie können dafür ganz gewöhnliche Kiesel nehmen oder auch kleine Halbedelsteine. Bei letzteren empfiehlt es sich wieder, welche auszusuchen, die zu Ihrem Vorhaben passen. Und – Sie haben es schon geahnt – auch hier können Sie wieder vielfältig kombinieren.

Wählen Sie für dieses Ritual einen Ort, an dem Sie alle benutzten Gegenstände liegen und stehen lassen können, ohne dass jemand anders daran geht (das gilt auch für neugierige Haustiere). Zur Not packen Sie alles in eine Schublade.

Egal, wie viele Tage Sie sich insgesamt für Ihren Zauber vornehmen, lassen Sie ihn nicht länger als eine Mondphase dauern: Sonst besteht die Gefahr, dass Sie sich auf diesem Umweg einfach nur an der alten Beziehung festklammern. Auf jeden Fall sollten Sie es aber vermeiden, gehetzt oder unüberlegt zu handeln.

Legen Sie alle Zutaten bereit und gehen Sie in die Ruhe. Dann schließen Sie wie üblich den magischen Kreis und rufen die Gottheiten, Engel, Elementargeister, einfach nur die Elemente selbst oder wen Sie auch immer mit den vier Himmelsrichtungen verbinden.

Dann nehmen Sie kurz die Steine in die Hand und segnen sie (falls sie magisch gereinigt werden müssen, sollten Sie das vorher erledigen). Bitten Sie die Steine und alle herbeigerufenen Helfer, Sie bei Ihrem Vorhaben zu unterstützen.

Nehmen Sie den großen Kiesel in die Hand und schicken Sie alles hinein, was Ihnen zu der Beziehung, die Sie beenden wollen, gerade einfällt – alles von Trivial bis Bedeutsam, von Lustig bis Traurig.

Schließen Sie die Augen und bleiben Sie einen Augenblick dabei. Dann öffnen Sie die Augen wieder, legen den großen Stein in die Mitte und die kleinen in einem weiten Kreis um den großen. Dann öffnen Sie den magischen Kreis wieder.

An den darauffolgenden Tagen gehen Sie mindestens einmal am Tag zu Ihrem Kraftplatz und nehmen jeweils einen der kleinen Steine in die Hand. Wählen Sie für jeden Tag ein bestimmtes Thema aus der Beziehung aus. Nehmen Sie eines, das Sie besonders beschäftigt, sei es nun in Ihren Augen positiv oder negativ belastet. Schicken Sie kurz in Gedanken die Energie dieses Teils Ihrer zukünftigen Ex-Beziehung in den Stein. Schließen Sie die Augen, wenn es Ihnen so leichter fällt, sich zu konzentrieren. Sie können auch mehrmals am Tag den Stein »impfen« oder ihn den ganzen Tag bei sich tragen und immer wieder in die Hand nehmen. Oder Sie können es einen Tag so und den nächsten so machen, ganz wie Sie wollen. Entscheiden Sie nach Gefühl, was für Sie am besten ist.

Am Ende jedes Tages legen Sie den aufgeladenen Stein wieder in den Kreis, diesmal aber ganz dicht an den größeren heran. So rückt der Kreis Tag um Tag dem großen Stein in der Mitte immer näher.

Am letzten Tag Ihres Rituals brauchen Sie wieder etwas mehr Zeit, es sei denn, Sie leben mitten im Grünen oder direkt am Meer. Im Idealfall nehmen Sie am Ende des achten Tages (Sie haben damit einen Wochentag doppelt) Ihre Steine und legen sie zusammen in den vorbereiteten Beutel. Visualisieren Sie dabei noch einmal alles in die Steine hinein, wovon Sie sich trennen wollen, dann verschließen Sie ihn.

Gehen Sie mit Ihrem Beutel an einen Platz, wo Sie ihn ohne Probleme vergraben können. Wenn Sie am Meer sind, graben Sie ihn unterhalb der Wasserlinie im Sand ein, so dass die nächste Flut ihn mitnimmt. Oder vergraben Sie ihn in einem Park (möglichst tief, damit er nicht vom nächsten eifrigen Hund wieder ausgebuddelt wird), am Feldesrand oder unter einem alten Baum. Wählen Sie auf jeden Fall einen Platz, der Ihnen nicht besonders am Herzen liegt, also nicht etwa Ihren Lieblingsplatz im Wald. Schließlich wollen Sie nicht jedes Mal, wenn Sie dorthin kommen, an Ihre alte Liebe erinnert werden, oder? Am besten ist ein Platz, den Sie garantiert nicht wieder finden. Vergraben Sie Ihre Steine dort mit einer stillen Bitte an Mutter Erde darum, die Energie der Steine Gewinn bringend zu verteilen. Wenn Sie sich noch zusätzlich bedanken wollen, legen Sie eine kleine Kupfermünze dazu.

Sobald Sie mit dem Buddeln fertig sind, drehen Sie sich um und gehen fort, ohne sich noch einmal umzusehen oder weiter an den Ort zu denken.

Einen Liebeszauber brechen

Da haben Sie sich nun die größte Mühe gegeben und sich denjenigen herbeigezaubert, den Sie sich schon immer gewünscht haben, und dann gefällt er Ihnen nach einiger Zeit nicht mehr. Einmal abgesehen davon, dass es sich beim nächsten Liebeszauber anbietet, doch lieber den kosmischen Helfern die Wahl zu überlassen, lässt sich so etwas recht einfach lösen. Schwieriger ist es da schon, wenn Sie versehentlich (oder auch absichtlich) einen schwarzmagischen Zauber angewandt haben. Auch wenn Sie ihn brechen – Sie kommen trotzdem nicht darum herum, dass es Schwierigkeiten geben kann. Falls Sie aus Unwissenheit gehandelt haben, hält sich das normalerweise in Grenzen. Wenn es Absicht war, bietet es sich an, für etwas ausgleichende Gerechtigkeit zu sorgen und zum Beispiel ein Liebesritual für Mutter Erde durchzuführen.

Wenn Sie einen Liebeszauber aufheben wollen, benutzen Sie dafür Lilien und Kräuter, die reinigen und klären, zum Beispiel Rosmarin und Salbei. Besorgen Sie sich drei Lilien, je eine für die drei Göttinnen: die Jungfrau, die Mutter und die Weise Alte. Wiederholen Sie diesen Zauber jeden Tag, bis die Lilien verblühen.

Gehen Sie in die Ruhe und schließen Sie den magischen Kreis.

Nehmen Sie nacheinander behutsam die Blüten in die Hand und bitten Sie darum, dass die gezauberte Verbindung gelöst werde. Achten Sie darauf, ob Sie irgendeine Botschaft erhalten, ob Ihnen irgendetwas einfällt, das Sie vielleicht tun sollten. Es könnte sein, dass hilfreiche Geister es Ihnen so leichter machen.

Am letzten Tag, wenn die Blumen verwelken, bitten Sie nicht nur um die Lösung der Verbindung. Erklären Sie außerdem, wie Sie den angerichteten Schaden ausgleichen wollen. Vielleicht ist Ihnen in den vergangenen Tagen schon eine Eingebung gekommen – sonst denken Sie sich vor dem letzten Tag etwas aus. Sie können dafür auch eine Gottheit um Rat fragen: Es könnte aber sein, dass Ihnen die Antwort nicht gefällt, überlegen Sie daher genau, ob Sie wirklich fragen wollen und die Verantwortung für Ihr Handeln übernehmen wollen. Falls Ihnen das alles zu viel ist, lassen Sie die Magie eine Weile beiseite und machen Sie sich dann wieder an den hier beschriebenen Zauber. In dieser Zwischenzeit kann es Ihnen passieren, dass andere Zaubereien nicht so richtig klappen. Sie haben dann noch eine Rechnung offen, die erst beglichen werden muss, bevor Sie wieder ganz frei sind, sich neuen Dinge zuzuwenden. Wenn Sie also Ihr Reparationsversprechen abgegeben haben, halten Sie sich auch daran.

Sobald Sie fertig sind, öffnen Sie den Kreis.

Am letzten Tag vergraben Sie die Lilien an einem Ort, den Sie nicht wieder finden. Bitten Sie wie üblich die Elemente, die Energie sinnvoll zu verwenden, und bedanken Sie sich in diesem Fall mit drei Kupfermünzen.

Wenn Sie das Gefühl haben, jemand anders hat Sie liebessüchtig verzaubert, verteilen Sie überall in Ihrer Wohnung Lilien. Stellen Sie für ein paar Wochen immer wieder frische Sträuße auf, Sie brauchen dafür normalerweise keinen Gegenzauber zu starten. In Ausnahmefällen sollten Sie am besten mit einer erfahrenen Hexe arbeiten, die ein entsprechendes Ritual ganz individuell zusammenstellen kann.

Trauerritual

Nun sind Sie also von ihm oder ihr getrennt. Vielleicht war es auch gar keine freiwillige Trennung, sondern ein Unfall oder eine Krankheit. Sie sind übrig geblieben, und wo einmal Liebe, Nähe und Wärme war, ist jetzt nichts mehr. Es bleibt nur noch die Trauer um all das Schöne, die Liebe, alles, was war und hätte sein können. Wenn Sie das Gefühl haben, noch nicht die rechte Zeit zum Trauern gehabt zu haben, weil Sie nicht zum Nachdenken kamen oder sich vielleicht einfach nicht schwach zeigen wollten, nehmen Sie sich die Zeit für ein Abschieds- und Trauerritual. Da es hier um sehr intensive Gefühle geht, empfehle ich Ihnen, dieses Ritual nur in Begleitung zu machen. Bitten Sie eine gute Freundin, Ihnen zur Seite zu stehen.

Sie brauchen dafür alles, was Sie auch sonst für Ihren magischen Kreis benutzen, und dazu eine Hand voll Gewürznelken, außerdem etwas Majoran.

> Gehen Sie in die Ruhe und schließen Sie gemeinsam Ihren magischen Kreis. Rufen Sie Demeter (S. 182) an, die griechische Göttin, die ihre Tochter an Hades verlor und es vor lauter Trauer nicht mehr Frühling werden lassen wollte. Ihre Begleitung sollte hinter Ihnen sitzen, wie ein Schatten. Sie nimmt während dieses Rituals Demeters Kraft in sich auf und damit das Wissen um tiefe Trauer.
>
> Legen Sie die Gewürznelken in die Mitte des Kreises und schließen Sie die Augen. Spüren Sie nach, wo es wehtut. Schrecken Sie nicht davor zurück, auch wenn Verlust und Schmerz Ihnen riesig erscheinen. Lassen Sie sich von »Ihrer« Demeter halten. Weinen, heulen, schreien Sie, wenn nötig, bis es gut ist. Das soll nicht heißen, dass Sie jetzt nie wieder traurig sind, sondern nur, dass es für dieses Mal genug ist.

Bleiben Sie einen Augenblick einfach nur ruhig. Dann nehmen Sie etwas Majoran und zerreiben ihn zwischen den Händen, bis Sie den feinen Duft wahrnehmen. Atmen Sie tief ein und visualisieren Sie, wie sich sanfte streichelnde Hände über all das legen, was Ihnen wehtut. Lassen Sie diese heilenden Hände wirken.

Wenn Sie so weit sind, bedanken Sie sich bei der Göttin und Ihrer Helferin und öffnen den magischen Kreis wieder.

Nehmen Sie eine der Nelken aus dem Kreis und tragen Sie sie bei sich. Die wärmende Feuerkraft des Gewürzes bringt Sie dem Leben wieder näher und mildert so den Kummer. Legen Sie eine Nelke unter Ihre Kopfkissen, eine auf den Computer im Büro oder in eine Schublade. Verteilen Sie die Nelken großzügig in Ihrem Leben und vergessen Sie sie dann. Sie entfalten ihre Wirkung allmählich und helfen, Ihr gebrochenes Herz zu heilen. Gleichzeitig ziehen sie auch noch eine neue Liebe an.

Schutzzauber

Es kommt in Beziehungen immer wieder vor, dass einer der Partner vom anderen bedroht wird. Als Bedrohung gelten dabei nicht nur körperliche Misshandlungen, sondern auch Beschimpfungen oder andere Arten der Einschüchterung.

Wenn Sie sich in solch einer Lage befinden, kann Ihnen nichts und niemand – und auch nicht dieser Schutzzauber! – aus der Situation heraus helfen, außer Sie tun selbst den ersten Schritt. Nur Sie selbst können entscheiden, ob Sie ausharren oder gehen wollen. Auch wenn es noch so wehtut, belügen Sie sich nicht, indem Sie angeben, Sie könnten ja nicht gehen. Niemand zwingt sie zu bleiben, und niemand zwingt Sie zu gehen, es gibt einfach nur Entscheidungsmöglichkeiten, unter denen Sie allein die Wahl haben.

Wenn Sie also diesen Schutzzauber gegen einen prügelnden Ehemann verwenden wollen oder gegen ähnliche Attacken, wird er kaum Wirkung haben, wenn Sie nicht gleichzeitig auch ganz reale, »handfeste« Maßnahmen ergreifen – welche genau, das ist allein Ihre Sache.

Die einfachste Schutzübung ist eine Lichtübung, bei der Sie sich einfach nur gemütlich hinlegen und sich zunächst richtig entspannen.

> Atmen Sie ruhig und lassen Sie alle Gedanken und Sorgen für ein paar Augenblicke einfach von sich abgleiten. Nichts ist mehr wichtig außer Ihrem Atem.
>
> Wenn Sie in der Ruhe sind, visualisieren Sie über Ihrem Scheitel eine goldene Lichtkugel – erst als kleinen Punkt, der immer größer wird und immer intensiver golden schimmert. Aus dieser Goldkugel fließen goldene Lichtwellen um Sie herum und hüllen Sie völlig ein. Sie verweben sich um Sie herum zu einem leuchtenden Netz, durch das nur Liebe und Licht strömen können.
>
> Spüren Sie, wie Sie dieses Netz ganz und gar einhüllt und alles, das Ihnen nicht nützlich ist, draußen bleibt. Genießen Sie dieses Gefühl, mit dem leuchtendem goldenen Licht eins zu sein. Lassen Sie es durch sich hindurchfließen und jede Zelle Ihres Körpers erfüllen.
>
> Lassen Sie das Licht dann langsam verblassen, aber nur so weit, dass Sie den Schimmer gerade noch wahrnehmen; ziehen Sie dabei diesen Lichtkokon ganz dicht an Ihren Körper, bis er wie eine zweite Haut sitzt.
>
> Bleiben Sie einen Augenblick ruhig liegen und kommen Sie dann in Ihre alltägliche Wahrnehmung zurück. Bewegen Sie Ihre Hände und Füße, gähnen Sie und räkeln Sie sich.

Wann immer Sie das Gefühl haben, Schutz zu brauchen, machen Sie sich wieder diesen goldenen Schutzmantel bewusst. Es lohnt sich, ihn immer mal wieder zu »polieren« und aufzufrischen. Sie fühlen sich nach dieser Übung frisch und erholt.

Abwehrzauber

Da geht es einem so richtig gut. Das Gefühl für den eigenen Körper stimmt, Spaß am Leben ist in jeder unserer Bewegungen zu sehen, und das gewisse Glitzern in den Augen beim Flirten ist auch da. Jetzt muss doch der Richtige anbeißen. Und wenn nicht – wenn wir eher unliebsame Aufmerksamkeit auf uns ziehen oder gar belästigt werden? Vielleicht sind Sie sich auch gar nicht so sicher, wie Sie wirken, ob Sie auch tatsächlich das anziehen, was Sie sich doch eigentlich wünschen.

Oder Sie haben gerade eine Beziehung hinter sich, und der Ex-Partner lässt einfach nicht locker und zieht alle Register, von Telefonterror bis hin zu ständigen unliebsamen Besuchen. Selbst wenn Sie Ihre Telefonnummer ändern oder sonst etwas Drastisches in die Wege leiten, ein hilfreicher Zauber wäre an dieser Stelle auch nicht verkehrt.

Oder noch schlimmer: Sie haben sich von Ihrem Partner getrennt, weil er Sie oder Ihre Kinder misshandelt hat. Die Trennung ist perfekt, wenn Sie nur endlich Ihre Ruhe hätten und weder der Ex noch seine Familie Sie weiter bedrängen würden. Wenn das passiert und Sie jemand belästigt, schlägt, missbraucht oder sich an Ihren Kindern vergreift, hilft nur Gegenwehr: Wenn Sie von einer dieser Arten des Missbrauchs betroffen sind, sollten Sie unbedingt mit den entsprechenden offiziellen Stellen und Selbsthilfegruppen Kontakt aufnehmen.

Magische Rituale ersetzen weder einen Arztbesuch noch eine Anzeige oder auch nur ein klärendes Gespräch. Nutzen Sie Rituale zusätzlich zu Ihren anderen Möglichkeiten, sich ungebetene Liebesbezeugungen vom Hals zu halten.

Abwehr unliebsamer Verehrer

Besorgen Sie sich Heidekraut, das Sie in den meisten gut sortierten Blumengeschäften bekommen werden. Versuchen Sie es im Zweifelsfall in der Nähe eines Friedhofs, dort werden Sie bestimmt fündig.

Heidekraut ist ein echter »Liebestöter« und stellt jede unerwünschte Aufmerksamkeit ab. Einzige mögliche Nebenwirkung: Sie werden generell keinen großen Erfolg beim anderen Geschlecht haben, solange Sie diesen Zauber nutzen. In diesem Falle ist es also angebracht, die Wirkung zeitlich zu begrenzen. Das heißt nicht, dass die Belästigung danach wieder von vorn beginnt: Sie wehren eine ganz bestimmte Form der Annäherung ab, die auch hinterher ausbleibt. Die erwünschten Angebote können danach erst richtig sprießen. Besorgen Sie sich außerdem rote Geranienblätter. Sie können sich einen Vorrat an getrockneten Blättern zulegen, da diese für jede Art von Schutzzauber geeignet sind.

Sie brauchen für dieses Ritual die üblichen Gegenstände für Ihren magischen Kreis. Als Kerzenfarbe eignet sich Weiß besonders gut. Da Weiß alle Energie zurückwirft, ist es für die Abwehr unerwünschter Energien ideal. Denken Sie bei diesem Ritual unbedingt daran, dass es nicht darum geht, einen anderen Menschen zu verhexen, sonst landen Sie bei der schwarzen Magie.

Wenn Sie sich nicht ganz sicher sind, welche Absicht Sie mit dem Ritual verbinden, dann lassen Sie die Finger davon oder praktizieren Sie es mit anderen zusammen, die nicht wie Sie emotional betroffen sind.

Gehen Sie zunächst in die Ruhe und schließen Sie Ihren magischen Kreis.

Legen Sie das Heidekraut in die Mitte Ihres Kreises und zupfen Sie ein kleines Zweiglein ab. Nehmen Sie es zwischen Ihre Hände und lassen Sie ein wenig Raum, so dass Sie die Wärme und die Energie zwischen den beiden Handflächen noch spüren können.

Jetzt visualisieren Sie, wie die Energie der Heide durch das Zentrum Ihrer Hände in Ihren Körper fließt. Es fühlt sich ruhig und angenehm kühl an. Füllen Sie Ihren ganzen Körper damit. Lassen Sie dieses Gefühl eine Weile auf sich wirken und legen Sie dann das Heidekraut zurück. Bedanken Sie sich und bitten Sie darum, dass die Elementarwesen der Pflanze unliebsame Annäherung von Ihnen fernhalten.

Nehmen Sie nun die Geranienblätter zur Hand und streuen Sie um sich herum einen geschlossenen Kreis. Sie brauchen relativ viele Blütenblätter, damit der Kreis wirklich ganz geschlossen ist. Setzen oder stellen Sie sich in die Mitte dieses Kreises und visualisieren Sie, wie aus den Blüten eine Wasserwand um Sie aufsteigt. Auf ihrer Außenseite steigt ebenso hoch eine Feuerwand auf. Beide schließen sich über Ihrem Kopf zu einem Gewölbe. Innerhalb dieses Raumes sind Sie vollständig geschützt. Stellen Sie sich nun vor, wie Sie diesen Schutzraum um sich herum verankern, und spüren Sie, wie sich die Schutzwände der Elemente mit Ihnen bewegen.

Nun lassen Sie die Feuer- und die Wasserwand verblassen, bis Sie sie nicht mehr erkennen, sondern nur noch spüren können. Ziehen Sie diese schützenden Hüllen dicht an Ihren Körper und lassen Sie sie dort. Sie können sie nun in jeder Situation anwenden, in der Sie magischen Schutz brauchen. Jeder, der versucht, Ihnen zu nahe zu kommen, wird sich die Finger verbrennen. Versäumen Sie es allerdings nicht, im Falle eines Falles lauthals und mit aller Wut Ihre Abwehr zu äußern, das entfacht Ihren Zauberring wie eine zweite Energie. Achten Sie bei der Wut allerdings darauf, dass Sie zwar wütend über etwas sind, aber nicht auf jemanden. Einem anderen Menschen schaden zu wollen öffnet Sie für weitere Attacken.

Wenn Sie so weit sind, öffnen Sie Ihren Geranienkreis, indem Sie die Blütenblätter auf ein Häufchen zusammenschieben.

Dann öffnen Sie den magischen Kreis wieder und räumen auf. Legen Sie das Heidekraut auf Ihren Nachttisch oder – falls Sie die Wirkung noch verstärken wollen – unter Ihr Kopfkissen. Zusätzlich bietet es sich an, tagsüber einen Heidezweig dabeizuhaben. Tragen Sie ihn möglichst nah am Körper, in einer Jacken- oder Hosentasche, wenn es Ihnen auf der Haut zu kratzig ist. Sie können sich auch ein kleines Beutelchen nähen und darin Ihr Heidekraut mitnehmen.

Die Geranienblätter verstreuen Sie rund um Ihre Wohnung oder Ihr Haus. Wenn Sie in einer Etagenwohnung wohnen, streuen Sie ein paar Blätter ins Treppenhaus, den Rest »verlieren« Sie auf einem Spaziergang um den Block.

Abwehrzauber und seine Gefahren

Vielleicht reicht das beschriebene Ritual nicht aus, um Ihr Problem wirklich zu lösen. Natürlich gibt es unzählige magische Rituale, die Sie anwenden können. Der Haken ist aber, dass die Grenzen zur schwarzen Magie bei dieser Art von Zauber fließend sind. Sie hängen allein von Ihrer Absicht ab. Es ist wie mit jeder anderen elementaren Kraft: Zu viel und am falschen Platz kann sie zu einer Katastrophe führen. Da dies eine Gratwanderung ist, empfiehlt es sich, so ein Ritual ganz auf persönliche Bedürfnisse abzustimmen, und das können Sie – sofern Sie geübt sind – selbst am besten. Falls Sie noch nicht so viel Übung haben, fragen Sie lieber jemanden, der Ihnen dabei helfen kann, ein passendes Ritual zusammenzustellen. So verhindern Sie, dass Sie versehentlich in die schwarze Magie geraten.

Liebeskummer light

Ein Kapitel über das Ende einer Liebe wäre kaum vollständig, wenn es sich nicht auch dem Liebeskummer widmen würde. Es wäre einfach zu sagen: »Da muss man halt durch«, »Es wird schon werden«, »Die Zeit heilt alle Wunden« und was es an mehr oder weniger intelligenten Sprüchen sonst noch gibt.

Als inzwischen erfahrene Hexe können Sie aber auch etwas gegen den Liebeskummer tun. Vorher gilt es allerdings noch ein Hindernis zu beseitigen, das einer neuen Liebe im Wege steht. Wenn Sie sich von einer alten Beziehung verabschieden, bleibt davon zunächst nichts weiter übrig als Ihr Kummer. Wenigstens etwas, denkt sich der Mensch und pflegt den tränenreichen Abschied bis zum Abwinken: »Wenn ich nicht richtig leide, dann war es das Ganze überhaupt nicht wert. Wenn ich die Trauer, die Wut und die ungewollte Einsamkeit auch noch loslasse, dann bleibt ja gar nichts von der Ex-Beziehung übrig.«

Also leiden wir fröhlich weiter, als wäre das der Beweis für eine große Liebe. Genau genommen ist es aber nur der Beweis dafür, dass wir schlecht loslassen können und noch nicht bereit sind, wieder neu anzufangen.

Wenn Sie sich entschließen, einen wirklichen Abschiedszauber zu beginnen, müssen Sie sich sicher sein, dass Sie wirklich das Alte gehen lassen wollen. Sonst nützt Ihnen auch der beste Zauber nichts, weil Sie weiterhin am Liebeskummer festhalten – manchmal kann Leiden ja sooo schön sein. Wenn Sie aber Ihr gebrochenes Herz wieder kitten wollen, probieren Sie den folgenden Jadezauber aus.

Jadezauber gegen gebrochene Herzen

Besorgen Sie sich für dieses Ritual einen oder mehrere Jadesteine. Sie können dafür Schmucksteine wählen, die Sie nach dem Ritual tragen, oder Jadestücke, die Sie einfach in der Tasche oder unter dem Kopfkissen aufbewahren. Je näher Sie den Stein bei sich haben, desto besser und stärker ist die Wirkung.

Im Falle dieses Zaubers wird ein gebrochenes Herz tatsächlich wie eine Krankheit aufgefasst: kein Appetit oder zu viel davon, allgemeine Unlust, schlechte Laune, unreine Haut, Magengrummeln und was an unliebsamen Erscheinungen sonst noch dazugehört.

Da dieses Ritual im Grunde ein Heilungszauber wie für jede andere Krankheit ist, verwenden Sie am besten Kräuter und Öle, die diesen Charakter des Rituals deutlich unterstützen. Neben den üblichen Dingen für Ihren magischen Kreis und der Jade brauchen Sie eine blaue Kerze, etwas frischen oder getrockneten Majoran, Lavendel und einen Tag für sich allein.

An Ihrem Heilungstag legen Sie alles zurecht und gehen in die Ruhe. Schließen Sie den magischen Kreis.

Zünden Sie Ihre blaue Kerze an und bitten Sie eine Göttin oder einen Gott um heilende Energien (wenn Sie lieber mit Engeln oder anderen kosmischen Wesen Kontakt aufnehmen, können Sie das natürlich auch tun). Nehmen Sie die Jadestücke und legen Sie sie sich ans Herz, dann legen Sie die Steine in Herzform aus. Nun schieben Sie mit den Händen jeweils die Hälfte der Steine nach rechts und nach links und trennen so Ihre beiden Herzhälften voneinander. Spüren Sie in dieses gebrochene Herz hinein.

Nun streuen Sie Lavendel in Herzform aus. Nehmen Sie so viel, dass Sie vom Untergrund möglichst nichts mehr sehen. Sie legen die Steine in dieses Herz hinein. Bedecken Sie alles – wieder in Herzform – mit Majoran. Visualisieren Sie dabei, wie Ihr Kummer verblasst und Sie ganz ruhig und heiter werden.

Wenn Sie so weit sind, pusten Sie die Kräuter weg, so dass Sie die Jadestücke wieder sehen können. Beim Pusten visualisieren Sie, wie Sie Ihren Kummer davonblasen (wenn

Sie dieses Ritual nicht draußen machen können, legen Sie eine große Decke unter, damit Sie später weniger Arbeit mit dem Aufräumen haben).

Nun öffnen Sie den Kreis wieder.

Wenn Sie draußen sind, können Sie die Kräuter der Erde überlassen; wenn Sie Ihr Ritual drinnen durchgeführt haben, sammeln Sie Lavendel und Majoran ein und legen Sie sie draußen in ein Beet oder unter einen Baum. Tragen Sie die Jadestücke zur Stärkung bei sich und verteilen Sie sie in Ihrer Wohnung. Eines gehört auch unter Ihr Kopfkissen.

Ein besonderer Tipp ist in diesem Falle das Küchenkraut Majoran. Essen Sie bei Liebeskummer reichlich davon und riechen Sie vor allem daran (Sie können mit seiner Hilfe unter anderem auch besser einschlafen).

Hexenkinder

Nehmen wir an, der Richtige hat sich zwischenzeitlich schon in Ihrem Leben eingefunden, und jetzt fehlt Ihnen zum großen Glück nur noch der Hexennachwuchs. Doch aus irgendwelchen Gründen klappt es nicht. Natürlich ist es sinnvoll, medizinisch abzuklären, ob eine physische Beeinträchtigung vorliegt, die Sie daran hindert, Kinder in die Welt zu setzen.

Falls aber die Ärzte nichts finden oder Sie ganz auf Nummer sicher gehen wollen, dann helfen Sie einfach magisch ein bisschen nach. Erwarten Sie dabei ruhig das Unerwartete, denn genau das passiert. Und der Haken? Sie müssen aufhören, sich an den Kinderwunsch zu klammern, als wäre ein Baby das einzig Wichtige in Ihrem Leben. Ich weiß, das ist leichter gesagt als getan. Aber ziehen Sie zumindest in Betracht – und wenn es nur ein Gedankenspiel ist –, dass Sie vielleicht keine Kinder haben werden. Vielleicht ist das in diesem Leben einfach nicht Ihre Aufgabe, vielleicht liegt die einfach woanders. Nehmen Sie sich einen Augenblick Zeit und werden Sie sich über Ihre Motive klar. Nicht nur bei der Partnersuche, auch beim Kinderwunsch ist für einen Zauber unbedingt wichtig, dass Sie so wenig verborgene Absichten wie möglich mitbringen.

Bevor Sie einen Fruchtbarkeitszauber angehen, sollten Sie nicht vergessen, sich mit dem zukünftigen Vater zu verständigen – falls Sie nicht beschlossen haben, Ihr Kind ganz allein großzuziehen. Und selbst dann kommen Sie nicht umhin, den Vater mit einzubeziehen. Energetisch gesehen spielt es nämlich überhaupt keine Rolle, ob der Vater beim Kind ist oder nicht, die Verbindung ist da. Wenn Sie sich nicht vorstellen können, für den Rest Ihres Lebens mit diesem Mann eine sehr nachhaltige Verbindung zu haben, bekommen Sie mit ihm besser kein Kind. Diese energetische Verbindung können Sie nämlich nicht wieder lösen, egal, ob Sie sich scheiden lassen, mit einem anderen Partner leben oder allein. Diese Verbindung bindet Sie lebenslang. Es sei noch einmal erwähnt: Hier geht es nicht um Psychologie. Sie können sich emotional und geistig von einer alten Liebe lösen. Energetisch ist ein Kind aber mehr, in ihm verschmelzen die Energien zweier Menschen, so dass dieser neue Mensch mit Ihnen beiden etwas zu tun hat. Sie schaffen damit eine Gemeinsamkeit, die Sie nie wieder lösen können.

Wenn Sie also beschließen, ein Kind zu bekommen, ohne das mit dem möglichen Vater abzusprechen, und dann auch noch einen Fruchtbarkeitszauber veranstalten, sind Sie im Bereich der schwarzen Magie gelandet. Wie schon beim Zauber für den richtigen Partner erwähnt: Sie haben die freie Wahl, niemand kann verhindern, dass Sie Ihr Wissen und Ihre Fähigkeiten in diese Richtung einsetzen. Zu empfehlen ist es indes wirklich nicht. Wie immer in der Magie kann es natürlich auch Grenzfälle geben – dann gilt: Wenn Sie sich nicht ganz sicher sind und im Bauch kein wirklich gutes Gefühl haben – Finger weg, lassen Sie es lieber.

Wenn Sie sich sicher sind und Ihr Partner sich auch ein Kind wünscht, kann es losgehen. Jeden der Fruchtbarkeitszauber können Sie allein durchführen, aber natürlich auch gemeinsam mit einem Partner.

Fruchtbarkeitszauber für Frauen

Wenn Sie sich im Augenblick noch kein Kind wünschen, können Sie diesen Zauber auch »auf Vorrat« machen. Sie brauchen dafür einen großen Stein mit mehreren Löchern, etwas ungefärbte Watte und getrocknete Petersilie.

Suchen Sie sich einen Tag bei zunehmendem Mond für Ihr Ritual aus. Dieser Zauber lässt sich gut unter freiem Himmel durchführen – je näher an der Natur, desto besser. Wenn Sie nicht nach draußen wollen oder können, machen Sie das Ganze an Ihrem Kraftplatz zu Hause. Sie können dieses Ritual zusammen machen oder auch allein, wie es Ihnen lieber ist.

Legen Sie alles bereit, was Sie üblicherweise für Ihr Ritual benutzen. Nehmen Sie gleich zwei Kerzen, schließlich soll das Ritual Seele Nummer zwei zu Ihnen bringen. Falls Sie dieses Ritual mit Ihrem Partner durchführen, brauchen Sie logischerweise drei Kerzen.

Suchen Sie sich eine ungestörte Zeit aus – besonders im Freien ist das sehr wichtig. Sehr früh morgens, zum Beispiel bei Sonnenaufgang, ist der von Ihnen gewählte Kraftplatz draußen sicherlich nicht von Menschen überlaufen. Außerdem eignet sich die Zeit der aufgehenden Sonne hervorragend für jeden Zauber, der einen neuen Anfang setzt.

Bereiten Sie den Platz vor, indem Sie kurz mit etwas Salbei oder Rosmarin räuchern. Alternativ können Sie auch etwas Wasser nehmen, in das Sie einige Tropfen ätherisches Salbeiöl geben. Sie können es in einem gut ausgewaschenen Marmeladenglas mitnehmen. Das Öl geben Sie allerdings erst an Ort und Stelle dazu.

Nachdem Sie den Kraftort geklärt haben, schließen Sie wie gewohnt Ihren magischen Kreis. Rufen Sie Göttinnen an – falls Sie möchten –, denen die Fruchtbarkeit besonders am Herzen liegt, zum Beispiel Artemis (S. 180) oder Gaia (S. 183).

Legen Sie den Lochstein in die Mitte des Kreises und halten Sie Ihre Hände darüber, so als würden Sie Wasser auffangen. Visualisieren Sie, wie in Ihre Hände die ganze kreative Kraft des Kosmos fließt. Stellen Sie es sich als Licht vor oder als Flüssigkeit oder was Ihnen an passenden Bildern sonst in den Sinn kommt. Bleiben Sie dabei, bis Ihre Hände bis zum Überlaufen gefüllt sind.

Halten Sie Ihre Hände nun so, dass die gesammelte Kraft in die Löcher des Steines fließen kann, etwa indem Sie mit Ihrer Hand einen Trichter bilden. Gleichzeitig fließt immer noch die Fruchtbarkeit des Universums in Ihre Hände. Lassen Sie diesen Strom fließen, bis Sie das Gefühl haben, dass wirklich jeder kleinste Raum im Stein ausgefüllt ist. Wenn Sie dieses Ritual mit Ihrem Partner gemeinsam durchführen, lassen Sie beide Ihre Kraft in den Lochstein laufen.

Wenn Sie so weit sind, legen Sie die Hände auf den Stein und versiegeln die Kraft darin bis zu dem Zeitpunkt, wenn Sie diese Energie wieder brauchen, um ein Kind zu zeugen.

Nehmen Sie nun die Watte und stopfen Sie die Löcher damit zu. Wenn Sie in der Nähe von Schafweiden wohnen, können Sie auch Schafwolle von den Zäunen pflücken und verwenden. Achten Sie darauf, dass Sie wirklich alle sichtbaren Löcher verschließen. Für den Fall, dass Sie einige übersehen haben sollten, schließen Sie sie im Anschluss schlicht energetisch, indem Sie die Hände noch einmal auf den Stein legen.

Öffnen Sie nun den magischen Kreis wieder.

Legen Sie den Stein dann in Ihr Schlafzimmer, möglichst an einen Platz, der für Sie mit dem Kinderkriegen verbunden ist. Sie können ihn unters Bett legen oder auf den Nachttisch. Wenn Sie diesen Zauber auf Vorrat durchgeführt haben, dann lassen Sie den Stein erst einmal so, wie er ist. Wenn Sie sofort die Kraft Ihres Rituals auf den Weg schicken wollen, brauchen Sie nur ein paar Minuten Zeit und Ruhe.

Gehen Sie in die Ruhe und legen Sie die Hände auf den Lochstein. Spüren Sie wieder die Energie, die Sie mit Ihrem Ritual aufgenommen haben. Zupfen Sie nun die Watte oder Wolle aus den Löchern des Steines; Sie setzen damit die Lebenskraft frei, die Sie vorher gebündelt hatten. Die Watte oder Wolle vergraben Sie am besten an einem Ort, an dem sie nicht wieder ausgegraben wird. Und dann vergessen Sie das Ganze am besten. Das ist schwierig, aber wenn Sie auf den Fruchtbarkeitszauber starren wie das sprichwörtliche Kaninchen auf die Schlange, dann tut sich gar nichts. Also entspannen Sie sich und lassen Sie den Dingen die Zeit, die sie brauchen.

Fruchtbarkeitszauber in Variationen

Falls es bei Ihnen in der Gegend einfach keine Steine mit Löchern gibt, können Sie trotzdem den Kinderwunsch unterstützen. Stellen Sie dann einfach Medizinbeutel mit verschiedenen Zutaten her. Sie können für einen Fruchtbarkeitszauber zum Beispiel Nüsse verwenden (egal welche Sorte), Getreide oder die Kerne des Granatapfels. Bei Nüssen oder Getreide bietet es sich an, mit einer Mischung entsprechender Kräuter wie Petersilie und vielleicht noch einigen getrockneten Bananenscheiben oder Rosinen zu arbeiten.

Die Kerne eines Granatapfels lassen sich gut zu anderen Speisen geben. Sie machen sich gut im Obstsalat, aber auch im herzhaften Salat geben Sie eine schmackhafte süße Note hinzu.

Zaubern Sie Ihre Kinder freundlich

Wer kennt das nicht: Die lieben Kleinen sind ja so süß, wenn man gerade mit ihnen anderswo zu Besuch ist. Alle Freunde und Verwandten gratulieren Ihnen zu Ihren zauberhaften Bälgern und beneiden Sie, weil Sie doch so gar keine Probleme zu haben scheinen. Auf der Rückfahrt bekommt das eine dann prompt einen Wutanfall, weil Sie gerade sein Lieblingstier vergessen haben, das andere quengelt, weil es nun endlich einen Apfel haben will, und das dritte muss ganz dringend mal.

Wenn die Blagen dann erst in die Pubertät kommen, wird es erst recht nicht besser, sondern nimmt die Form von erbitterten Grabenkämpfen um jeden Zentimeter Freiheit an – mit einem Wort, es wird unerträglich. Um die nervtötenden Unverschämtheiten aus den Kinderzimmern und Pubertierstuben einzudämmen, können Sie zu ganz einfachen Blumen wie den Primeln greifen. Wählen Sie Farben aus, die Ihren Kindern gefallen, und stellen Sie die Blumen ins Wohnzimmer, pflanzen Sie Primeln im heimischen Garten oder auf dem Balkon an.

Bei zunehmendem Mond nehmen Sie einige Blüten (bitte bei der Pflanze für ihr Opfer bedanken) und machen damit ein Ritual, um den Respekt und die Loyalität zwischen Ihnen und Ihren Kindern zu stärken. Legen Sie alles bereit, was Sie auch sonst für Ihr Ritual verwenden. Wählen Sie Kerzen in der Farbe, die zu Ihren Kindern passt oder die Ihr Anliegen besonders gut unterstützt.

> Gehen Sie in die Ruhe und schließen Sie den magischen Kreis. Nehmen Sie die Primelblüten zwischen Ihre Hände und beschreiben Sie mit den geschlossenen Händen einen Kreis vor Ihrem Bauch (im Uhrzeigersinn). Dabei visualisieren Sie die Art von Beziehung, die Sie sich mit Ihren Kindern wünschen. Achtung: Bleiben Sie bei dem, wie Sie sich in der Beziehung zu den Kindern fühlen möchten, und visualisieren Sie nicht, wie genau sich die anderen Menschen ändern sollen, damit sie Ihnen besser gefallen. Das gehört in den Bereich der schwarzen Magie und kommt auf unangenehme Weise zu Ihnen zurück.
>
> Legen Sie alle Blüten anschließend zurück in den Kreis, nehmen Sie eine nach der anderen hoch und reden Sie mit ihr.

Erzählen Sie genau, wie Sie sich die veränderte Atmosphäre vorstellen, wie Sie sich dabei fühlen möchten. Sie können jeder Blüte das Gleiche erzählen oder auch jeder eine etwas andere Facette Ihres Wunsches. Machen Sie so lange weiter, bis Ihnen nichts mehr einfällt. Legen Sie zum Abschluss Ihre Hände über die Blütenblätter und sprechen Sie einen bekräftigenden Zauberspruch (S. 177f.) oder ein simples »So soll es sein«.

Öffnen Sie den magischen Kreis wie gewohnt und legen Sie die Primelblüten unter die Kopfkissen oder Matratzen der Kinder.

Freundschaftsbande

Auch die Freundschaft ist ein Teil der Liebe. Meist teilen wir mehr Jahre mit guten Freunden als mit einem Partner, und je länger wir jemanden kennen, desto besser wird die Freundschaft. Wie man Freunde gewinnt, kann eine Kunst für sich sein. Ein Patentrezept, auch ein magisches, gibt es leider nicht. Aber wir wären natürlich keine Zauberlehrlinge, wenn wir nicht auch da dem Schicksal magisch ein bisschen auf die Sprünge helfen würden.

Freunde sind in diesem Fall auch Elementarwesen, Haustiere und Geister. Im günstigsten Fall hält Ihnen in einer Krise nicht nur die beste Freundin die Hand, sondern Mieze oder Waldi liegt schnurrend neben Ihnen, und Ihr freundlicher Hausgeist sorgt dafür, dass keine lästigen Besucher über Ihre Schwelle stolpern. Verbündete können Sie gar nicht genug haben. Sie erleichtern den Alltag – und nicht nur den magischen – ungemein.

Freunde gewinnen

Kennen Sie das Gefühl, wenn Sie sich so richtig Leid tun und sich arm und allein gelassen fühlen, weil plötzlich keiner da zu sein scheint? Und wenn es Ihnen dann wieder so richtig gut geht und Sie womöglich auch noch frisch verliebt sind, dann lächelt die Welt zurück. Sie erinnern sich: Was Sie magisch ausschicken, kommt dreifach zu Ihnen zurück. Wenn Sie sich von Ihren Freunden verlassen fühlen, dann haben Sie zuerst jemanden verlassen – sich selbst. Wenn Sie außer sich sind vor Wut oder Kummer, dann stehen Sie neben sich und sind einfach nicht mehr Sie selbst. Schon an den Begriffen, die wir für so einen Zustand verwenden, können Sie ablesen, was dann passiert. Sie sind nicht mehr bei sich und verlieren damit nicht nur den Kontakt zu sich selbst, sondern auch den zu anderen Menschen. Neue Freunde finden Sie in dem Zustand schon gar nicht, denn auf wen sollten Sie auch zugehen, wenn da gar keiner Zuhause ist?

Freunde zu finden heißt also erst einmal, sich selbst als Freund zu sehen. Die Übungen zur Selbstliebe (S. 10ff.) sind also als Voraussetzung für alle Rituale zur Freundschaftspflege wichtig.

Das Herz auf dem rechten Fleck

Eine ganz simple Übung, wie Sie Freunde finden, ist, das Herz – oder besser ein Herz – auf dem richtigen Fleck zu haben. In diesem Falle heißt das genau über Ihrem Herzen. Für diese Freundschaftsübung brauchen Sie also einen roten oder rosafarbenen Konturenstift. Wenn Sie keinen besitzen, tut es auch ein roter Lippenstift. Achten Sie dann allerdings darauf, dass Sie Unterwäsche anhaben, die Farbe verträgt, weil er stärker schmiert.

Bevor Sie sich morgens anziehen, stellen Sie sich im Bad vor den Spiegel und malen sich über Ihrem Herzen ein rotes Herz auf. Füllen Sie es aus, so dass es richtig schön leuchtet.

Stellen Sie sich einen Augenblick lang einfach nur entspannt hin und halten Sie beide Hände übereinander über Ihre beiden Herzen. Machen Sie sich dabei ganz klar, dass Sie an diesem Tag über nichts und niemanden ein böses Wort denken oder sagen werden. Atmen Sie ruhig ein paar Mal durch und lassen Sie Energie zwischen Ihren Händen und Ihrem Herzen hin- und herfließen.

Wenn Sie fertig sind, ziehen Sie sich an – und los geht es in den Alltag. Sie werden erstaunt sein, wie schwierig es ist, diesen Vorsatz einen ganzen Tag lang zu befolgen und tatsächlich weder etwas Gemeines zu denken noch zu sagen.

Wenn es Ihnen ganz leicht fiel, sich einen Tag daran zu halten, dann dehnen Sie die Übung einfach aus: Machen Sie daraus eine Woche oder einen Monat, und wenn Sie das immer noch locker meistern, dann versuchen Sie es ein Jahr lang – oder ein ganzes Leben. Sicher werden Sie es nicht immer durchhalten können, aber allein der Versuch ist schon viel wert.

Regenbogen

Wenn Ihnen Ihr Alltag im Beruf öde erscheint oder Sie einfach Lust auf eine andere Energie an Ihrem Arbeitsplatz haben, dann testen Sie die Wirkung des »Regenbogens«.

Wenn Sie morgens vor dem Spiegel stehen, machen Sie zuerst einmal eine kleine Lichtübung. Stellen Sie sich locker hin und schließen Sie die Augen. Visualisieren Sie einen Regenbogen, der genau vor Ihrer Nase anfängt. Sie treten in Gedanken einen Schritt vorwärts in die Farbe Rot und lassen es überall um Sie herum und in Ihnen rot werden.

Sobald Sie ein »rotes« Gefühl haben, gehen Sie einen Schritt weiter und treten in die Farbe Orange. Nacheinander gehen Sie so von Farbe zu Farbe. Nach Orange folgen Gelb, Grün, Blau, Indigo und Violett. Wenn Sie die letzte Farbe verlassen haben, bleiben Sie noch einen Augenblick ruhig stehen, damit Sie wieder vollkommen im Hier und Jetzt ankommen.

Öffnen Sie dann die Augen und malen Sie sich mit Kajal und Konturenstiften einen Regenbogen am besten genau über Ihr Herz. Sie können ihn einfach nur als Umriss zeichnen oder ganz mit Farbe ausfüllen, je nachdem, wonach Ihnen ist. Bündeln Sie in diesem Regenbogen all die Energie Ihrer Lichtübung. Sie haben damit einen Energievorrat bei sich, den Sie tagsüber anzapfen können, wenn Ihnen danach ist.

Probieren Sie außerdem aus, wie es sich anfühlt, wenn Sie vor einer Besprechung oder einem anderen wichtigen Gespräch auf diese Energie zurückgreifen und sie Ihren Mitarbeitern und Mitarbeiterinnen schicken. Achten Sie dabei lediglich darauf, dass Sie diese Power ohne eine bestimmte Absicht ausschicken. Wenn Sie ein Verkaufsgespräch führen und Ihrem Gegenüber die Botschaft schicken, dass er kaufen soll, egal, was es kostet, dann manipulieren Sie ihn. Wenn Sie allerdings die Energie losschicken mit der Absicht, dass alle zufrieden mit den Verhandlungen sein sollen, dann lassen Sie die bestmögliche Lösung für alle zu. So schaffen Sie sich nicht nur Anerkennung im Beruf, so können Sie auch Freunde gewinnen. Wenn Sie Freunden diese Kraft senden, wünschen Sie sich einfach, dass alle Beteiligten sich nachher wohler fühlen als vorher.

Hexische Ingredienzen

In den folgenden Listen finden Sie Gemüse, Früchte, Kräuter, Gewürze und Pflanzen, die Sie für alle möglichen Arten von Liebeszauber verwenden können. Sie werden ebenso Ingredienzen für Fruchtbarkeitszauber entdecken wie für einen keuschen Lebenswandel und erfahren, wie Sie einen Liebhaber auf Touren bringen oder auch wieder loswerden.

Alle Einträge sind alphabetisch geordnet, und es ist jeweils angemerkt, zu welchem Element – Feuer, Wasser, Erde, Luft – sie zählen. Daneben steht auch der astrologische Planet, der jeweils dazugehört. Sonne und Mond sind zwar astronomisch gesehen keine Planeten, werden aber in der Astrologie ebenfalls so benannt. Wir folgen hier der astrologischen Bezeichnung.

Wenn Sie Zutaten für Ihre magischen Rituale besorgen, achten Sie darauf, wo Sie einkaufen: Das Teuerste ist nicht unbedingt das Beste. Lassen Sie sich Zeit, sich nach den richtigen Geschäften umzusehen. Wenn Sie Lebensmittel einkaufen, nutzen Sie Wochenmärkte. Dort können Sie häufig direkt vom Erzeuger kaufen und bekommen Obst und Gemüse frischer als im Supermarkt. Achten Sie auch auf die Energie Ihrer Nahrungsmittel und anderer Zutaten. Wenn Sie etwas verwenden, das durch industrielle Verarbeitung verändert wurde, kann es sein, dass nicht mehr viel von der ursprünglichen Power übrig ist.

Testen Sie einmal, wie ein Fertiggericht im Vergleich zu einer einfachen selbstgekochten Suppe schmeckt. Machen Sie sich den Spaß, ein paar Tage oder sogar Wochen lang mit Ihren Lebensmitteln zu »reden« – das heißt mit ihnen Kontakt aufzunehmen, ihre Energie auf sich wirken zu lassen, bevor Sie sie zubereiten. Mit etwas Übung werden Sie deutliche Unterschiede spüren und ebenfalls merken, dass Sie bei möglichst naturnahen Produkten viel weniger magische Power aufwenden müssen, um Ihr Ritual erfolgreich durchzuführen.

Ökologische Nahrungsmittel und natürliche Zutaten sind also in diesem Falle nicht eine politisch sinnvolle Entscheidung, sondern schlicht die beste Möglichkeit, sich das magische Leben einfach zu machen. Benutzen Sie also unbehandeltes Obst und Biogemüse für Ihren Liebeszauber: Je weniger sie behandelt sind, desto besser.

Wenn Sie ein Ritual planen, fangen Sie am besten damit an, sich genau zu überlegen, welche Zutaten Sie brauchen. Wenn Sie nicht genau die Dinge bekommen können, die Sie sich ursprünglich vorgestellt hatten, greifen Sie zu Ersatz. So brauchen Sie sich nicht in den Finger zu pieken, um Ihren Wunsch nach einer Herzensverbindung mit Blut zu schreiben. Nehmen Sie stattdessen den Saft von Kirschen oder Roten Beeten. Wenn Sie in den Listen keinen geeigneten Ersatz ausmachen können, stöbern Sie weiter. Sie können auch einen eventuell geeigneten Gegenstand für eine Weile zwischen den Händen halten und damit meditieren. Öffnen Sie sich für seine Schwingungen, und Sie werden mit etwas Übung genau erkennen, ob er geeignet ist, egal ob sich Ihr Verstand das nun logisch erklären kann oder nicht.

Bevor Sie irgendetwas auf Ihre Haut reiben, fragen Sie im Zweifelsfall Ihren Arzt, und zu sich nehmen sollten Sie nur die Dinge, die tatsächlich ungefährliche Lebensmittel sind. Da es einfach zu leicht passieren kann, dass versehentlich doch einmal eine giftige Substanz zwischen all die gut verträglichen gerät, wurden alle Kräuter, Bäume, Früchte und anderen Zutaten weggelassen, die gefährlich werden können, auch wenn sie noch so schön oder wirkungsvoll sind. Eine Ausnahme bilden Blumen – es wird hier vorausgesetzt, dass niemand auf den Einfall kommt, sich den Magen mit Lobelien oder dergleichen voll zu schlagen. Lassen Sie bei den Mengen Ihren gesunden Menschenverstand entscheiden, auch magisch gesehen ist weniger meist mehr.

Gemüse und Getreide

Avocado: Diese grüne Frucht liegt Venus am Herzen und gehört zum Element Wasser. Avocados können Sie ebenso als Snack vor dem Abendessen servieren wie auch in einen Salat schneiden. Beides sorgt auf jeden Fall dafür, dass es im Bett lustig wird.

Wenn Sie auf der Suche nach einer neuen Liebe sind, lassen Sie aus einem Avocadokern einen kleinen Baum wachsen. Machen Sie dazu ein kleines Liebesritual wie auf S. 84 für den Garten beschrieben – wandeln Sie es einfach für Topfpflanzen ab. Wenn Sie noch ein

Übriges tun wollen, legen Sie um den Kern kleine Rosenquarze, falls es Ihnen mehr um den freundschaftlichen Aspekt der Beziehung geht, und rote Steine, zum Beispiel Rubinsplitter, falls Sie eher eine leidenschaftliche Liebe im Sinn haben.

Bohne: Sie steht unter dem Planeten Merkur und gehört zum Element Luft. Wenn Sie einen Bohnenzauber vorhaben, bitten Sie zum Beispiel Demeter (S. 182) um Mithilfe. Sollte der Haussegen schief hängen, nehmen Sie drei Limabohnen, fädeln sie auf einen seidenen Faden und tragen sie zwei Tage bei sich. Ihre Differenzen lösen sich so leichter.

Endivie: Diese Salatsorte gehört zum Planeten Jupiter und dem Element Luft. Im Salat wirken Endivien lustfördernd. Sie können Sie aber auch bei sich tragen, wenn Sie auf Partnersuche sind; achten Sie dann aber darauf, die Blätter spätestens alle drei Tage zu erneuern.

Gerste: Dieses Getreide steht unter dem Planeten Venus und gehört zum Element Erde. Benutzen Sie Gerste in einem Ihrer Liebeszauber, besonders wenn es Ihnen um ein langsames Reifen der Beziehung geht. Gerste braucht ihre eigene Zeit. Wenn Sie Wert auf schnelle Ergebnisse legen, greifen Sie lieber zu Pfeffer oder einem anderen Gewürz. Gerste können Sie gut in einem Medizinbeutel verwenden, zusammen mit anderen liebesfördernden Ingredienzen (S. 136ff.).

Gurke: Wenn Sie einen Liebessalat anrichten, lassen Sie die Gurke lieber weg. Sie ist ein Liebes- und vor allem Lustkiller. Andersherum: Wenn Sie jemanden eingeladen haben und schon wissen, dass Sie wirklich nichts von ihm oder ihr wollen, dann servieren Sie Gurke, soviel Sie wollen, und genießen einfach einen entspannten Abend.

Auch bei Liebeskummer, wenn Ihnen der Liebste im Bett fehlt oder aber eine längere Trennung unvermeidlich ist, essen Sie Gurken, dann halten Sie es besser aus. Das grüne Gewächs steht unter dem Planeten Mond und im Element Wasser.

Karotte: Dass sie gesund sind, wusste man ja schon immer, aber dass Karotten auch einen magischen Wert haben, hätte man doch nicht gedacht. Die Samen der Karotte sollten Sie zu sich nehmen, wenn Sie sich ein Kind wünschen; sie fördern die Fruchtbarkeit der Frau (S. 128). Das rohe oder gekochte Gemüse steigert die Lust und kann bei Männern gegen Impotenz eingesetzt werden.

Kastanie: Dieser Baum gehört zum Planeten Jupiter und dem Element Feuer. Seine essbare Frucht eignet sich für ein Liebesmahl: Gemeinsam mit dem Liebsten verspeist, verspricht sie eine dauerhafte Beziehung.

Kopfsalat: Er gehört zum Element Wasser und dem Planeten Mond. Wenn Sie eine wilde Liebesnacht mit Ihrem Liebsten vorhaben oder gar einen Seitensprung planen – Hände weg von grünem Salat. Er hilft Ihnen nämlich dabei, treu zu bleiben, und dämpft die Begierden des willigen Fleisches.

Lauch: Kochen Sie mit Lauch keine Suppe, wenn Sie ein Liebesmahl vorhaben, da Sie sonst die feurige Energie des Gemüses regelrecht ertränken. Ein Auflauf (S. 90f.) dagegen stärkt die Kraft des Lauchs noch. Wenn Sie gemeinsam die Lauchspeise essen, fällt es Ihnen leichter, sich ineinander zu verlieben. Dieses Gemüse gehört zum Element Feuer und dem Planeten Mars.

Olive: Besonders den Herren der Schöpfung tun Oliven gut, wenn es im Bett nicht so recht klappt. Sie stärken nämlich nicht nur die Potenz, sondern steigern auch das Lustempfinden. Die Blätter des Olivenbaums stärken Harmonie und Frieden im Haus. Die Pflanze gehört zum Element Feuer und dem Planeten Sonne.

Reis: Reis wird bei Hochzeiten gern über die Frischvermählten geworfen. Dieser Brauch stammt noch aus der Zeit, als die Fülle von Reis reiche Nachkommenschaft verhieß. Wenn Sie sich reichen Kindersegen wünschen, fügen Sie Reis zu den Zutaten für einen entsprechenden Medizinbeutel hinzu. Das Getreide gehört zum Element Luft und dem Planeten Sonne.

Rettich: Diese Pflanze ist im doppelten Sinne scharf: Rettich steigert das Lustgefühl. Er gehört zum Element Feuer und dem Planeten Mars.

Roggen: Brot aus Roggen stärkt die Liebe und Treue eines Paares. Der Roggen gehört zum Element Erde und dem Planeten Venus.

Rote Beete: Dieses Gemüse gehört zum Element Erde und dem Planeten Saturn. Wenn Sie in einem Liebesritual etwas aufschreiben, um es dann zum Beispiel zu verbrennen, wurde in früheren Zeiten dazu Blut verwandt. Wem das zu martialisch ist, der kann stattdessen den Saft von Roten Beeten verwenden. Auch bei anderen Ritualen bietet sich der Saft als magische »rote Tinte« an. Falls Sie ihn aufbewahren wollen, können Sie etwas Essig beimischen. So haltbar gemacht, können Sie Ihre »Tinte« bis zu einem Monat im Kühlschrank lagern.

Steckrübe: Wenn Sie unbedingt einen zu anhänglichen Liebhaber loswerden wollen, kochen Sie ihm ein Steckrübengericht. Das kühlt ihn ab. Sie können dieses Mittel ebenfalls anwenden, wenn Sie eine längere Beziehung sanft beenden wollen. Diese Erdfrucht gehört zum Element Erde und zum Planeten Mond.

Tomate: Dieses Nachtschattengewächs gehört in jeden Liebessalat. Verwenden Sie Tomaten in Ihrer Liebesküche großzügig, denn Sie vertiefen die Liebe zwischen Ihnen und Ihrem Partner. Die Pflanze gehört zum Element Wasser und dem Planeten Venus.

Weizen: Er steht für Überfluss und Fruchtbarkeit. Deshalb eignet er sich gut für jeden Zauber, bei dem es um Empfängis und Nachwuchs geht. Sie können die Körner während eines solchen Rituals in Ihrem magischen Kreis ausstreuen oder aber in einen Medizinbeutel einnähen. Der Weizen gehört zum Element Erde und zum Planeten Venus. Göttinnen der Fruchtbarkeit wie Ishtar (S. 185), Demeter (S. 182) oder Ceres (S. 181) nehmen sich gern Ihres Weizenzaubers an.

Kräuter und Gewürze

Baldrian: Dieses Kraut ist nur etwas für Menschen mit schlecht entwickelten Geruchsnerven, denn es stinkt geradezu. Trotzdem wirkt es hervorragend in Medizinbeuteln zum Thema Liebe. Baldrian ist außerdem ein ganz altes Hausmittel zur Beruhigung. Wenn Sie sich mit Freunden oder Liebsten zanken, bringen Sie eine Baldrianwurzel ins Spiel, und der Krach wird sich schnell legen. Bei Schlaflosigkeit greifen Sie allerdings besser auf die im Handel erhältlichen Tabletten zurück, denn sie sind geruchlos; zum Zaubern eignen sie sich jedoch nicht. Der Baldrian gehört zum Element Wasser und zum Planeten Venus.

Basilikum: Das Basilikum ist sehr vielseitig, abgesehen von seinem hervorragenden Geschmack in einer Vielzahl von Gerichten. Es gehört zum Planeten Mars und zum Element Feuer. Als Gott passt dazu Vishnu (S. 190).

Wenn Sie gerade Streit mit dem Liebsten hatten, hilft der Duft des Basilikums bei der Versöhnung. Sollten Sie häufiger streiten, könnte es für Sie vielleicht interessant sein, eine »Prognose« für die Beziehung einzuholen. Nehmen Sie ein feuersicheres Gefäß und legen Sie eine Kohletablette hinein. Gehen Sie kurz in die Ruhe und schließen Sie – ohne Gegenstände und Zeremonie – den magischen Kreis. Wenn die Kohle richtig durchgeglüht ist, legen Sie ein Blatt Basilikum darauf und beobachten, was passiert. Verkohlt es ganz gleichmäßig und ruhig, so liegt vor Ihnen eine ruhige und entspannte Partnerschaft. Wenn das Blatt mit Zischen und Knacken zu Asche verbrennt, gibt es Streit in der Beziehung – und wenn es regelrecht explodiert, könnte es eine gute Idee sein, das Ganze noch einmal zu überdenken.

Chili: Wie nicht anders zu erwarten, gibt dieses Gewürz Feuer, schließlich ist das auch sein beherrschendes Element. Der dazugehörige Planet ist der Mars, Gott des Krieges im alten Rom. Essen Sie Gerichte, die mit Chili gewürzt sind, und schon haben Sie eine gepfefferte Beziehung und viel Spaß im Bett. Übertreiben Sie es nur nicht, damit Montezumas Rache Ihnen nicht den Spaß verdirbt.

Falls Sie befürchten müssen, dass Ihr Angetrauter auf Abwege gerät, hilft ebenfalls die Chilischote.

Columbine: Dieses Kräutlein eignet sich sowohl für Liebe suchende Männer wie Frauen. Es gehört zum Planeten Venus und zum Element Wasser. Wenn Sie Mut brauchen, um den Traumprinzen oder die Prinzessin anzusprechen, reiben Sie vorher einige Blätter des Krauts zwischen Ihren Händen. Tragen Sie außerdem einen Zweig der Columbine bei sich.

Sie können auch die Samen der Pflanze verwenden: Zerkleinern Sie sie, am besten bis zur Pulverform, und reiben Sie sich damit Hände und Körper ein, bevor Sie zu Ihrem wichtigen Rendezvous gehen.

Dill: Dieses Kraut gehört zum Planeten Merkur und dem Element Feuer. Geben Sie es zum Salat, wenn Sie einen lustvollen Nachtisch möchten. Sie können auch nur intensiv daran riechen, das hat einen ähnlichen Erfolg. Als Badezusatz lässt es Sie unwiderstehlich duften.

Eisenkraut: Eisenkraut können Sie vielseitig verwenden. Wenn Sie etwas davon in der Wohnung verstreuen, fördern Sie die Harmonie, und erhitzte Gemüter beruhigen sich. Wenn Sie selbst gestresst sind, trinken Sie vor dem Schlafengehen eine Tasse Eisenkrauttee. Sie können Eisenkraut auch Ihrem Medizinbeutel beigeben und als Schutz- und Liebesamulett bei sich tragen. Das Kraut gehört zum Planeten Venus und zum Element Erde. Unter den Göttern und Göttinnen, die Sie zu einem Ritual mit Eisenkraut herbeirufen können, haben Sie die Qual der Wahl: Mars (S. 187), Jupiter (S. 186), Thor (S. 189), Venus, (S. 190), Aradia (S. 180) Isis (S. 185), Cerridwen (S. 181f.) und Juno (S. 186).

Frauenmantel: Dieses Gewächs steht in vielen einheimischen Gärten als reine Zierpflanze. Sie können aber noch sehr viel mehr damit machen. Binden Sie einige Stiele der Blume mit in den Hochzeitsstrauß, damit die Liebe mindestens sieben Jahre hält. Geben Sie Frauenmantel in Medizinbeutel, durch die Sie näheren Kontakt zu Freunden und Familie aufnehmen möchten: Sie ziehen damit deren Aufmerksamkeit auf sich. Der Frauenmantel gehört zum Element Wasser und zum Planeten Venus.

Hamamelis: Die heilende Wirkung dieser Pflanze auf Wunden aller Art ist hinlänglich bekannt. Besonders Katzenbesitzer schwören darauf, weil damit jeder Miezenkratzer an Hand oder Beinen schnellstens zuheilt. Doch die heilende Wirkung geht noch tiefer: Tragen Sie Blätter und Blüten der Pflanze bei sich, um ein gebrochenes Herz zu heilen. Sie können auch getrocknete Pflanzenteile in einen kleinen Beutel einnähen und ihn sich unter das Kopfkissen legen. Neben dieser heilenden Wirkung sorgt Hamamelis außerdem für ein keusches Leben. Wenn Sie also Ihren Liebeskummer in der nächsten Beziehung vergessen möchten, wählen Sie für Ihren Gram ein anderes Kraut aus. Hamamelis gehört zum Planeten Sonne und zum Element Feuer.

Ingwer: Dieses scharfe Gewürz gehört zum Element Feuer und zum Planeten Mars. In dieser Konstellation können es besonders Männer gut für einen Liebeszauber nutzen. Wenn Sie sich für einen Liebeszauber so richtig aufheizen wollen, essen Sie vorher etwas Ingwer. Falls Ihnen roher Ingwer zu scharf ist, besorgen Sie sich die kandierte Variante. Kochen Sie doch einmal Erdbeeren zusammen mit Ingwer ein und verschenken Sie diese liebestolle Marmelade dann an Ihren Liebsten.

Johanniskraut: Diese Pflanze sei allen ans Herz gelegt, die Liebeskummer haben oder eine geliebte Person verloren haben. Sie können Johanniskraut einnehmen, das als mildes Antidepressivum wirkt, allerdings erst langsam. Im Gegensatz zu chemischen Mitteln macht Johanniskraut nicht abhängig, Sie können es also über einen längeren Zeitraum nehmen. Fragen Sie allerdings vor der Einnahme unbedingt Ihren Arzt. Johanniskraut ist frei erhältlich; wenn Sie ins Ausland fahren, sollten Sie sich aber vorher erkundigen, ob Sie es einführen dürfen. Das Johanniskraut gehört zum Element Feuer und zum Planeten Sonne.

Ginseng: Diese Wurzel gehört zum Element Feuer und dem Planeten Sonne. Mischen Sie gemahlene Ginsengwurzeln in Getränke oder gekochte Gerichte, und schon haben Sie einen guten Lustverstärker zur Hand. Sie können Ginseng außerdem mit anderen Kräutern oder Gewürzen mischen. Zusätzlich verstärkt eine Ginsengwurzel in einem Ritual die Wünsche, die Sie dort zum Ausdruck bringen.

Kardamom: Kardamom ist als Gewürz vielseitig einsetzbar. Sie bekommen ihn zu jeder Jahreszeit, können ihn in süßen Gerichten – wie Kuchen und Gebäck – verwenden, gemahlen jeder Süßspeise beimischen oder auch in herzhaften Mahlzeiten verwenden. Besonders lecker ist Kardamom, wenn er in Reis mitgekocht wird.

Sie können dieses Gewürz aber auch in Getränken einsetzen. Probieren Sie eine Prise Kardamom im Kaffee oder, noch besser, in einem Glas warmem Rotwein – dann wird daraus eine Art Glühwein.

Wenn Sie ihn mit dem Liebsten trinken, steht der Liebe nichts mehr im Weg. Aber Vorsicht – wenn Sie nur ans gemütlich-gemeinschaftliche Einschlafen denken, nehmen Sie nicht zu viel Kardamom. Dieses Gewürz gehört zum Element Wasser und zum Planeten Venus.

Koriander: Koriander steht unter dem Element Feuer und gehört zum Planeten Mars. Er eignet sich gut als Beigabe für Medizinbeutel. Probieren Sie auch gemahlene Koriandersamen in Glühwein oder heißem Traubensaft, wenn Sie alkoholfreie Getränke vorziehen.

Kumin (Kreuzkümmel): Er sollte in keiner Küche fehlen und schmeckt nicht nur lecker zu unzähligen Gerichten, sondern macht sich ebenso gut in so manchem Liebeszauber. Kumin gehört zum Planeten Mars und zum Element Feuer. Wenn Sie daraus schließen, dass er lustfördernd wirkt, liegen Sie richtig. Geben Sie etwas davon in den Wein – gemahlen, wenn Sie den Geschmack mögen, ganz, wenn es Ihnen nur auf die energetische Wirkung ankommt. Schenken Sie Ihrem Liebsten Kumin, dann fällt es ihm leichter, Ihnen treu zu sein. Bräute können Kumin bei sich tragen, damit bei der Hochzeit nichts schief geht.

Kümmel: Der Kümmel gehört zum Element Luft und dem Planeten Merkur. Nicht nur für die Verdauung generell ist dieses Gewürz gut, Sie können damit auch einen Liebeszauber anheizen. Servieren Sie Brot, das mit Kümmel gewürzt ist, und freuen Sie sich auf eine heiße Nacht. Das unscheinbare – und verkannte – Gewürz wirkt lustfördernd. Sie können einem Gericht auch gemahlenen Kümmel in ganz kleinen Mengen beifügen, falls Sie den Geschmack nicht mögen; achten Sie dann aber darauf, dass Sie selbst den Kümmel vorher frisch mahlen.

Außerdem können Sie Kümmel in einen Medizinbeutel geben, um eine neue Liebe zu finden, oder die Samen in einen magischen Kreis streuen, wenn Sie einen Zauber vorhaben, der Ihnen die Treue Ihres Partners sichern soll.

Lakritze: In diesem Fall geht es nicht um die Süßigkeit, sondern die »echten« Lakritzstangen. Wenn Sie darauf herumkauen, werden Sie leidenschaftlicher. Sie können zerkleinerte Lakritze gut für Medizinbeutel verwenden, die mit Liebe, Lust und Treue zu tun haben. Die Lakritze eignet sich darüber hinaus auch als Material für einen Zauberstab. Sie gehört zum Element Wasser und dem Planeten Venus.

Lovage: Dieses Würzkraut können Sie gut bei einem Liebeszauber als Badezusatz verwenden. Legen Sie die Blätter allerdings nicht einfach so ins Wasser, sondern geben Sie Pflanzenteile in ein kleines Säckchen, das Sie mit einem roten Faden zubinden, oder einfach in einen Tee- oder Kaffeefilter, den Sie ins Badewasser hängen. Lovage verstärkt Ihre Anziehungskraft aufs andere Geschlecht und lässt Ihr Gegenüber besonders an die Vorzüge einer Beziehung mit Ihnen denken. Das Kraut gehört zum Planeten Sonne und zum Element Feuer.

Majoran: Majoran können Sie vielfältig verwenden. Geben Sie es zu Ihren Mischungen im Medizinbeutel und würzen Sie damit Ihr Liebesmahl. Wenn Sie gerade Liebeskummer haben, dann sparen Sie nicht mit Majoran, der eine Art Glückskraut ist. Der Majoran gehört zum Element Luft und zum Planeten Merkur. Bei allen Ritualen und Zaubersprüchen mit diesem Kraut können Sie Venus (S. 190) und Aphrodite (S. 179) hinzubitten.

Mohn: Mohnsamen können Sie in einem Liebeskuchen verbacken – nehmen Sie aber nicht zu viel, sonst bekommen Sie eher eine einschläfernde Wirkung zu spüren und könnten außerdem leichter schwanger werden, denn Mohn zieht nicht nur die Liebe an, er macht auch fruchtbarer. Die trockenen Samen eignen sich außerdem sehr gut für Ihren Medizinbeutel oder als Gabe an die Götter. Der Mohn gehört zum Element Wasser und zum Planeten Mond. Als Fruchtbarkeitsgöttin entspricht der Energie des Mohns die Göttin Demeter (S. 182).

Myrrhe: Myrrhe sollten Sie immer im Haus haben, da Sie es für viele verschiedene Zauber benutzen können. Geben Sie es Ihrem Medizinbeutel bei, wenn Sie eine neue Liebe suchen, und tragen Sie einen Myrrhezweig an der Kleidung oder auf dem Kopf, wenn Sie ein Ritual für mehr Gemeinsamkeit in Ihrer aktuellen Beziehung durchführen. Ziehen Sie eine Pflanze im Garten, und sie beschützt nicht nur Ihr Haus und seine Bewohner, sondern hilft auch, die Liebe zwischen Ihnen und Ihrem Partner aufrechtzuerhalten. Sie können einige Blätter der Myrrhe unter Ihre Matratze legen, um leichter schwanger zu werden – wenn Sie allerdings bei Ihrer Hochzeit Zweige der Pflanze tragen, schiebt das eine Schwangerschaft erst einmal hinaus. Die Myrrhe gehört zum Element Wasser und dem Planeten Venus.

Nelke: Auch dieses Gewürz ist sehr vielseitig. Wenn Sie eine neue Liebe gefunden haben und sich jemand darüber den Mund zerreißt, verbrennen Sie etwas Nelke und visualisieren Sie dabei, wie sich das Interesse der Klatschmäuler einem lohnenderen Ziel zuwendet. Passen Sie dabei allerdings auf, dass Sie auf keinen Fall eines vorgeben: Vorsicht, Schwarzmagie! Zum gleichen Zweck können Sie auch Nelkenöl verwenden.

Nelken eignen sich hervorragend für Medizinbeutel und können dabei helfen, einen Verlust zu überwinden. Sie gehören zum Planeten Jupiter und zum Element Feuer.

Petersilie: Dieses Würzkraut fehlt in keiner Küche. Geben Sie es zu Salaten oder anderen Gerichten, wenn es Ihnen mehr um Lust als um Liebe geht. Passen Sie allerdings auf, wem Sie davon zu essen geben, da sich auch die Fruchtbarkeit erhöht. Wenn Sie wirklich verliebt sind, dann zupfen Sie die Petersilie – nur nicht schneiden, sonst zerstückeln Sie auch Ihre Liebe. Das Kraut gehört zum Element Luft und zum Planeten Merkur. Da die Petersilie häufig auch mit Tod und dem Jenseits in Verbindung gebracht wird, sprechen Sie Persephone (S. 188) an, wenn Sie einen Zauber mit diesem Grünzeug vorhaben.

Rosmarin: Rosmarin eignet sich für eine Vielzahl von magischen Ritualen. Mischen Sie es in selbst gemachte Räuchermischungen für Liebeszaubereien und in die entsprechenden Medizinbeutel. Rosmarin fördert alle Liebesgefühle, von zart spirituell bis handfest-lustvoll. Wenn Sie es dem Badewasser zugeben, verzögert es den Alterungsprozess; das Gleiche gilt, wenn Sie an Rosmarinöl oder den zerriebenen Nadeln schnuppern. Die Pflanze gehört zum Planeten Sonne und dem Element Feuer.

Safran: Dieses teure Gewürz verleiht nicht nur Speisen eine wunderbar gelbe Farbe, sondern weckt auch Lustgefühle. Gleichzeitig hilft es bei Niedergeschlagenheit. Ungemahlenen Safran können Sie in Medizinbeuteln verwenden. Das Gewürz gehört zum Element Feuer und dem Planeten Sonne.

Vanille: Diese fermentierten Früchte einer Orchideenart können Sie gut für Lust- und Liebeszauber verwenden. In Getränken oder Gerichten serviert, steigern sie das Lustempfinden. Wenn Sie eine Vanilleschote in Zucker legen, bekommt dieser nicht nur das feine Aroma mit, sondern auch gleich noch die Liebesenergie der Frucht. Den Zucker können Sie dann wieder zum Süßen von Speisen oder Getränken verwenden. Die Vanille gehört zum Element Wasser und zum Planeten Venus.

Zimt: Zimt kennen wir meist nur vom Kuchenbacken oder von Weihnachtsplätzchen. Er steht unter dem Planeten Sonne und dem Element Feuer und eignet sich daher bestens für Liebe mit Leidenschaft. Geben Sie etwas Zimt in einen Kuchen, den Sie für Ihren Liebsten backen, oder in ein Glas Glühwein. Sie können Zimtpulver auch innerhalb Ihres magischen Kreises während eines Liebesrituals ausstreuen oder als Räucherwerk verwenden.

Für alle, die Rauch nicht vertragen: Zimtöl eignet sich ebenfalls für Liebesmagie. Sie können damit zum Beispiel Ihre Kerzen einreiben, aber Vorsicht: Das unverdünnte Öl reizt die Haut. Körperkontakt sollten Sie möglichst vermeiden oder sich danach zumindest sofort die Hände waschen.

Zitronengras: Dieses Kraut steht unter dem Element Luft und dem Planeten Merkur. Besonders asiatische Gerichte enthalten oft Zitronengras; probieren Sie es doch selbst einmal als Würze in einem Auflauf oder als magische Dekoration in einem Sommerdrink (S. 93ff.) und verlassen Sie sich auf die Energie des Zitronengrases, die Ihnen lustvolle Stunden beschert.

Zitronenmelisse: Diese Melissenart eignet sich für jeden Liebeszauber, mit dem Sie einen Partner anziehen möchten. Sie können damit Tees zubereiten, Tinkturen herstellen oder die getrockneten Blätter zu einem Medizinbeutel hinzufügen. Die Zitronenmelisse gehört zum Element Luft und steht unter dem Planeten Merkur.

Obst

Ananas: Bieten Sie Ihrem Auserwählten beim ersten Date nur keinen Ananassaft an, denn dann bekommen Sie höchstens einen gemütlichen Abend. Der Saft dieser Frucht wirkt als Lustkiller. Wenn Sie allerdings einen stürmischen Liebhaber abkühlen wollen, mixen Sie ihm unbedingt einen Ananas-Cocktail. Diese Frucht gehört zum Element Feuer und zum Planeten Sonne.

Aprikose: Wer den Saft der Aprikose trinkt, dessen Stimmung hebt sich und er wird liebevoller. Probieren Sie den Saft mal bei Kindern, die gerade ihre Trotzphase durchmachen. Die Aprikose steht unter dem Planeten Venus und entspricht dem Element des Wassers.

Wenn Sie Aprikosen essen, werfen Sie die Kerne nicht weg, sondern lassen Sie sie trocknen und tragen Sie sie bei sich, wenn Sie gerade auf der Suche nach einer neuen Liebe sind.

Banane: Auch wenn die gelben Früchte von weit her kommen, sind sie heute bei uns so gebräuchlich, dass sie auch beim Liebeszauber nicht fehlen dürfen. Sie stehen unter dem Planeten Venus und dem Element Wasser. Benutzen Sie die Banane für einen Fruchtbarkeitszauber oder um Unfruchtbarkeit zu beheben.

Birne: Diese Frucht eignet sich gut für einen Lustsalat, egal, ob süß oder herzhaft. Sie können auch die ganze Frucht für einen Liebeszauber verwenden. Die Birne gehört zum Element Wasser und zum Planeten Venus.

Dattel: Diese exotische Frucht können Sie essen, wenn Sie gern ein Kind bekommen möchten. Sie unterstützt sowohl beim Mann als auch bei der Frau die Fruchtbarkeit. Datteln gehören zum Element Luft und zum Planeten Sonne. Bitten Sie zu einem Dattelritual Isis (S. 185), Apollo (S. 180), Artemis (S. 180) oder Hekate (S. 184) dazu.

Erdbeere: Schade, dass es diese Früchte nur im Fühsommer gibt, denn für die Liebe sind sie Gold wert (machen Sie vielleicht Erdbeeren ein, denn dann können Sie diese roten Liebesboten auch zu anderen Jahreszeiten genießen). Die Früchte steigern Lust- und Liebesempfindung. Sie gehören zum Element Wasser und zum Planeten

Venus. Zum Zaubern mit Erdbeeren passt am besten die germanische Göttin Freya (S. 183).

Feige: Feigen gehören zum Planeten Jupiter und zum Element Feuer. Gottheiten, die sich gern zu einem Feigenzauber bitten lassen, sind Dionysos (S. 182) und Isis (S. 185). Frauen trugen früher kleine geschnitzte Phallussymbole aus Feigenbaumholz bei sich, um leichter schwanger zu werden. Und auch die Feige selbst unterstützt die Fruchtbarkeit bei Mann und Frau. Es heißt, wenn Sie einem Verehrer eine Feige überreichen, wird er Ihnen so lange gewogen bleiben, wie er Feigen gern isst.

Granatapfel: Diese Frucht wird schon lange dazu benutzt, die Fruchtbarkeit zu fördern: Essen Sie hierfür die Kerne des Granatapfels. Sie können damit auch süße oder herzhafte Salate aufpeppen. Diese Frucht gehört zum Element Feuer und zum Planeten Merkur.

Himbeere: Himbeeren ziehen die Liebe an; machen Sie also daraus zum Beispiel Marmelade, damit Sie auch zu anderen Jahreszeiten etwas von ihrer Wirkung haben. Die Blätter des Strauches können Sie bei sich tragen, um während der Entbindung die Schmerzen zu mindern. Tee aus Himbeerblättern ist ein bewährtes Hausmittel. Die Himbeere gehört zum Element Wasser und zum Planeten Venus.

Kirsche: Ihr Saft kann – ebenso wie der Saft Roter Beete – an Stelle von Blut verwendet werden. Einige alte Zaubersprüche fordern im Rezept Blut, moderne Hexen benutzen jedoch entsprechende Ersatzsäfte.

Wenn Sie einen sehr komplizierten und langwierigen Zauber veranstalten wollen, der Ihnen einen Ehemann oder eine Ehefrau zuführt, dann sind Sie bei Kirschkernen richtig (S. 65ff.). Diese Frucht steht unter dem Planeten Venus und gehört zum Element Wasser.

Ein Freundin brachte aus dem Urlaub folgenden kleinen Blütenzauber mit, den Sie mit einer japanischen Zierkirsche ebenso durchführen können wie mit einer einheimischen Kirschenart. Leider ist dieser Zauber nur etwas für Frauen mit längeren Haaren und sollte während der Kirschblüte angewandt werden.

Wählen Sie für Ihren kleinen Hokuspokus eine Nacht des zunehmenden Mondes aus und nehmen Sie etwas Räucherwerk und eine

Schere mit. Wenn Sie bei Ihrem Kirschbaum angekommen sind, brennen Sie zunächst das Räucherwerk an und rufen die Geister der Luft; bitten Sie diese, Ihren Wunsch in alle Winde mitzunehmen.

Gehen Sie dann kurz in die Ruhe und visualisieren Sie Ihren Wunsch nach einer neuen Partnerschaft. Schneiden Sie sich eine dünne Strähne Ihres Haares ab und binden Sie sie an einen blühenden Zweig des Kirschbaums. Bitten Sie den Baum ebenfalls darum, Ihren Wunsch hinauszutragen. Lassen Sie das Räucherwerk unter dem Baum stehen und gehen Sie fort, ohne sich noch einmal umzusehen.

Kokosnuss: Diese exotische Frucht gehört zum Element Wasser und dem Planeten Mond. Vermeiden Sie Lebensmittel und Süßigkeiten, die mit Kokosnuss hergestellt werden, wenn Sie auf der Suche nach einer neuen Liebe sind oder sich Ihre augenblickliche Beziehung feuriger wünschen. Kokosnuss eignet sich bestens als Lustkiller und sorgt für ein keusches Liebesleben. Kokosöl ist dagegen für Salben und als Basisöl gut zu verwenden, da es neutral wirkt.

Limette: Limetten können Sie ähnlich wie Zitronen verwenden. Mischen Sie die Rinde der Frucht Ihrem Räucherwerk bei oder nehmen Sie sie mit in den Medizinbeutel. Die Frucht gehört zum Element Feuer und dem Planeten Sonne. Anders als die Zitrone ist die Energie der Limette eher männlich, eignet sich also besser für Männer, die sich eine Partnerin zaubern wollen.

Orange: Die Orange ist in Liebestränken, Medizinbeuteln und Bädern vielseitig verwendbar. Mischen Sie Orangensaft (wann immer es geht, frisch gepresst) und andere Zutaten wie Zimt oder Vanillezucker zu einem Liebestrank zusammen. Geben Sie die getrockneten Blüten ins Badewasser, um für das andere Geschlecht attraktiver zu werden. Ebenso können Sie sie auch mit anderen Zutaten zusammen in Ihren Medizinbeutel füllen, wenn Sie Liebe anziehen wollen. Indem Sie einen solchen Beutel zu einer Hochzeit verschenken oder Orangenblüten in anderer Form mit einbeziehen, sorgen Sie für Verträglichkeit, Harmonie und Liebe zwischen den frisch gebackenen Eheleuten. Neben den Blüten können Sie zu den gleichen Zwecken auch die abgeriebene Schale und die Kerne der Orange verwenden. Die Frucht gehört zum Element Feuer und dem Planeten Sonne.

Pfirsich: Backen Sie eine leckere Pfirsichtorte für Ihren Liebsten oder Ihre Liebste, und Sie erhalten nebenbei auch noch ein paar kluge Einsichten über die Liebe und das Leben. Diese Frucht zu essen macht Sie nicht nur liebenswerter und liebevoller, sondern auch noch weiser. Der Pfirsich gehört zum Element Wasser und zum Planeten Venus.

Pflaume: Pflaumen helfen Ihnen, eine liebevolle Beziehung zu Ihrem Partner aufrechtzuerhalten. Essen Sie Pflaumenkompott oder backen Sie einen Pflaumenkuchen, wenn es Krach gab: Die Versöhnung fällt dann leichter. Diese Frucht gehört zum Element Wasser und zum Planeten Venus.

Rhabarber: Rhabarberkuchen oder -kompott hilft Ihnen oder Ihrem Partner, treu zu bleiben. Kombinieren Sie Rhabarber zum Beispiel mit Erdbeeren, so öffnen Sie sich außerdem mehr für die Liebe zwischen Ihnen. Der Rhabarber gehört zum Element Erde und dem Planeten Venus.

Traube: Diese Früchte stehen unter dem Element Wasser und gehören zum Planeten Mond. Sie liegen den Göttern des Weines besonders: Bacchus und Dionysos (S. 182). Wenn Sie etwas für römisch anmutende Wanddekorationen übrig haben, pinseln Sie doch einmal Weinranken an Ihre Wände. In Rom half man damit der Fruchtbarkeit auf die Sprünge. Falls Sie nicht gleich das ganze Schlafzimmer umdekorieren wollen, stellen Sie einfach an der Nordwand des Zimmers ein Bild von Trauben auf oder hängen Sie eine entsprechende Postkarte an die Wand. Trauben zu essen erhöht die Wahrscheinlichkeit, schwanger zu werden.

Zitrone: Die getrocknete Schale der Zitrone können Sie in Liebesritualen und Medizinbeuteln verwenden. Benutzen Sie entweder den Saft der Zitrone oder, wenn Ihnen das zu klebrig ist, eine Tinktur aus Zitronenschale, um Gegenstände für Ihre Rituale zu reinigen und Kerzen für einen Liebeszauber mit Ihrer Absicht zu verbinden. Eine besondere Liebesgabe ist ein Zitronenbäumchen, das Sie selbst aus einem Kern züchten. Backen Sie einen Zitronenkuchen für Ihren Liebsten und essen Sie ihn gemeinsam, dann fällt Ihnen die Treue zum Partner leichter. Diese saure Frucht gehört zum Planeten Mond und zum Element Wasser. Anders als die Limette ist die Energie der Zitrone eher weiblich, eignet sich also besser für Frauen, die sich einen Partner zaubern wollen.

Blumen, Bäume und Sträucher

Aster: Wenn Sie einen Garten haben, können Sie diese Blume dort anpflanzen und dazu das Liebesritual ab S. 85 machen. Ihr Wunsch nach einem Partner wird so durch die lebendige wachsende Pflanze ständig erneuert. Diese Herbstblume gehört zur Venus und zum Element Wasser.

Duftwicke: Diese angenehm riechende Zierpflanze ist im Garten nicht nur schön anzusehen: Tragen Sie eine Blüte bei sich und es wird Ihnen leichter fallen, Kontakte zu knüpfen und neue Freunde zu finden. Wenn Sie Wicken vor Ihrer Haustür pflanzen, werden Gäste und Freunde gern bei Ihnen ein und aus gehen. Die Duftwicke gehört zum Planeten Venus und zum Element Wasser.

Frangipani: Diese Blume wächst eigentlich nur auf Hawaii; aber wenn Sie sie hierzulande finden können, gibt es für Ihren Liebeszauber kaum etwas Besseres als Frangipani und Rosenblätter. Der Duft allein reicht schon, um an laue Nächte und zärtliche Momente denken zu lassen. Falls Sie auf der Pazifikinsel sind, nehmen Sie sich ein paar Blüten mit und trocknen Sie sie, dann haben Sie einen Vorrat. Diese Blume gehört zum Element Wasser und dem Planeten Venus.

Frauenhaarfarn: Dieser wunderschöne zarte Farn gewährt Ihnen Schönheit, Liebe und Anmut. Setzen Sie seine Blätter kurz komplett unter Wasser und stellen Sie den Farn dann in die Nähe Ihres Bettes. Sie können auch einzelne Blätter bei sich tragen. Der Frauenhaarfarn gehört zum Element Wasser und zum Planeten Venus. Wenn Sie mit diesem Farn zaubern, bitten Sie am besten Venus (S. 190) dazu.

Gänseblümchen: Auch wenn diese Blume auf jeder Wiese steht, lassen Sie sich nicht von diesem harmlosen »Auftreten« täuschen. Die Gänseblümchen gehören zum Planeten Venus und dem Element Wasser. Die Götter, die am besten zu ihrer Energie passen, sind Freya

(S.183), Artemis (S. 180) und Thor (S. 189). Tragen Sie eine Blume bei sich, wenn Sie auf der Suche nach einer neuen Liebe sind. Falls Sie sich einen verflossenen Lover zurück wünschen, legen Sie eine Wurzel der Pflanze unter Ihr Kopfkissen (aber überlassen Sie es bitte dem Rest des Universums, Ihren Wunsch zu erfüllen – oder auch nicht). Und wenn Sie es schaffen, das erste Gänseblümchen der Saison zu pflücken, kann Ihren Reizen keiner widerstehen.

Gardenie: Diese Blume ist etwas Besonderes. Sie gehört zum Element Wasser und zum Planeten Mond, doch das allein erklärt noch nicht ihre erstaunliche energetische Schwingung. Ihr Duft ist Balsam für ein gebrochenes Herz. Stellen Sie eine Vase in die Nähe Ihres Bettes, damit Sie die Gardenie schon beim Aufwachen sehen. Sie nehmen dann ihre Energie mit in den Tag.

Wenn Sie die getrockneten Blütenblätter Ihrem Medizinbeutel hinzufügen, rufen Sie nicht nur eine große Liebe herbei. Vielleicht haben Sie ja Glück und treffen so auf Ihre Zwillingsseele.

Geranie: Diese Balkonpflanze gehört zum Planeten Venus und dem Element Wasser. Rote Geranien sind für Abwehrzauber (S. 120ff.) besonders geeignet, die rosafarbene Art eignet sich gut für einen Liebeszauber. Duftende Geranien können Sie trocknen und entsprechend ihrem ursprünglichen Duft einsetzen: Wenn zum Beispiel eine Geranie nach Pfefferminze duftet, können Sie sie statt der Minze verwenden.

Hanf: Hanf steht unter dem Planeten Saturn und gehört zum Element Wasser. Die Samen dieser altbewährten Nutzpflanze eignen sich sehr gut für Medizinbeutel. Achten Sie allerdings darauf, dass Sie beim Erwerb von Hanf nicht versehentlich ein Drogengesetz brechen. In den meisten Ländern ist der Besitz von Hanf strafbar. Wenn Sie Hanf Ihrem Räucherwerk beigeben, erreichen Sie zwar eine Stärkung Ihrer spirituellen Fähigkeiten, geraten damit aber gleichzeitig in die Illegalität. Verwenden Sie lieber Weihrauch – er hat den gleichen Effekt in Ihrem Räucherwerk, ist aber legal.

Henna: Gehören Sie auch zu den Frauen, die sich gern die Haare mit Henna färben? Legen Sie die doppelte Menge auf, wenn Sie auf Freiersfüßen wandeln. Henna zieht einen Liebsten an, besonders wenn Sie es nahe beim Herzen tragen. Wie wäre es also beim nächsten Haarefärben mit einem kleinen Hennaherzen, das Sie über Ihrem Herzen aufmalen? Lassen Sie die Paste lange genug darauf, damit Sie die Hautfärbung auch wirklich erkennen können. Legen Sie abends vor dem Schlafengehen eine Hand über die beiden Herzen und schlafen Sie mit Ihrem Wunsch im Kopf ein. Machen Sie diese Übung so lange, wie das Hennaherz zu sehen ist.

Haselnuss: Die Haselnuss steht unter dem Element Feuer und gehört zum Planeten Sonne. Wenn in Ihrem Bekanntenkreis jemand heiratet, schenken Sie der Braut eine Kette aus Haselnüssen, um ihr damit Glück für ihre Ehe zu schenken. Wenn Sie die Nüsse verzehren, erhöhen Sie die Wahrscheinlichkeit, schwanger zu werden. Aus dem Holz der Haselnuss können Sie gut einen Zauberstab für alle Gelegenheiten schnitzen. Falls Sie bestimmte Götter und Göttinnen zu einem Haselzauber bitten wollen, haben Sie die Auswahl zwischen Diana (S. 182), Artemis (S. 180), Thor (S. 189) und Merkur (S. 187).

Heidekraut: Diese Pflanze, die unter dem Element Wasser und dem Planeten Venus steht, sei besonders Frauen ans Herz gelegt, die sich gegen physische oder psychische Angriffe wehren müssen. Weißes Heidekraut eignet sich besonders gut für Abwehr- und Schutzmagie gegen Belästigung. Rufen Sie die Göttin Isis (S. 185) als machtvolle Verbündete dazu.

Hibiskus: Den meisten wird diese Pflanze als Bestandteil von Kräutertees vertraut sein. Sie gehört zum Planeten Venus und dem Element Wasser. Den roten Tee können Sie trinken, wenn Sie keinen Alkohol mögen oder vertragen und trotzdem mehr Spaß im Bett möchten – er animiert zu lustvollem Sex. Die getrockneten Blüten können Sie gut für Medizinbeutel (S. 67ff.) und selbst hergestelltes Räucherwerk für Lust- und Liebesrituale (z.B. S. 82) verwenden.

Hyazinthe: Diese wunderbar duftenden Fühlingsblumen gehören zum Planeten Venus und dem Element Wasser. Wenn Sie gerade zur Blütezeit der Hyazinthen Liebeskummer haben, riechen Sie an den Blüten, damit Ihr Herz leichter wird. Die getrockneten Blüten können Sie in Ihren Medizinbeutel geben.

Jasmin: Dieser Strauch mit seinen intensiv duftenden Blüten gehört zum Element Wasser und dem Planeten Mond. Die Blüten des Jasmin können Sie als Dekoration für Ihren Kraftplatz verwenden, wenn Sie ein Liebesritual planen. Sammeln Sie die Blüten rechtzeitig, damit Sie auch zu Jahreszeiten, in denen der Jasmin nicht blüht, die magischen Vorzüge dieser Pflanze nutzen können.

Wenn Sie nach Ihrer Zwillingsseele Ausschau halten und eine spirituelle Liebesbindung suchen, benutzen Sie für Ihren Medizinbeutel die getrockneten Blüten. Jasminöl können Sie ebenfalls für Ihren Liebeszauber verwenden, es ist jedoch – wie Rosenöl – sehr kostspielig.

Kamille: Wer hätte gedacht, dass dieses Allerweltskraut gegen Übelkeit überhaupt etwas mit Liebesmagie zu tun haben kann! Besonders eignet sich die Kamille als Zusatz zu einem Liebesbad (S. 29ff.). Praktischerweise können Sie sie nutzen, um Gegenstände oder sich selbst von unerwünschten Energien zu reinigen – wenn Sie dann schon mal im Bad sind, können Sie gleich noch einen Liebeszauber anhängen, sozusagen in einem Aufwasch. Die Pflanze steht im Zeichen der Sonne, gehört aber zum Element Wasser.

Katzenminze: Dieses Gewächs ist eine Delikatesse für Ihre Mieze. Die Katzenminze gehört zum Planeten Venus und dem Element Wasser. Welche Göttin wäre wohl passender für eine Pflanze dieses Namens als die ägyptische Katzengöttin Bastet?

Diese Minzenart eignet sich besonders gut, wenn Sie eine enge Bindung zu Ihrem Stubentiger wünschen. Geben Sie Ihrer Katze ein paar Blätter der Pflanze zu fressen und visualisieren Sie dabei, wie Sie gemeinsam alt werden. Außerdem können Sie Katzenminze – meist in Verbindung mit Rosenblättern – gut für Medizinbeutel verwenden. Wenn Sie einen Zweig davon in der Hand halten, bis er sich erwärmt hat, und dann jemandem die Hand schütteln, gewinnen Sie einen Feund fürs Leben. Allerdings müssen Sie den so verwendeten Zweig an einem sicheren Ort aufbewahren.

Klee: Nicht nur vierblättrige Kleeblätter bringen Glück, Klee lässt sich auch für viele Arten von Hokuspokus rund um die Liebe verwenden. Wenn Sie ein vierblättriges Kleeblatt finden, verspeisen Sie es gemeinsam mit Ihrem Liebsten, dann hält die Liebe. Oder legen Sie das vierblättrige Kleeblatt in Ihren Schuh, bevor Sie das Haus verlassen – und Ihre Chancen, einen reichen Galan an Land zu ziehen, steigen gewaltig. Klee hilft aber auch bei Liebeskummer: Nähen Sie etwas Klee in einen kleinen Beutel aus blauer Seide und tragen Sie ihn nahe beim Herzen.

Lavendel: Lavendel können Sie außerordentlich vielseitig und in praktisch jedem Liebeszauber mit verwenden. Geben Sie ihn in Ihr Badewasser (S. 30) und Ihren Medizinbeutel. Machen Sie daraus eine Tinktur (S. 74ff.) oder bewahren Sie die getrockneten Blüten in einem Beutel im Kleiderschrank auf. Das ist Großmutters bestes Rezept nicht nur gegen Motten, sondern auch, um einen Liebsten zu bekommen. Der Duft von Lavendel zieht Männer an. Dieses Multitalent unter den magischen Pflanzen hilft außerdem gegen allzu aggressive Partner – unterschätzen Sie allerdings nicht mögliche Gefahren, weil Sie sich nur auf die Wirkung des Lavendels verlassen. Lassen Sie trotzdem Ihren gesunden Menschenverstand walten. Im Haus verstreut, sorgt der Lavendel für ein harmonisches Familienleben, und ein paar Tropfen Lavendelöl aufs Kopfkissen garantieren einen entspannten Schlaf. Außerdem sollten die lilafarbenen Blüten in keinem Räucherwerk zum Thema Liebe fehlen. Lavendel steht unter dem Element Merkur und dem Element Luft.

Lilie: Lilien verwenden Sie am besten frisch. Sie können Sie benutzen, wenn Sie einen Liebeszauber brechen wollen (S. 116), bei dem Sie eine bestimmte Person »bezaubert« haben. Sie gehören zum Element Wasser und dem Planeten Mond. Bei Ihrem Zauber können Sie sich Unterstützung bei Venus (S. 190), Juno (S. 186) und Kwan Yin (S. 187) holen.

Linde: Wenn Linden blühen, duften ganze Straßenzüge. Sammeln Sie die jungen Blätter und Blüten und verwenden Sie sie dann in Medizinbeuteln und fürs Bad. Das Holz des Baumes eignet sich außerdem hervorragend für jede Form des Schutzzaubers. Die Linde gehört zum Element Luft und zum Planeten Jupiter. Für einen Zauber mit Lindenblüten und -blättern bitten Sie am besten Venus (S. 190) hinzu.

Lobelie: Holen Sie sich eine Lobelie, um eine neue Liebe anzuziehen. Doch Vorsicht mit dieser Pflanze, da sie giftig ist. Sie müssen Sie von Kindern und Tieren fern halten.

Magnolie: Diese exotische Blume stellen Sie in die Nähe Ihres Bettes, um die Treue in Ihrer Beziehung zu fördern. Sie können auch eine getrocknete Blüte unter Ihre Matratze legen. Die Magnolie gehört zum Element Erde und zum Planeten Venus.

Narzisse: Die Narzisse gehört zum Element Wasser und zum Planeten Venus. Stellen Sie einen frischen Strauß Narzissen auf Ihren Altar, wenn Sie einen Liebeszauber vorhaben, und steigern Sie so die Wirkung der ausgesandten Energie. Wenn Sie Ihr Schlafzimmer mit Narzissen dekorieren, klappt es mit dem Kinderwunsch besser – sie fördern die Fruchtbarkeit.

Nessel: Nesseln und Liebeslust scheinen auf den ersten Blick nicht unbedingt zusammenzupassen. Wenn Sie jedoch Nesseln ins Badewasser geben, wirken sie anregend. Sammeln Sie dafür junge Pflanzen, falls Sie sie ohne einen Stoffbeutel in die Wanne legen wollen – sie stechen noch nicht so stark. Ältere Pflanzen haben zwar diesen »Stich«, sind aber deshalb auch wirkungsvoller. Tragen Sie beim Pflücken Handschuhe und seien Sie vorsichtig, wenn Sie die Blätter in Ihren Badebeutel füllen – sonst nimmt die Lust vor lauter Nesselbrennen ein jähes Ende. Die Pflanze gehört zum Element Feuer und zum Planeten Mars.

Orchidee: Die Orchidee zählt zu den teuren Blumen, aber es lohnt sich, dem Liebsten oder der Liebsten diesen unmissverständlichen Liebesgruß zu gönnen. Besonders die Wurzeln der Orchidee werden traditionell Medizinbeuteln beigemischt. Die Blume gehört zum Element Wasser und dem Planeten Venus.

Primel: Diese Gartenblume eignet sich bestens für Frauen, die eine neue Liebe suchen. Tragen Sie die Blüten bei sich oder setzen Sie sie in Blumentöpfe im Haus. Wenn Sie draußen Primeln anpflanzen, schützen sie Ihr Haus vor allen unerwünschten Einflüssen. Diese Blume gehört zum Element Erde und zum Planeten Venus. Bitten Sie Freya (S. 183) zu einem Ritual mit Primeln.

Rose: Die Rose ist das Symbol der Liebe schlechthin und wurde schon seit grauer Vorzeit für alle möglichen Arten von Liebeszauber verwandt. Wenn Sie Ihren Altar mit einer Rose schmücken, bekommen Sie eine machtvolle Hilfe für Ihren Liebeszauber. Sie können sich auch eine Rose hinters Ohr oder in die Haare stecken. Wenn Sie Rosenblätter verwenden, nehmen Sie am besten duftende Rosen. Achten Sie aber darauf, Ihre Rose nicht einfach lieblos zu plündern, sondern bedanken Sie sich angemessen für ihr Opfer. Sie können die Blätter der Rose in Medizinbeuteln, Räuchermischungen oder als Badezusatz (S. 31ff.) verwenden, einen magischen Kreis damit ziehen (S. 164), den Göttern opfern oder einfach nur einen Rosenstrauß verschenken. Oder sammeln Sie essbare Hagebutten und machen Sie aus beiden Zutaten eine wahre Liebesmarmelade. Rote Rosen eignen sich für Lust und Liebe, während die rosabarbenen eher für allen Hokuspokus um die Freundschaft passen. Die Rose gehört zum Element Wasser und zum Planeten Venus. Im Götterhimmel drängt man sich förmlich darum, mit Rosen zaubern zu können, darunter Demeter (S. 182), Isis (S. 185), Eros (S. 182) und Hathor (S. 184), um nur einige zu nennen.

Sonnenblume: Falls Sie Probleme haben, in der Beziehung offen und ehrlich mit Ihrem Partner umzugehen, besorgen Sie sich ein oder zwei Sonnenblumen. Drücken Sie etwas Saft aus dem Stiel der Pflanze und geben Sie diesen in Ihr Badewasser. Während des Bades visualisieren Sie sich als aufrichtigen Menschen und stellen sich vor, wie Sie aufrichtig auf Fragen antworten und die Dinge und Menschen aus Ihrer Umgebung verbannen, die Ihnen unehrlich erscheinen. Die Sonnenblume gehört zum Element Feuer und zum Planeten Sonne.

Stiefmütterchen: Diese unermüdlichen Blüher sind aus kaum einem Garten wegzudenken. Wer würde da hinter diesem Allerweltsgrünzeug eine wertvolle Pflanze für Ihren Liebeszauber vermuten? Wenn Sie die Blüten der Stiefmütterchen bei sich tragen, ziehen Sie Ihre neue Liebe an – wenn Sie sie dann haben, pflanzen Sie die Blumen in Herzform ein. Solange Ihre Pflanzen gut gedeihen, tut das auch Ihre neue Liebe. Die Stiefmütterchen gehören zum Planeten Saturn und dem Element Wasser.

Tränendes Herz: Schon wegen seiner Form eignet sich diese Blume für die Liebesecke im Garten. Die Pflanze steht unter der Venus und ist dem Element Wasser zugeordnet. Wenn Sie eine Liebeslaube

(S. 84) im Garten anlegen, pflanzen Sie auch diesen Busch. Pendeln Sie vorher aus, wo das Tränende Herz stehen soll.

Tulpe: Diese Blume eignet sich gut als Dekoration auf Ihrem Altar, wenn Sie einen Liebeszauber durchführen. Sie können Sie auch dem oder der Liebe Ihres Lebens zum Geschenk machen. Oder Sie schicken eine Postkarte mit lieben Tulpengrüßen. Die Pflanze gehört zum Element Erde und zum Planeten Venus.

Ulme: Von den Göttern passt Odin (S. 188) gut zu diesem Baum. Wenn Sie das Glück haben, noch eine gesunde Ulme in Ihrer Nähe zu haben, holen Sie sich einen kleinen Zweig (vergessen Sie aber nicht, sich zu bedanken oder einen Kupferpfennig als Dankesgabe dort zu lassen). Tragen Sie den Zweig bei sich, solange Sie auf der Suche nach einer neuen Liebe sind. Diese gefährdeten Bäume gehören zum Element Wasser und dem Planeten Saturn.

Wacholder: Besonders den Herren der Schöpfung, die sich ein Kind wünschen, sei der Wacholder ans Herz gelegt. Tragen Sie die Beeren des Strauches bei sich, falls Sie Ihre Fruchtbarkeit steigern wollen. Wenn Sie ein Lust- und Liebesgetränk brauen, geben Sie einen Schuss Gin dazu, um die Energie des Wacholders einzubringen. Dieser Busch gehört zum Element Feuer und dem Planeten Sonne.

Weide: Die Weide bietet viele Möglichkeiten der Nutzung. Für einen Liebeszauber verwenden Sie am besten die Blätter: Tragen Sie sie bei sich oder geben Sie einige zu der Mischung in Ihrem Medizinbeutel hinzu. Ein höcht interessanter Brauch in Bezug auf die Weide ist bei Scott Cunningham nachzulesen, der zahlreiche Bücher über Magie verfasst hat. Er schreibt, dass man am Neujahrsabend einen Schuh oder Stiefel in eine Weide hinaufwerfen soll. Wenn er nicht gleich beim ersten Mal oben bleibt, haben Sie noch acht weitere Versuche. Bleibt er irgendwann hängen, werden Sie im Verlaufe des folgenden Jahres heiraten. Die Weide gehört zum Element Wasser und zum Planeten Mond. Falls Sie einen Zauber mit Weidenblättern oder -holz vorhaben, können Sie eine ganze Reihe von Göttern und Göttinnen dazu bitten: Artemis (S. 180), Ceres (S. 181), Hekate (S. 184), Persephone (S. 188), Hera (S. 184) oder Merkur (S. 187).

Weißdorn: Dieser Busch gehört zum Element Feuer und zum Planeten Mars. Er ist wohl eine der bekanntesten »Hexenpflanzen«. Zweige des Busches zählen traditionell zur Dekoration eines Maibaums, ebenso wie Weidenzweige oder bunte Bänder. Wenn Sie vorhaben, im Frühjahr zu heiraten, und sich einen reichen Kindersegen wünschen, dann nehmen Sie einige Zweige des Weißdorns mit in die Blumendekoration. Wenn Sie allerdings nur die Blätter benutzen, erreichen Sie genau das Gegenteil. Legen Sie einige unter Ihre Matratze oder tragen Sie sie bei sich und Sie werden es leicht haben, keusch zu bleiben.

Wozu Sie aber auch immer den Weißdorn nutzen, achten Sie bei diesem Busch besonders darauf, sich ihm nie respektlos zu nähern. Es heißt, unter einem Weißdorn wohnen Elfen. Sie zu verärgern ist keine gute Idee.

Zyklame: Wenn es im Bett nicht so richtig klappt und Sie sich mehr Lust und Leidenschaft wünschen, wählen Sie diese Pflanze als Dekoration im Schlafzimmer. Sie gehört zum Planeten Venus und dem Element Wasser. Als Göttin passt gut Hekate (S. 184), die Schutzpatronin der Hebammen, zu dieser Pflanze. Neben Spaß am Sex fördert die Pflanze auch die Empfängnis – also verbannen Sie sie lieber aus Ihrem Bett, wenn Sie noch unter sich bleiben wollen.

Die Blüten können Sie bei Liebeskummer verwenden, sie erleichtern ein schweres Herz. Sehen Sie einfach längere Zeit die Blüten an und nehmen Sie ihre heilenden Kräfte in sich auf. Außerdem können Sie sie ebenfalls getrocknet in einen kleinen Medizinbeutel geben, um so dem gebrochenen Herzen beizukommen.

Sonstiges

Copal: Dieses Harz ist ein wichtiger Bestandteil vieler Räuchermischungen. Es steht unter dem Planeten Sonne und dem Element Feuer. Wenn Sie selbst Ihr Räucherwerk für einen Liebeszauber mischen, vergessen Sie nicht, dieses Harz beizugeben.

Paranuss: Diese Nuss ist dem Planeten Merkur und dem Element Luft zugeordnet. Tragen Sie eine Paranuss bei sich, wenn Sie eine neue Liebe suchen. Sie können auch einen Steinkreis innerhalb eines Rituals, zum Beispiel aus Kieseln oder Kristallen, durch Paranüsse ersetzen. Nähen Sie sie danach in einen Beutel aus rotem Stoff ein oder binden Sie den Beutel mit einem roten Faden zu. Vergraben Sie die Nüsse bei Vollmond oder legen Sie sie als Opfergabe an einen Kraftort.

Pistazie: Essen Sie Pistazien, um einen Zauber zu unterstützen, der Liebesmagie bricht. Falls Sie selbst versehentlich jemanden »bezaubert« haben, können Sie ebenfalls diese Nüsse dazu benutzen, Ihren Zauber zu brechen. Pistazien gehören zum Element Luft und dem Planeten Merkur.

Seetang: Abseits der Küsten wird es vermutlich eher schwierig sein, an dieses Meeresgewächs zu kommen. Versuchen Sie es aber dennoch im Bioladen oder im Supermarkt, wenn es dort auch japanische Spezialitäten gibt. Dort werden Sie vermutlich fündig werden.

Wenn Sie Seetang einem Getränk beimischen, steigern Sie das Lustgefühl. Hatten Sie mit dem Liebsten einen Streit, dann verstreuen Sie im Haus Seetangstückchen. Sie fördern damit die Harmonie, und es wird leichter, sich zu versöhnen. Es versteht sich von sclbst, dass der Seetang zum Element Wasser gehört und zum Planet Mond.

Sesam: Wenn Ihre Beziehung etwas mehr lustvolle Liebe vertragen kann, geben Sie Sesam ins Essen oder backen Sie damit einen Liebeskuchen. Sie können auch kleine Sesamkuchen kaufen, wie sie im Orient häufig vorkommen. Der Sesam gehört zum Element Feuer und dem Planeten Sonne.

Sonnenblumenkerne: Essen Sie die Kerne, wenn Sie gern schwanger werden wollen. Legen Sie einige davon unter Ihr Kopfkissen, wenn Sie Träume haben möchten, die sich erfüllen. Die Sonnenblume gehört zum Element Feuer und dem Planeten Sonne (siehe auch Sonnenblume, S. 158).

Walnuss: Diese Nuss ermöglicht es Ihnen, eine Schwangerschaft noch ein bisschen hinauszuzögern. Nehmen Sie am Tag Ihrer Hochzeit so viele Walnüsse, wie Sie sich kinderlose Jahre wünschen, und tragen Sie sie nahe beim Herzen. Diese Frucht gehört zum Element Feuer und zum Planeten Sonne.

Basiswissen Zauberei

Altar: Hier geht es nicht um den Altar in der Kirche oder um eine irgendwie religiös festgelegte Glaubensüberzeugung. Wenn Sie magisch handeln, brauchen Sie weder an einen bestimmten Gott zu glauben noch überhaupt an irgendeinen. Sie kommen allerdings nicht ganz umhin, an irgendeine Macht zu appellieren, die über Sie hinausgeht. Ob Sie nun also einen bestimmten Glauben haben oder nicht, es hilft Ihnen beim Zaubern, wenn Sie sich Ihren persönlichen heiligen Platz schaffen. Das ist ein Ort, an dem Sie sich besonders wohl fühlen und an dem Sie gewohnheitsmäßig mit Magie arbeiten. Das hat den großen Vorteil, dass Ihr Gehirn nach einiger Zeit schon von ganz allein auf Magie schaltet, sobald Sie ein Ritual vorbereiten. Denn schließlich ist der Mensch ein Gewohnheitstier, und wenn Sie an diesem Platz immer ähnliche Dinge tun, fällt es Ihnen immer leichter, sich genau darauf zu konzentrieren.

Ihr Kraftplatz kann eine Kommode sein oder ein kleiner Tisch oder auch der Fußboden. Wichtig ist nur, dass es ein Ort ist, der nicht von anderen durcheinander gebracht wird. Wenn Sie kleine Kinder oder neugierige Haustiere haben, können Sie das Ganze auch in einem Schränkchen unterbringen oder sogar in einer Schublade (Letzteres eignet sich übrigens gut fürs Büro oder andere Orte, wo Sie nicht ganz so offen damit umgehen wollen oder können).

Bringen Sie auf Ihrem Altar alles unter, was Ihnen für Ihre Rituale wichtig ist: Steine, Federn, Bilder, Kelche, Holz, Statuen, Muscheln, Kerzen und jede Menge Dekoration – was immer Ihnen am Herzen liegt. Sie können die Farben auf Ihrem Altar mit den Jahreszeiten wechseln oder aber immer gleich lassen. Achten Sie nur darauf, dass alles gebrauchsfertig ist und Sie regelmäßig dort Ordnung halten. Je öfter Sie sich liebevoll um Ihren Minialtar kümmern, desto mehr Ihrer Energie bündelt sich dort und desto leichter wird es Ihnen fallen, magische Rituale dort abzuhalten.

Basisritual: Viel in unserem Alltag trägt rituelle Züge: die Art, wie Sie jeden Morgen Ihre Zähne putzen und dabei Ihre Zahnbürste immer am gleichen Platz ablegen; der Gottesdienst, bei dem Sie jedes Lied und jeden Segensspruch im Schlaf mitsprechen können; die

Handgriffe, mit denen Sie Ihre Hausarbeit erledigen, und und und ... Die Liste der Beispiele lässt sich beliebig verlängern.

Jede dieser rituellen Handlungen hat mit magischen Ritualen etwas gemeinsam: Es sind sich wiederholende, gewohnte Abläufe, die Ihren Geist in eine bestimmte Stimmung lenken (Hausarbeit, Zähne putzen oder Beten). Auch bei einem magischen Ritual spielen Sie immer wieder die gleichen Abläufe durch, auch wenn Sie sich dabei nicht sklavisch an festgelegte Formen halten. Keine Bange, Sie müssen nicht erst lange studieren und üben, bevor Sie magisch arbeiten können. Halten Sie es am Anfang nur einfach. Je weniger Sie behalten und beachten müssen, desto eher gelingt Ihnen Ihr Ritual. Je einfacher, desto besser (zumindest am Anfang) gilt dabei auch für Zutaten und Bekleidung. Nehmen Sie Haushaltsgegenstände, bevor Sie größere Ausgaben für »heilige« Gegenstände tätigen. Das Wasserglas aus der Küche tut es für den Anfang völlig – auch für spätere Gelegenheiten, falls Sie nicht einfach persönlich den Wunsch verspüren, es sich bei Ihren Ritualen so richtig schön zu machen. Praktischen Nutzen hat Schönheit nicht.

Ähnliches gilt auch für Ihre Bekleidung. Halten Sie es einfach. Schließlich wollen Sie sich auf die Energie in Ihrem Ritual konzentrieren und nicht darauf, ob vielleicht gerade der Saum Ihres wallenden Gewandes Feuer fängt. Das wird dann vielleicht ein besonders heißer Liebeszauber, der aber sicher nicht von sehr viel Erfolg gekrönt ist.

Sie brauchen für ein Ritual nur wenige Zutaten, die Sie nach Belieben erweitern, ausschmücken und variieren können. Zunächst brauchen Sie einen Kraftplatz (S. 168f.). Dort legen Sie alles bereit, was Sie für Ihr Ritual ausgewählt haben. Für das Ritual selbst brauchen Sie Gegenstände, die die vier Elemente darstellen: Räucherwerk für Luft, eine Kerze für Feuer, Wasser für Wasser und Erde, Sand oder einen Stein für Erde. Proben Sie eventuell den Ablauf vorher, damit Sie wissen, ob Sie nicht doch etwas vergessen haben.

Reinigen Sie alle Gegenstände, die Sie für Ihr Ritual benutzen wollen. Vor allem, wenn Sie neue Dinge eingekauft haben, ist das sehr wichtig. Schließlich wollen Sie nur eine ganz bestimmte Energie in Ihrem Ritual haben und nicht etwa den Stress des Verkäufers oder des Herstellers.

Wenn alles fertig ist, schließen Sie zunächst Ihren magischen Kreis:

Stellen Sie die Gegenstände für die Elemente in die entsprechenden Himmelsrichtungen, so dass Sie genug Raum haben, innen wie außen einen Kreis abzuschreiten. Wenn Sie dazu insgesamt keinen Platz haben, bilden Sie mit den Gegenständen einen Kreis auf dem Boden oder einer anderweitig geeigneten Fläche (siehe auch »Altar«, S. 162).

Sie schließen den Kreis, indem Sie nacheinander die Elementarwesen bitten, Ihren Kreis zu schützen und Sie in Ihrem Vorhaben zu unterstützen. Sie gehen dabei im Uhrzeigersinn vor und fangen im Osten an. Nehmen Sie dafür Ihre eigenen Worte oder reimen Sie (siehe »Zaubersprüche«, S. 177f.), ganz wie Ihnen zumute ist. Für den Osten stecken Sie Ihr Räucherwerk an. Denken Sie daran, Kohletabletten vorher schon anzuzünden, da sie eine Weile brauchen, bis sie durchgeglüht und benutzbar sind. Eine feuerfeste Unterlage ist ebenfalls notwendig, sonst wird der Liebeszauber gar zu feurig.

Für den Süden entzünden Sie eine Kerze in einer passenden Farbe; gehen Sie auch hier auf Nummer sicher und sorgen Sie für festen Stand, weit entfernt von allem, was anbrennen könnte, Sie selbst eingeschlossen.

Für den Westen nehmen Sie idealerweise frisches Quellwasser, das alltägliche Wasser aus der Leitung oder der Flasche tut es aber auch.

Für den Norden nehmen Sie Erde, Sand oder einen Stein.

Nun kommen Sie zum eigentlichen Ritual, bei dem Sie um das bitten, was Sie sich vorgenommen haben. Dabei visualisieren Sie so nachdrücklich wie möglich (S. 174f.), wie Sie erhalten, was Sie möchten. Je stärker Sie sich etwas vorstellen und je mehr Ihre Gefühle bei der Sache sind, desto besser sind die Ergebnisse Ihrer magischen Anstrengungen.

Halten Sie das Bild Ihres Wunsches eine Weile und kosten Sie es voll aus. Wenn Sie das Gefühl haben, dass Sie gleich platzen, dann lassen Sie diese Energie mit Schwung los. Sie können dieses Loslassen auch mit einer entsprechenden Hand-, Arm- oder Körperbewegung verbinden, zum Beispiel so, als wenn Sie einen Arm voll Blüten in die Luft würfen. Sie können auch pusten, schreien, in die Luft springen oder was auch immer Ihnen passend erscheint tun. Lassen Sie Ihre Fantasie spielen.

Wenn Sie fertig sind, öffnen Sie Ihren Kreis wieder, indem Sie sich von den Elementarwesen verabschieden; diesmal geht es gegen den

Uhrzeigersinn, Sie fangen im Norden an. Ob Sie Ihre andersweltlichen. Helfer nun als Totemtiere, Engel oder intellektuelle Konzepte verstehen – wichtig ist nur, dass Sie eine sehr klare Vorstellung haben, mit wem Sie da eigentlich magisch »telefonieren«, sonst hören Sie unter Umständen nur ein »Falsch verbunden« am anderen Ende. Ein bisschen Recherche lohnt sich also (einige Gottheiten und andere Wesen, mit denen Sie zum Thema Liebeszauber Kontakt aufnehmen können, finden Sie ab S. 179).

Wenn Sie Ihren magischen Kreis wieder geöffnet haben, legen Sie die Dinge, die Sie noch weiter benutzen wollen, beiseite. Achten Sie darauf, dass die Gegenstände, die Sie für magische Zwecke verwenden, möglichst getrennt von den anderen aufbewahrt werden – und wenn Sie sie einfach nur in einen Schuhkarton packen und in eine dunkle Schrankecke legen. Noch besser ist es natürlich, wenn Sie sich dafür einen besonderen Platz in Ihrer Wohnung schaffen, wo Sie ohne Störungen durch Haustiere, Kinder oder Lebensgefährten arbeiten können.

Kerzen, die Sie einmal für eine bestimmte Zauberei verwandt haben, sollten Sie auch weiterhin nur dafür benutzen. Wenn Sie das Wachs nicht wieder einschmelzen wollen, um eine frische Kerze daraus zu machen, wiederholen Sie ein Miniritual jeden Abend vor dem Zubettgehen, bis Ihre Kerze ganz abgebrannt ist. Oder lassen Sie – vorausgesetzt Sie haben verständnisvolle Mitbewohner – die Kerze in der Badewanne oder Dusche stehen, bis sie heruntergebrannt ist (da kann nichts Feuer fangen, wenn Sie den Duschvorhang rechtzeitig beiseite ziehen).

Das Wasser von Ihrem Ritual gießen Sie in ein fließendes Gewässer. Praktischerweise gelten bei den modernen Hexen auch alltägliche Abflüsse und Ausgüsse als fließend. Lassen Sie also ein bisschen Wasser laufen und gießen Sie Ihr magisches dazu. Spülen Sie sozusagen nach.

Ihr Räucherwerk sollten Sie unbedingt erst dann entsorgen, wenn nichts mehr glüht und alles abgekühlt ist. Am besten wäre es, die Reste der Erde zu übergeben, zum Beispiel in einem Blumentopf in Ihrer Fensterbank oder im Garten.

Buch der Schatten: Jede Hexe, die etwas auf sich hält, besitzt ein Buch der Schatten, ein geheimnisvolles Zauberbuch, in dem all ihre kleinen und großen Geheimnisse verborgen sind. Können Sie sich alles merken, was Sie so in Ihrem magischen Alltag schon ausprobiert haben? Kaum jemand wird das können. Für die mehr oder weniger Vergesslichen unter uns ist deshalb ein Buch der Schatten eine sinnvolle Anschaffung. Sie können dort alles aufschreiben: was Sie ausprobieren und welche Zutaten Sie benutzen. Notieren Sie sich auch, wie was gewirkt hat und ob Ihnen im Nachhinein noch Änderungen einfallen, die Sie beim nächsten Mal unbedingt mit einbauen möchten. Schreiben Sie auch Rezepte für Räucherwerk, magische Kuchen oder Zaubertränke hinein, damit Sie sie bei Bedarf immer zur Hand haben. Falls Sie etwas träumen, das direkt mit Ihrer magischen Arbeit zu tun hat, schreiben Sie auch das auf. Jeden Traum aufzuschreiben würde allerdings Ihr Buch der Schatten sehr schnell füllen; legen Sie sich dafür lieber ein Traumtagebuch an.

Wenn Sie sich ein neues Buch kaufen, machen Sie ein kleines Einweihungsritual damit. Reinigen Sie es zunächst mit Salbeirauch oder Ähnlichem, wie zum Beispiel verdampftem Salbeiöl. Gehen Sie dann in die Ruhe und schließen Sie Ihren magischen Kreis. Legen Sie Ihre Hände einfach nur auf das Buch und widmen Sie es in Gedanken Ihrer magischen Arbeit. Öffnen Sie den Kreis wieder und bewahren Sie es an einem sicheren Ort auf.

Erdung, sich erden: Nachdem Sie ein Ritual durchgeführt haben, ist es ganz wichtig, sich wieder voll und ganz in der Wirklichkeit einzufinden. Schließlich wollen Sie nicht mit dem Auto im Straßengraben landen oder über eine sehr reelle Treppenstufe stolpern. Zudem kann es sein, dass Sie nicht die gesamte Energie aus dem Ritual auf den Weg geschickt haben, so dass noch ein Teil zurückbleibt und zum Beispiel für Schlaflosigkeit sorgen könnte. Sie wären dann wie aufgeladen, was ebenfalls hinderlich oder gefährlich sein könnte.

Eine einfache Erdungsübung ist, sich einfach auf den Boden zu setzen und beide Hände neben sich mit der Handfläche nach unten aufzulegen. Dann visualisieren Sie (S. 174f.), wie überschüssige Energie aus Ihnen heraus in den Boden abläuft. Dabei spielt es keine Rolle, ob Sie nun direkt auf der Erde sitzen oder ob Sie sich im zehnten Stock eines Hochhauses aufhalten. Wichtig ist nur, dass Sie die Energie loslassen und die gute alte Mutter Erde bitten, sie dorthin zu übernehmen, wo sie nützlich sein kann.

Jahreszeitenfeste: Über das Jahr verteilt gibt es acht Jahreszeitenfeste, die traditionelle Hexenfesttage sind. Vier davon sind Sonnenfeste, vier Mondfeste.

Das hexische Jahr beginnt am 1. November, dem Samhain oder Halloween. An diesem Tag sind die Schleier zwischen den Welten ganz dünn, und Sie können zum Beispiel pendeln, um Ihren zukünftigen Liebsten zu sehen: Hat er dunkle oder helle Haare, blaue oder braune Augen und so weiter? Oder Sie verabschieden sich zu diesem Datum von einer alten Beziehung. Schließlich ist es die Jahreszeit, in der Sie neu anfangen und gute Vorsätze fassen. Samhain ist ein traditionelles Neumondfest.

Im Jahreslauf folgt die Wintersonnenwende am 20. oder 21. Dezember (da der magische Tag von Sonnenuntergang zu Sonnenuntergang zählt, können Sie sich das Datum aussuchen). Dieses Sonnenfest markiert die Wiedergeburt des Lichtergottes, denn von nun an werden die Tage wieder länger. Es ist gleichzeitig – wie der Name schon sagt – die Mitte des Winters. Diese Zeit eignet sich gut dafür, neue Dinge in Gang zu setzen. Wenn Sie eine längere Beziehung sanft in interessantere Bahnen bringen wollen, ist dies der geeignete Zeitpunkt. Besonders gut lassen sich zu dieser Zeit auch Freundschaften pflegen.

Sechs Wochen später folgt das nächste Mondfest: Lichtmess am 2. Februar. Hier feiern Sie den Frühlingsanfang. Die Tage werden länger, der Frost lässt in den meisten Breiten nach – falls es ein Winter war, der diesen Namen auch verdient hat. Da Sie sich noch immer in der ersten Hälfte des magischen Jahres befinden, bietet sich auch hier Zauberei an, die mit Neuanfängen verbunden ist. Da Sie sich dem Frühling nähern, könnten Sie zu dieser Zeit zum Beispiel eine neue Liebe magisch herbeirufen. Das Lichterfest gehört wieder zum Mond, hier zum halben, aufgehenden Mond.

Zur Tagundnachtgleiche um den 21. März ist magisch gesehen der Frühling schon halb vorbei. Diese Energie – genau zwischen Sommer und Winter – eignet sich für jeden Zauber, bei dem es um ein Gleichgewicht geht. Wenn Sie selbst Ihre Balance wieder finden oder ein Ungleichgewicht innerhalb Ihrer Beziehung ausgleichen wollen, können Sie dieses Anliegen mit viel kosmischer Unterstützung von Sonne und Feuer angehen.

Sechs Wochen später folgt die Walpurgisnacht, am 1. Mai. Hier beginnt der magische Sommer. Zu dieser Zeit eignen sich besonders alle Unternehmungen, die mit dem gewissen Prickeln zu tun haben. Mit einem Erotikzauber rennen Sie zu dieser Jahreszeit offene Türen ein, besonders wenn Sie ihn zu Vollmond abhalten. Gleichzeitig können Sie auch besonders gut für eine in jeder Beziehung fruchtbare Partnerschaft zaubern.

Die Sommersonnenwende fällt auf den 20. oder 21. Juni und markiert die Mitte des Sommers. Am besten verlegen Sie in diese Jahreszeit alle magischen Aktivitäten, die etwas mit Haushalt und Kind zu tun haben. Wenn Sie heiraten wollen oder eine Familie gründen möchten, nehmen Sie sich so einen Zauber – wenn es passt – für diese Jahreszeit vor.

Der Herbst beginnt am 2. August: Lammas. Hier können Sie mit Hilfe des abnehmenden Mondes Beziehungen abschließen, Trennungen durchführen und Vergangenes loslassen. Im weiteren Verlauf des magischen Jahres verstärkt sich diese Energie noch, so dass Sie zum Herbstanfang am besten mit den sanfteren Endpunkten beginnen. Traditionell fällt Lammas auf die ersten Tage, an denen Korn geerntet wird. Entsprechend kann es sich von einem Jahr zum anderen verschieben.

Die Tagundnachtgleiche im Herbst, um den 21. September, gibt Ihnen wie das Gegenstück im Frühling die Möglichkeit, Dinge wieder ins Gleichgewicht zu bringen. Während es in der ersten Hälfte des Jahres eher um Neuanfänge geht, bietet sich der Herbst mehr dazu an, etwas loszulassen. Werfen Sie zu dieser Zeit Ballast ab. Verschieben Sie Ihren magischen und häuslichen Frühjahrsputz auf diese Jahreszeit: Sie könnten verblüffende Veränderungen erleben.

Kraftplatz: Ein Kraftplatz kann ein Altar sein, ebenso eine Kirche, ein Berggipfel, ein Strand, eine Waldlichtung, ein schattiges Plätzchen unter einem Busch im Garten oder Ihr Lieblingssessel. Ein Kraftplatz ist das, was Sie daraus machen. Selbst »anerkannte« Kraftplätze wie das berühmte Stonehenge oder die Externsteine sind es nur dann, wenn Sie es zulassen. Wenn Sie durch die Steinkreise von Stonehenge laufen und nur nachmessen, wie hoch, lang und breit sie sind, Achsen vermessen und Gewichte bestimmen, wird Ihnen vielleicht völlig entgehen, was hinter dem Offensichtlichen steckt. Gleiches gilt auch für den unscheinbaren Baum drüben an der Straße. Nehmen Sie sich einmal die Zeit, wirklich Kontakt mit Ihrer Umgebung aufzunehmen. Sie werden erstaunt sein, welche kraftvollen Plätze Sie finden, wenn Sie wirklich Augen und Ohren offen halten.

Besonders gut eignen sich am Anfang Orte, an denen Sie Ruhe haben. Ob Sie eine Kapelle betreten (viele Kirchen sind auf älteren heiligen Plätzen errichtet worden), sich einen menschenleeren Platz in der Natur suchen oder einfach auf dem heimischen Balkon sitzen, ist nicht wichtig. Wenn Sie sich mit einem Platz verbunden fühlen, dann ist er richtig. An Ihrem Kraftplatz können Sie Rituale abhalten, meditieren oder sich einfach nur mal ausruhen und auf neue magische Projekte besinnen.

Meditieren: Meditation ist eine gute Vorbereitung auf die magische Arbeit, weil Sie dabei erfahren, wie Sie Ihren Kopf vom alltäglichen Kleinkram befreien. Schließlich wollen Sie nicht mitten in Ihrem Ritual an einen Zahnarzttermin denken, womit Ihre ganze magische Arbeit beim sprichwörtlichen Teufel wäre.

Es gibt eine Vielzahl von Meditationsformen – am besten eignen sich solche, die Sie nicht auf eine ganz bestimmte Weltanschauung festlegen. Dadurch haben Sie eher die Möglichkeit, für sich selbst herauszufinden, welcher Weg für Sie der richtige ist.

Sie können auch Visualisierungsübungen als vorbereitende Meditation für ein Ritual verwenden. Einige kurze Beispiele finden Sie unter dem Stichwort »Visualisieren« (S. 174f.).

Mondphasen: Stellen Sie sich die Mondphasen so ähnlich vor wie den Wind beim Segeln: Wenn der Wind aus einer bestimmten Himmelsrichtung bläst, kann es leicht oder schwierig sein, das vorher festgelegte Ziel zu erreichen. Es kann sein, dass Sie stundenlang kreuzen müssen und erst nach Stunden völlig erschöpft dort ankommen, wohin Sie wollten. Wenn der Wind sich unterdessen dreht, ist alles plötzlich viel einfacher. Sie können zwar nicht einfach nur dasitzen und gar nichts tun, dann landen Sie nämlich auf dem nächsten Felsen, aber Sie sparen viel Zeit und Kraft und kommen so leichter und schneller ans Ziel.

Wenn Sie also mit Hilfe von Mond, Planeten, Tages- und Jahreszeiten arbeiten, haben Sie immer eine Handbreit Wasser unter dem Kiel und immer günstigen Wind. Wenn Sie mal die falsche Mondphase erwischen und der Zauber nicht bis zur richtigen warten kann, dann machen Sie es eben trotzdem – es könnte höchstens sein, dass der Erfolg etwas länger auf sich warten lässt oder ein paar Hindernisse zu bewältigen sind. Wenn es möglich ist, halten Sie sich daher an die Mondphasen und Jahreszeiteneinflüsse, aber nicht krampfhaft daran fest.

Zunehmender Mond: Diese Mondphase beginnt nach dem Neumond und dauert bis zum Vollmond. Gemeinhin können Sie immer die jeweilige Nacht vor und nach dem Neu- beziehungsweise Vollmond auslassen oder dann nur Rituale praktizieren, die zum Scheitel- und Tiefpunkt gehören.

Während des zunehmenden Mondes können Sie besonders gut alle Rituale durchführen, die etwas heranholen oder wachsen lassen sollen – wenn Sie also einen neuen Lover suchen, mehr Pep in Ihre Beziehung bringen wollen oder einen Hochzeitstermin suchen. Bei zunehmendem Mond sind Sie dann richtig.

Vollmond: Zu den Vollmondnächten gehören bis zu drei Nächte vor und nach dem eigentlichen Vollmond. Das klingt vermutlich etwas ungenau, ist es auch. Dank der modernen Messtechniken können wir Ebbe und Flut ebenso auf die Sekunde berechnen wie den genauen Zeitpunkt, wann der Mond voll ist. Da unsere Vorfahren das nicht konnten, haben sie sich auf ihren Instinkt verlassen. So gibt es zwischen Vollmond und Vollmond große Unterschiede. Machen Sie einmal zu jedem Vollmond und zu jedem Neumond folgende kurze Meditation – ein paar Minuten reichen schon –, und Sie werden es sehen.

Setzen Sie sich dafür einfach nur still hin und gehen Sie in die Ruhe, als wenn Sie einen magischen Kreis schließen wollten.

Dann nehmen Sie Kontakt mit der Kraft des Mondes auf. Am besten geht das abends, dann fällt es Ihnen am leichtesten, sich den Mond wirklich vorzustellen. Wenn Sie ihn sehen können und es das Wetter zulässt, machen Sie die Übung doch draußen. Bitten Sie um Informationen, welche Kraft der Mond zu diesem Zeitpunkt hat.

Sobald Sie wieder ganz im Hier und Jetzt sind, schreiben Sie in Ihr *Buch der Schatten* (S. 165f.), was Sie erfahren haben. Notieren Sie dazu auch, welches Datum und vor allem welche Uhrzeit es war.

Wenn Sie das ein Jahr lang gemacht haben, dann schlagen Sie nach, in welchen Tierkreiszeichen der Mond bei jeder Meditation stand, welche Planetenstunde Sie beeinflusste und was Ihnen an Informationen sonst noch so sinnvoll erscheint. Schreiben Sie es zu Ihren eigenen Beobachtungen und vergleichen Sie. Ganz spannend ist es, wenn Sie dieses Projekt mit mehreren Gleichgesinnten zusammen machen. Sie können auf diese Weise sehr genau feststellen, welche energetischen Vorgaben für Sie persönlich besonders gut geeignet sind, wenn Sie zum Beispiel einen Zauber gegen Liebeskummer vorhaben. Die Vorgaben aus einem Buch wie diesem können Sie dann ganz nach Ihren persönlichen Vorlieben abändern. Ein Nebeneffekt dieser Übung ist, dass Sie ein hervorragendes Gespür für die Kraft um Sie herum bekommen und es Ihnen viel leichter fallen wird, sich auf den kosmischen »Wind« in Ihren Segeln zu verlassen.

ABNEHMENDER MOND: In dieser Mondphase lässt sich gut abwehren, auflösen und beenden. Sie ahnen es schon: Liebeskummer, verflossene Beziehungen und lästige Verehrer werden Sie zu dieser Zeit am besten los.

NEUMOND: Zu Neumond können Sie sowohl etwas beenden als auch etwas Neues anfangen. Anders als beim Vollmond hat diese Mondphase eine doppelte Energie, die mindestens so stark ist wie die der anderen Mondphasen.

In der Tradition der vorchristlichen Religion stand die junge, ungebundene Göttin für den zunehmenden Mond, die Mutter für den Vollmond und die Weise Alte für den abnehmenden Mond. Die vierte Mondphase gehört noch mit zur Weisen Alten, ist aber meistens in einem Zustand von »Nichtsein« befangen, das offenbar auf unsere Vorfahren erschreckend wirkte. Sie hatten vor dieser Kraft geradezu Hochachtung.

Seltsamerweise wird die Kraft des Neumonds häufig als wesentlich stärker erlebt als die des Vollmondes, so als wenn sich dort etwas sammelt, um dann in voller Wucht auszubrechen; vergleichbar vielleicht dem Augenblick, wenn die Flut einsetzt und das Wasser wesentlich schneller aufläuft als kurz vor dem Höhepunkt der Flut.

Nutzen Sie den Neumond besonders, wenn Sie gerade etwas beendet haben und nun einen neuen Anfang wagen wollen – wenn Sie zum Beispiel wieder auf Männerfang gehen wollen.

Planetenstunden: Die erwähnten Planetenstunden ermöglichen es Ihnen, zu bestimmten Uhrzeiten die Kraft der Planeten für Ihr Ritual zu nutzen, auch wenn Sie sonst zum Beispiel den falschen Wochentag erwischt haben.

	Sonntag	Montag	Dienstag	Mittwoch	Donnerstag	Freitag	Samstag
1	Jupiter	Venus	Saturn	Sonne	Mond	Mars	Merkur
2	Mars	Merkur	Jupiter	Venus	Saturn	Sonne	Mond
3	Sonne	Mond	Mars	Merkur	Jupiter	Venus	Saturn
4	Venus	Saturn	Sonne	Mond	Mars	Merkur	Jupiter
5	Merkur	Jupiter	Venus	Saturn	Sonne	Mond	Mars
6	Mond	Mars	Merkur	Jupiter	Venus	Saturn	Sonne
7	Saturn	Sonne	Mond	Mars	Merkur	Jupiter	Venus
8	Jupiter	Venus	Saturn	Sonne	Mond	Mars	Merkur
9	Mars	Merkur	Jupiter	Venus	Saturn	Sonne	Mond
10	Sonne	Mond	Mars	Merkur	Jupiter	Venus	Saturn
11	Venus	Saturn	Sonne	Mond	Mars	Merkur	Jupiter
12	Merkur	Jupiter	Venus	Saturn	Sonne	Mond	Mars

Nehmen wir einmal an, Sie machen einen Liebeszauber und können am Freitag (dem Venustag) nicht, nur der Mittwoch ist frei; es ist zunehmender Mond und Sie wollen es unbedingt an diesem »unpassenden« Wochentag tun. Wählen Sie dann einfach die Stunde aus, die zur Venus gehört, und holen Sie sich so noch ein bisschen Extraenergie in den Zauber. Da die Winterzeit unsere »normale« Zeit wiedergibt, verschiebt sich die Tabelle um eine Stunde, wenn wir Sommerzeit haben. Deshalb zeigt die Tabelle oben die Zeiten sowohl für die Sommer- wie auch für die Winterzeit.

Reinigen und Segnen: Es gibt eine Unzahl von Möglichkeiten für die spirituelle Reinigung, die alle wirkungsvoll sind. Welche Sie auswählen, hängt vom Material Ihrer Gegenstände ab und davon, was Ihnen am besten gefällt. So wäre es keine gute Idee, eine Feder in Zitronensaft zu reinigen. Einem Kieselstein dagegen macht das gar nichts aus. Wenn Sie sich nicht sicher sind, ob Wasser für Ihr Material geeignet ist, können Sie unerwünschte Energien auch einfach wegpusten. Blasen Sie kräftig über Stein oder Kerze und visualisieren Sie dabei, wie sich alles löst, was da nicht hingehört.

Wenn Sie möchten, können Sie Ihre Gegenstände nach dem Reinigen zusätzlich noch segnen. Es mag etwas pathetisch klingen, hat aber ganz praktische Gründe. Wenn Sie einen Gegenstand segnen, heißt das nichts weiter, als dass Sie ihn ganz klar für diesen rituellen Zweck verwenden und nicht noch für andere Dinge. Sie erreichen damit, dass Sie Ihre Energie während eines Rituals mit gesegneten Gegenständen noch besser bündeln können. Außerdem hilft es immer, sich so viel Unterstützung wie nur möglich zu holen.

Sicherheit: Wozu eigentlich Sicherheit? Gerade beim Liebeszaubern kommt es darauf an, wie Sie zaubern. Um es vorwegzunehmen: Es kann Ihnen bei diesem speziellen Thema öfter passieren, dass Nichtstun die beste Lösung für den Augenblick ist. Andererseits möchte die liebeshungrige Magierin natürlich sofort loslegen, damit möglichst schon morgen früh Brad Pitt oder Harrison Ford vor der Tür steht.

Ein ungeliebter Ratschlag: Lassen Sie sich Zeit. Sie haben doch schon eine ganze Weile auf Ihren Traumprinzen gewartet (oder leben gar schon eine ganze Zeit mit ihm). Da kommt es auf ein paar Tage auch nicht mehr an – noch nicht mal auf ein paar Wochen. Damit ist nicht gesagt, dass Sie völlig untätig herumsitzen sollen – weit gefehlt. Aber überblättern Sie nicht voller Eile die ersten Kapitel, in denen es um die Selbstliebe geht. Fangen Sie langsam und einfach an, dann ist der Erfolg umso rasanter.

Beim Liebeszauber gilt – wie immer in der Magie – der Grundsatz, niemals den freien Willen einer anderen Person einzuschränken. Da fragt sich die Zauberin, wie das gehen soll, wenn sie doch will, dass sich dieser oder jene unsterblich in sie verliebt. Trotzdem können Sie den Grundsatz des freien Willens berücksichtigen. Wenn Sie sich wünschen, dass Sie den passenden Partner finden, haben Sie gute Karten. Anders sieht es aus, wenn Sie Herrn X oder Frau Z herbeiwünschen. Sind Sie wirklich ganz sicher, dass Sie auch in 30 Jahren noch denken werden, dass er oder sie richtig für Sie ist? Wenn sich da auch nur der leiseste Zweifel regt – Finger weg. Schließlich wollen Sie doch nicht, dass Ihnen jemand nur deshalb jeden Wunsch von den Augen abliest, weil Sie ihn geschickt manipuliert haben. Die meisten Menschen wünschen sich einen ebenbürtigen Partner fürs Leben, nicht aber einen mondäugigen Schönling ohne Hirn und Persönlichkeit.

Also aufgepasst, wen oder was Sie sich da wünschen. Sie wissen doch: Die Götter könnten Ihnen mehr gewähren, als Ihnen am Ende lieb ist.

Visualisieren: Wenn Sie sich mit Magie beschäftigen, ist es unumgänglich, dass Sie zu visualisieren üben. Das heißt nichts weiter, als dass Sie sich auf Anhieb möglichst genau eine bestimmte Sache vorstellen können – und das mit so vielen Einzelheiten wie möglich. Wenn Sie zum Beispiel einen feurigen Liebhaber suchen, dann stellen Sie sich eine wilde Liebesnacht vor. Aber Achtung: Er sollte dabei gesichtslos bleiben, sonst zaubern Sie sich den blind verliebten, willenlosen Galan an den Hals, den Sie nach wenigen Tagen schon nicht mehr sehen können.

Wenn Sie einen Partner fürs Leben finden wollen, dann stellen Sie sich vor allem vor, wie Sie sich dabei fühlen: geborgen, angeregt, neugierig, zu Hause – oder was auch immer für Sie die ideale Beziehung ausmacht. Seien Sie unverschämt: Wünschen Sie sich einfach alles, was das Herz begehrt. Nur keine Hemmungen – dann hat das Universum eine gute Auswahl, was es Ihnen als Ergebnis vorbeischicken darf. Und wer weiß, vielleicht bekommen Sie ja alles auf einmal?

Die einzige Falle beim Visualisieren sind Ihre eigenen Zweifel und die uns so ziemlich allen anerzogene Bescheidenheit. »Ich will ja gar nicht viel, nur ein Stückchen vom Kuchen reicht mir schon«: Kommt Ihnen dieser Satz bekannt vor? Dann üben Sie lieber ein wenig magische Unverschämtheit ein. Sie können gar nicht genug geliebt werden (weder von sich selbst noch von einem anderen). Ihnen steht alles zu, handeln – und visualisieren – Sie demnach entsprechend.

Visualisieren heißt also nichts weiter, als sich etwas sehr genau vorzustellen. Wenn Sie etwas an Ihrem Leben ändern wollen und dafür ein Ritual machen, dann stellen Sie sich unbedingt Ihre neue Le-

Bannpentagramm

Pentagramm zum Herbeirufen

benssituation vor, lassen Sie alles andere weg. Stellen Sie sich nicht den Werdegang vom Alten zum Neuen vor, sondern nur das gewünschte Ergebnis. Wenn Sie visualisieren, halten Sie es einfach und schmücken Sie nur aus, wenn Sie sich wirklich ganz sicher sind, dass Sie Ihr Ziel so und nicht anders wollen. Mit jedem Detail, das Sie vielleicht zu viel angeben, schmälern Sie die Möglichkeiten der guten Geister, die Sie gerufen haben, Ihnen das bestmögliche Ergebnis zu präsentieren. Denn das könnte ganz anders aussehen, als Sie im Augenblick glauben. Für alle, die es ausprobieren wollen, hier eine kleine Fingerübung in Sachen Visualisieren:

Suchen Sie sich einen ruhigen Platz, an dem Sie mindestens eine halbe Stunde lang ungestört sind (auch wenn Sie am Ende vielleicht viel weniger Zeit brauchen).

Machen Sie es sich bequem, entspannen Sie sich und schließen Sie die Augen.

Beobachten Sie ruhig Ihren Atem, ändern Sie nichts, spüren Sie einfach nur Ihrem Atem nach und lassen sie ihn fließen.

Wenn Ihnen Gedanken in den Sinn kommen, sehen Sie sich diese Gedanken an und lassen Sie sie weiter ziehen. Später ist genug Zeit, sich mit allem zu beschäftigen. Was wichtig ist, wird auch noch in einer halben Stunde wichtig sein.

Gleiches gilt für Geräusche. Wenn Nachbars Hund bellt oder ein Reifen quietscht, lassen Sie das an sich vorüberziehen – es hat im Augenblick keine Bedeutung (auf eine Feuersirene sollten Sie schon reagieren, denn den gesunden Menschenverstand darf Ihre Meditation oder auch die Magie insgesamt keinesfalls ausschalten). Wenn Sie so ganz entspannt sind, kann es sich ein bisschen wie Schweben anfühlen, auf jeden Fall aber wohlig – sonst hören Sie lieber auf und versuchen es ein andermal.

In der Ruhe stellen Sie sich ein Pentagramm vor (siehe unten). Zeichnen Sie es vor Ihrem inneren Auge, bis Sie es im Schlaf können. Die erste dargestellte Variante eignet sich zum Herbeirufen, die zweite zum Bannen von bestimmten Vorgängen.

Wenn Sie keine Lust mehr haben, gehen Sie wieder in die Ruhe und kehren dann langsam in den Alltag zurück. Schütteln Sie Hände und Füße aus, bevor Sie die Augen öffnen – das hilft Ihnen, wieder ganz im Hier und Jetzt anzukommen. Sie können auch einen Schluck trinken oder einen Happen essen. Weltliche Genüsse bringen Sie ganz schnell zurück.

Wochentage: Da die meisten Menschen unter der Woche beschäftigt sind, bieten sich für Rituale entweder die Abendstunden oder der Samstag oder Sonntag an. Sie haben dann allerdings das Problem, dass Ihr Vorhaben nicht notwendig zur Energie des Tages passt. Was also tun, wenn Sie sich ein Liebesritual vornehmen, aber leider nur am Sonntag Zeit haben und dieser Tag eben nicht zur Liebesgöttin Venus, sondern zur Sonne gehört? Legen Sie trotzdem los. Ganz traditionelle Hexen würden vermutlich abraten, aber die Erfahrung hat gezeigt, dass es viel wichtiger ist, wie man sich selbst fühlt, als tatsächlich den »richtigen« Tag für etwas zu erwischen. Hinzu kommt, dass auch jede Stunde des Tages eine bestimmte Energie hat – so könnten Sie beispielsweise das erwähnte Ritual an einem Sonntag machen, sich dafür dann aber einen Tag während des zunehmenden Mondes wählen und dabei die Venusstunde des Tages nutzen (die Tabelle zu den Planetenstunden finden Sie auf S. 172).

Abgesehen vom landläufigen Usus, nach dem der Montag als der erste Tag der Woche behandelt wird, beginnt die Woche astrologisch gesehen schon am Sonntag, da dieser Tag zum zentralen Gestirn an unserem Himmel zählt: der Sonne.

SONNTAG: Wie bereits gesagt, gehört dieser Tag zum Planeten Sonne. Bei Männern eignet er sich gut für einen Liebeszauber, da seine Energie – zum Feuer gehörend – in die Kategorie männlich fällt. Allgemein können Sie an diesem Tag alle freundschaftlichen Beziehungen magisch pflegen.

MONTAG: Der Name verrät es schon, dieser Tag ist voller Mondenergie. Wenn Sie die Liebe und Freundschaft innerhalb Ihrer Familie stärken möchten, dann wählen Sie sich einen Montag aus.

DIENSTAG: Dieser Tag gehört dem Mars. Auch wenn Sie nicht gerade einen Streit planen, sich aber mit Ihrem Partner oder einem Freund auseinandersetzen möchten, dann holen Sie sich an diesem Tag die Kraft dafür. Hier können Sie Ihren Mut und Ihren Durchsetzungswillen stärken. Ein Schutzzauber gegen Gewalt erhält durch die Marsenergie des Mittwochs noch mehr Nachdruck.

MITTWOCH: Wenn in Ihrer Beziehung Funkstille herrscht, dann helfen Sie der mangelnden Kommunikation am Mittwoch besonders erfolgreich auf die Sprünge. Dieser Tag gehört zum Merkur, dem Gott der Diebe und der gegenseitigen Verständigung.

DONNERSTAG: Der Donnerstag eignet sich wenig für Liebes- und Beziehungsdinge. Er gehört zum Göttervater Jupiter und hat etwas mit Besitzstand und weltlichen Gütern zu tun. Wenn Sie diese Energie dennoch anwenden wollen, können sehr eifersüchtige Menschen mit Hilfe der Jupiter-Kraft überprüfen, woher eigentlich ihr Armutsgefühl in Bezug auf die Liebe rührt, und sich so leichter von ihrer Eifersucht trennen.

FREITAG: Der Tag der Venus ist der beste Tag, wenn Sie eine neue Liebe finden wollen. Hier können Sie außerdem jede Art von Ritual durchführen, bei dem es um Schönheit geht.

SAMSTAG: Der Samstag eignet sich sehr gut für jeden Zauber, der etwas beendet. Zum Samstag gehört der Saturn, der für Begrenzung steht. Wenn Sie also einer alten Liebe endlich Ade sagen wollen, machen Sie Ihren Trennungszauber an einem Samstag.

Zaubersprüche: Vermutlich wird es Ihnen nicht liegen, einen Hokuspokus aufzusagen, wenn Sie ein Ritual durchführen. Das wäre schon deshalb keine gute Idee, weil Sie damit vermutlich eine Menge Kindheitserinnerungen verbinden, deren Energie in Ihrem aktuellen Zauber gar nichts zu suchen hätte.

Wenn Sie wollen, können Sie Zaubersprüche einfach weglassen. Oder Sie verwenden eine simple Bestätigungsformel wie »So soll es sein«. Wichtig ist, dass Sie möglichst immer die gleichen benutzen, wenn sie allgemein gehalten sind und zum Thema passen. Solche Sätze funktionieren unter anderem deshalb so gut, weil sie unser Gehirn beschäftigen, das sonst ständig mit seiner Fragerei nach Sinn und Unsinn von Magie dazwischen plärrt und uns ablenkt.

Ähnliches gilt für gereimte Sprüche. Reime lassen sich besser merken und tragen deshalb Energie besser, als wenn Sie jedes Mal eine lange Passage auswendig lernen müssten und damit auch die Gefahr besteht, dass Sie die Hälfte im entscheidenden Augenblick wieder vergessen haben. Darüber hinaus zwingt ein selbst gereimter kurzer Spruch Sie dazu, sich auf das wirklich Entscheidende zu beschränken.

Ein guter Allerweltsspruch, den Sie zu jedem Ritual und zu jedem Zauber verwenden können, sollte zwei bis vier Zeilen umfassen.

Hier ein Beispiel:

> Feuer, Wasser, Erde, Wind,
> folg' ich eurer Macht geschwind,
> Wind und Feuer, Wasser, Erde,
> machtvoll so mein Zauber werde.

Sie können auch nur die letzen beiden Zeilen verwenden oder noch etwas anhängen, was zu Ihrem jeweiligen Thema besonders gut passt. Dichten Sie um, benutzen Sie diese Zeilen, tauschen Sie Teile aus, verlängern und verkürzen Sie – mit anderen Worten, machen Sie daraus etwas, das bis zum letzten i-Tüpfelchen auf Ihr jeweiliges Vorhaben zugeschnitten ist.

Liebesgottheiten von A bis Z

Bei der folgenden Auflistung von Gottheiten und anderen Wesen werden Sie feststellen, dass es sich hauptsächlich um weibliche Gestalten handelt. Liebe, Sex und Partnerschaft scheinen in unserer Kultur eher in Frauenhand zu liegen. Diese Tatsache soll hier nicht näher bewertet werden, auch wenn es zu diesem Thema eine Menge zu sagen gäbe. Aus der Liste können Sie sich Gottheiten, Elementarwesen oder andere Helfer und Helferinnen für Ihre Rituale heraussuchen.

Bevor Sie allerdings mit einem dieser Helfer ein Ritual durchführen, ist es ganz wichtig, sich schon vorher einen Eindruck zu verschaffen, mit wem Sie es da eigentlich zu tun haben. Vielleicht stellen Sie dabei fest, dass beispielsweise Amor gar nicht der richtige Ansprechpartner für Ihr Vorhaben ist, sondern eher Cybele. Oder Sie stellen fest, dass Sie ganz einfach einen besseren Draht zur erdverbundenen Freia haben als zur leidenschaftlichen Aphrodite. Sammeln Sie Erfahrungen und probieren Sie aus. Es macht nicht nur Spaß, sondern hilft Ihnen auch, mit möglichst kleinem Aufwand an Ihr Ziel zu kommen.

Amor: Römischer Liebesgott, dessen Gegenstück der griechische Eros ist (S. 182). Er ist ein sinnvoller Partner, wenn Männer einen Zauber machen wollen, um die Frau fürs Leben zu finden. Sein Spezialgebiet ist die tiefe Liebe, aber nicht unbedingt die Partnerschaft fürs Leben. Wenn es mehr um die Erotik geht, eignet sich natürlich eher Eros.

Aphrodite: Griechische Liebesgöttin, die bisweilen sehr verspielt dargestellt wird. Sie war in der vorgriechischen Religion des östlichen Mittelmeers die dreieinige Göttin in den Gestalten der Jungfrau, Mutter und der Weisen Alten. Aus den Meereswogen geboren, herrscht sie als Mari über dieses Element. Ihr Haupttheiligtum im Mittelmeerraum lag auf Zypern, wo Kupfer abgebaut wurde. Deshalb ist dieses Metall auch der Venus heilig (der römische Name für diesen Aspekt der Großen Muttergöttin). Der Tempel auf Zypern wurde später von den Christen zum Heiligtum für die Jungfrau Maria umgeweiht.

Aphrodite wird oft mit dem Vergnügen ohne Reue assoziiert, da es zu ihrer Zeit die Ehe im patriarchalen Sinn noch gar nicht gab. Sie liebt, wen sie will, und bringt damit nicht nur ihren griechischen Gatten Hephaistos (den Gott des Feuers und der Schmiede) auf die Palme, sondern auch den restlichen Götterhimmel. Ursprünglich war sie ein Teil der Großen Göttin vorgriechischer Zeiten, die für Frische, Jugend, Hoffnung und Neuanfang stand. Sie wird häufig in Begleitung von Vögeln dargestellt.

Apollo: Der griechische Gott übernahm sein Szepter von seiner Schwester Artemis (siehe unten), deren Sohn er ursprünglich war. Er wurde der Schutzpatron der Dichter, der Weissagungen und schönen Künste. Sein Orakel in Delphi verkündete den Herrschern Griechenlands, welches Schicksal ihnen bevorstand. Wenn es um Kreativität geht, ist ein entsprechender Zauber bei Apollo gut aufgehoben.

Aradia: Sie gehört eigentlich nicht in den Götterhimmel, da sie »nur« eine Tochter der Diana ist. Allerdings ist sie Königin der Hexen und passt schon deshalb zu jeder Art von Zauber. Ihr Symbol ist der Mond.

Artemis: Sie war im alten Griechenland die Göttin der Jagd und Herrin der Tiere und herrschte über alles, was ungezähmt ist. Ihre Unabhängigkeit ging ihr über alles, so dass sie sich nicht mit einem Mann zusammentut. Schon im alten Griechenland scheint man jedoch erkannt zu haben, dass Ehe nicht unbedingt etwas mit der Geburt eines Kindes zu tun hat, denn die wilde und freie Artemis ist ausgerechnet Schutzgöttin der gebärenden Frauen. Sie ist das Sinnbild der unabhängigen Frau, die in der Gestalt einer Bärin kompromisslos über ihre Jungen wacht. Wenn Sie ein Ritual vorhaben, das Ihnen ein wenig Angst macht, holen Sie sich die starke unabhängige Artemis zur Seite. Sie hilft Ihnen durch die Angst hindurch zur Erkenntnis.

Astarte: Diese uralte phönizische Göttin ist außerordentlich vielseitig. Sie ist nicht nur eine Göttin des Krieges, sondern auch – als Abendstern – die Göttin von Lust und Liebe, daneben Himmelskönigin und Muttergottheit: ein echtes Allroundtalent, wie viele der ganz alten Göttergestalten. Sie fungiert als Hüterin der Fruchtbarkeit, nimmt sich aber auch Zaubersprüchen an, die eine verlorene Liebe zurückbringen sollen. Alles, was mit Fülle und Ausdehnung zu tun hat, ist bei ihr gut aufgehoben.

Athene: Die griechische Göttin der Weisheit. Sie fragen sich, was so eine intellektuelle Göttin mit einem Liebeszauber zu tun hat? Wer wäre schon besser geeignet, einen allzu feurigen Liebhaber abzukühlen, um eine überlebte Liebesbeziehung zu beenden. Unabhängige und kreative Frauen finden in Athene eine starke Partnerin. Sie ist aber auch die Erfinderin aller handwerklichen Tätigkeiten, die wir heute kennen: Sie erfand das Schusterhandwerk ebenso wie das Joch des Ochsen und den Pferdehalfter, ist die Schutzpatronin des Ackerbaus, schuf den Olivenbaum und die Flöte.

Bastet: Diese ägyptische Göttin trat meist in Katzengestalt auf. Katzen stellen ihre vielfältige Gestalt am besten dar: Sie sind zwar nachtaktive Tiere, halten aber trotzdem auch große Sonnenhitze aus. Die Erdverbundenheit der Miezen spiegelt Bastet als Erdgöttin wider, denn sie schenkt Fülle und Leben. Ebenso wie die wilde Göttin Artemis ist ausgerechnet Bastet die Schutzgöttin der Schwangeren und der Geburt, doch sie feiert auch gern. Ihre Anhänger veranstalteten ihr zu Ehren rauschende Feste. Bastet trägt eine ähnliche Energie wie Artemis, ist aber sanfter, verspielter und entspannter – wie eine Katze eben.

Branwen: Diese walisische Liebesgöttin wurde von ihrem Bruder mit einem irischen König vermählt, der sie allerdings überhaupt nicht zu schätzen wusste. Nach vielen Misshandlungen schickte sie ihrem Bruder eine weiße Kuh als Botin und dieser machte sich sofort auf den Weg, um sie zu befreien.
Wenn Sie eine Beziehung beenden wollen, in der es zu Misshandlung gekommen ist, finden Sie in Branwen eine verständnisvolle Mitstreiterin.

Ceres: Diese römische Göttin ist für den Anbau von Korn, Mutterschaft und alles zuständig, was mit Säen und Ernten zu tun hat. Wenn Sie also einen Mann fürs Leben suchen, der auch noch das nötige Kleingeld mitbringen soll, dann wenden Sie sich vertrauensvoll an Ceres.

Cernunnos: Dieser keltische Gott repräsentiert den Gefährten der Muttergöttin. Er wird meist mit einem Geweih dargestellt und ist außerdem der Herr der wilden Tiere.

Cerridwen: Die Waliser sagen, dass diese Göttin auf einer Insel im Tegid-See wohnt. Sie braute einst einen Weisheitstrank, um damit

einen ihrer Söhne für seine körperlichen Missbildungen zu entschädigen. Während sie einmal auf Kräutersuche ging, überließ sie einem Jungen namens Gwion die Aufsicht über das Gebräu. Während des Umrührens verbrühten ihm zwei Spritzer die Hand. Nachdem er die schmerzenden Stellen abgeleckt hatte, erkannte er die Geheimnisse der Welt. Er flüchtete vor dem Zorn der Göttin und verwandelte sich in ein Samenkorn, das von der Henne Cerridwen verschluckt wurde. Sie gebar daraufhin den walisischen Barden Taliesin.
Cerridwen ist die Göttin der Inspiration: Wenn Sie also neue Ideen brauchen, hilft sie gern weiter.

Demeter: Muttergöttin der Griechen, die in den alten Heiligtümern von Mykene verehrt wurde. Die dort gefundenen Steingräber stellen mit ihren langen schmalen Eingängen und runden Innenräumen den Körper der Göttin dar, in deren Gebärmutter die Toten wieder geboren werden.

Diana: Sie ist die Herrin der wilden Tiere, ähnlich wie Artemis. Allerdings ist sie eher die Schutzgöttin aller, die klein und schutzlos sind. Schutzzauber für Kinder oder auch Haustiere finden bei ihr Gehör. Ebenso wie ihre unabhängigen Schwestern Artemis und Bastet wacht auch sie über Schwangerschaft und Geburt. Schließlich sind auch Babys noch sehr schutzbedürftig. Sie steht für alle Phasen der weiblichen Entwicklung vom Kleinkind über die junge Frau, Mutter und Alte.

Dionysos: Einer der vielen Namen für den Gefährten/Vater/Sohn der Großen Göttin. Als Gott des Weines und der Trunkenheit ist er wohl bekannt. Eine der vielen Verkörperungen des gehörnten Gottes, der als Herrscher über das Tierreich gilt (wie Pan bei den Griechen oder Cernunnos in der keltischen Tradition).

Epona: Die Göttin der Pferde aus dem alten Gallien ist eine Göttin der Fruchtbarkeit und der Fülle. Ein Rest der alten keltisch-germanischen Überlieferung findet sich in der Sage der Lady Godiva wieder, die nackt auf einem Pferd durch die Stadt reitet, um so ihren Ehemann vor dem Tod zu retten.

Eros: Die Erotik ist nicht nur nach diesem klassischen Liebesgott benannt, sondern auch sein Spezialgebiet. Der nie endende Tanz der Geschlechter ist seine Spielwiese. Wenn Sie Ihrer Beziehung mehr Pfeffer geben wollen, probieren Sie ein Ritual mit Eros aus.

Eva: Sie ist keine Göttin, sondern die Urmutter aller Menschen, wenn man der Bibel folgt. Doch auch sie geht auf ältere Gottheiten zurück, die in heidnischen Zeiten verehrt wurden. Ihr Name bedeutet Leben. Die Schlange, die ihr in der Bibel zugeordnet wird, ist ein uraltes Symbol für Erkenntnis, Wissen und Fruchtbarkeit. Es gibt sogar gnostische Texte, in denen Eva Adam zum Leben erweckt. Eva ist Lebenskraft pur, da sie mit allem, was lebt, verbunden ist.

Flora: So, wie wir heute ihren Namen benutzen, möchte man dabei eher an Unschuld und Jungfräulichkeit denken. Aber weit gefehlt, denn Flora ist die Schutzpatronin der Huren. Ihr sind außerdem alle Arten von Blumen heilig und die körperliche Liebe in ihrer natürlichsten Form, ohne Schnörkel und Konventionen. Ihr ist alles geweiht, was »Früchte« trägt: also Pflanze und Tier ebenso wie der Mensch.

Freya: Die Mutter- und Liebesgöttin des nordischen Götterhimmels ist im »Nebenberuf« auch noch Kriegerin und Herrin der Unterwelt. Diese viel beschäftigte Göttin erfand außerdem die Runen. Ihr Gefährte Frey wurde an der Wintersonnenwende gefeiert, wenn er aus seiner Mutter/Schwester/Tochter-Gefährtin wieder geboren wurde. Ihr ist der Freitag gewidmet, der nach ihr auch benannt wurde. Deshalb gilt es als Glück bringend, an einem Freitag zu heiraten.

Freya kann auch mit »die Vielseitige« übersetzt werden: Sie ist Gestaltverwandlerin und Göttin der Katzen; wenn ihre Tränen ins Meer fallen, wird daraus Bernstein; ihr verdankten die nordischen Poeten ihre Inspirationen. Wie ihr griechisches Gegenstück Persephone (S. 188) verbringt auch sie einen Teil ihrer Zeit in der Unterwelt, wo sie die Seelen der toten Krieger empfängt. Freya präsentiert sich auch als Meisterin der magischen Rituale. Auf Darstellungen trägt sie einen weiten Federmantel und um den Hals eine Bernsteinkette. Sie ist von großer Schönheit, so dass es nicht weiter verwundert, dass ihr der gesamte nordische Götterhimmel zu Füßen liegt, will heißen in ihrem Bett landet.

Gaia: Sie ist eine der ältesten Gottheiten überhaupt. In der griechischen Mythologie existiert sie vor allen Göttern und erschafft alles. Sie ist die Herrscherin über alles Leben ebenso wie über den Tod, denn jedes ihrer Geschöpfe kehrt am Ende zu ihr zurück. Sie ist die Göttin des Gleichgewichts: Sie kreiert und zerstört, sie ist die Natur und alles, was in ihr lebt. Sie verkörpert die Erde, auf der wir leben.

Gaia ist allwissend und allgegenwärtig, schickt Träume und Weissagungen. Einer ihrer Tempel stand ursprünglich in Delphi, bevor das Orakel dort in Männerhand überging und fortan Apollo der Priesterin die Weissagungen sandte.

Grüner Mann: Dieser Gefährte der Großen Göttin steht für alles, was den Mann zum Manne macht. Er ist der natürliche Partner in seiner ganzen Kraft; selbstbestimmt und selbstbewusst kennt er genau seinen Platz im Universum. Er trägt viele Namen, darunter Cernunnos, Pan oder Eros.

Hathor: Mindestens dreitausend Jahre lang war die Große Göttin des Himmels, der Fruchtbarkeit und der Unterwelt den Ägyptern heilig. Hathor galt als Mutter aller anderen Gottheiten und wurde oft in Doppelgestalt zusammen mit Isis dargestellt und verehrt.

Hebe: Sie ist die Mundschenkin der griechischen Götter auf dem Olymp. Hebe steht für Jugend und Frühling, die ewige Erneuerung des Alten. Wer sich in ihren heiligen Hain retten konnte, war frei. Sie gibt die Energie, die uns erneuert. Wenn Sie also einen Zauber vorhaben, der einen neuen Anfang sucht, dann bitten Sie Hebe um Mitarbeit.

Hekate: Diese ursprünglich ägyptische Göttin (Heqet oder Heket) ist eine der ältesten Varianten der dreigestaltigen Großen Göttin. Sie war die göttliche Hebamme, die jeden Morgen dafür sorgte, dass die Sonne zur Welt kam. Bei den Griechen wurde sie häufig mit Persephone gleichgesetzt, die wie sie über die Unterwelt regierte (S. 188). Mit der Christianisierung wurde sie zunehmend verteufelt und mutierte, als ihre Schutzbefohlenen, die Hebammen und kräuterkundigen Frauen, zu Hunderttausenden während der Hexenverfolgung ermordet wurden, zur Königin aller Hexen.

Hera: Meistens kennen wir diese griechische Göttin nur als nörgelnde Ehefrau des Göttervaters Zeus, doch sie ist sehr viel mehr. Vor der patriarchalen Übernahme des Olymps war sie die Königin der Götter. Sie entspricht der reifen, selbstbestimmten Frau, die über ihre eigene Welt herrscht. Sie ist die Herrin im Innern und wacht dort über Haus und Herd, schützt die Kinder und hilft sogar bei den kleinen Dingen des Alltags.
Als Herrscherin nach außen unterstehen ihr alle öffentlichen Bereiche des menschlichen Miteinanders, etwa Kommunikation und Po-

litik. Ihr Vogel ist der Pfau, das Symbol für Hoheit, Luxus und Überfluss.

Hnossa: Sie ist die jugendliche Göttin der ersten überschwänglichen Liebe im skandinavischen Götterhimmel. Ihre Mutter ist die sinnliche Freya. Ihr Name bedeutet übersetzt in etwa »Juwel«, und so stimmen sie kostbare Steine auch gewogen.

Holle: Nordisch-germanischer Name der Hel, Göttin der Unterwelt, der Magie, der Weissagung, der Künste und des Schicksals. Wenn Sie eine Beziehung beenden wollen, kann Hel hilfreiche Unterstützung leisten. Sie wacht über Wiedergeburt und Tod, vor ihr haben Trugbilder keine Chance. Wenn Sie also genau wissen wollen, was in Ihrer Beziehung im Argen liegt – fragen Sie Hel.

Inanna: Die uralte sumerische Göttin hat wie ihre Kolleginnen in anderen Teilen der Welt mehrere Aspekte. Sie ist nicht nur die Herrscherin des Himmels, sondern auch die Hüterin des Getreides, aller Flüsse, Quellen und Brunnen. Um ihren Gefährten zurückzugewinnen, ging sie in die Unterwelt und starb dort. Nach ihrer Auferstehung kehrte sie auf die Erde zurück. Mit ihrer Kenntnis um Tod, Trauer und Abschied ist sie eine hilfreiche Begleiterin bei Abschieds- und Trennungsritualen.

Ishtar: Diese babylonische Göttin ist ein echtes Allroundtalent. Sie ist nicht nur der Morgen- und der Abendstern, sondern auch noch die Göttin des Krieges und der Liebe. Ishtar gewährt Überfluss, wacht über die Einhaltung der Gesetze und ist Herrin der Zeit. Während sie in der Unterwelt weilt – auch sie will dort ihren Geliebten wieder finden –, ist es auf der Erde Winter, nach ihrer Rückkehr kommt der Frühling zurück.

Isis: Diese ägyptische Göttin sei allen empfohlen, die einen Verlust zu betrauern haben. Als ihr Bruder und Geliebter, Osiris, von ihrem gemeinsamen Bruder Seth getötet wird, erweckt sie ihn wieder zum Leben. Sie ist die Leben spendende Große Mutter, die gleichzeitig Leben und Tod für ihren Gefährten bedeutet. Mit einer einzigen Träne lässt sie den Nil über die Ufer treten: Die jährliche Nilüberschwemmung ist nicht nur eine Naturkatastrophe, sondern auch lebenswichtig für die Felder, die so – durch den Nilschlamm – fruchtbar werden.

Isis ist Schutzpatronin der Landwirtschaft und der Medizin. Wer um einen Menschen trauert, findet bei ihr Raum für Abschied und Andenken. Gleichzeitig ist sie eine der ältesten Göttinnen – und eine der machtvollsten. Wenn Sie einen Schutzzauber vorhaben, ist sie eine gute Verbündete.

Juno: Die römische Göttin herrschte zusammen mit Minerva und Jupiter über Rom. Sie ist die Tochter von Saturn und nicht nur Hüterin des Hauses, sondern wacht auch über die Zeitenläufe. Wenn Sie schwanger werden wollen oder Probleme mit der Regel haben, finden Sie bei Juno für diese Fragen ein offenes Ohr.

Jupiter: Der römische Göttervater ist das Gegenstück zu Juno. Wenn Sie mit Ihrem Partner einen Fruchtbarkeitszauber vorhaben, bietet es sich an, ein Götterpaar wie Juno und Jupiter beziehungsweise Hera und Zeus um Hilfe zu bitten.

Kaltes: Kaltes ist die sibirische Mondgöttin, die meist in der Gestalt eines Hasen dargestellt wird. Sie ist eine besonders sanfte Göttin, die für Fruchtbarkeit, sichere Geburt und den Anfang des Lebens steht. Allerdings sollte niemand mit ihr Kontakt aufnehmen, der es nicht ehrlich meint. Sie bestimmt, welches Schicksal ein Mensch erfährt.

Kore: Einer der ältesten griechischen Namen für die Große Göttin, besonders für ihren Aspekt als Jungfrau. Ihren heiligen Tag am 6. Januar übernahmen die Christen später als Epiphanie. Das Fest der Kore kennzeichnete die Geburt des Gottessohnes, den Beginn eines neuen Sonnenjahres. Das heilige Zeichen der Göttin Kore ist ein Pentagramm, heilig ist ihr außerdem der Apfel, dessen Kerngehäuse wie der fünfzackige Stern geformt ist. Kore war die Tochter Demeters. Der Gott der Unterwelt, Hades, verliebte sich in sie und bat Zeus darum, sie heiraten zu dürfen. Zeus war sich im Klaren, dass eine Zusage seine Schwester Demeter verärgern würde, und hielt sich bedeckt. Daraufhin entführte Hades Kore. Ihre Mutter fand heraus, wohin sie verschleppt worden war, und drohte, dass es auf der Erde nie wieder Sommer würde, wenn Hades Kore nicht freigäbe. Hades ließ Kore gehen unter der Bedingung, dass sie in der Unterwelt keine Nahrung zu sich genommen hatte. Leider hatte sie etwas von einem Granatapfel gegessen. So wurde vereinbart, dass sie etwa ein Drittel des Jahres in der Unterwelt leben sollte (Winter) und die restliche Zeit auf der Erde bei ihrer Mutter (Frühjahr bis Herbst).

Kwan Yin: Diese asiatische Göttin steht für Barmherzigkeit, Erleuchtung und Weisheit. Es heißt, dass sie auf einer paradiesischen Insel wohnt, von wo sie auf jedes Gebet und auf jede Bitte der Menschen antwortet.

Kybele: Die Muttergöttin zunächst Kleinasiens, dann auch der römischen Welt. Ihr Tempel stand an der Stelle, an der sich heute der Petersdom erhebt. Römische Herrscher wie Augustus beteten zu ihr als der höchsten Instanz des römischen Götterhimmels. Sie galt als die Mutter aller Götter.

Lakshmi: Sie ist die indische Göttin der Fülle. Wenn Sie also keine Lust mehr haben, arm, aber unglücklich zu sein, und sich stattdessen lieber für reich und glücklich verliebt entscheiden, laden Sie Lakshmi zu Ihrem Ritual ein.

Lilith: Sie war die erste Frau Adams, die sich ihrem Mann nicht unterordnen wollte; deshalb wurde sie verstoßen. Ihren Ursprung hat sie in einer vorpatriarchalen Muttergottheit, die den Menschen Überfluss an Nahrung, Fruchtbarkeit und Weisheit bringt. Ihr Tier ist die Eule, die für ihr tiefes Wissen um die Geheimnisse des Lebens steht; ihre Blume der Lotus, der das Wissen auf einer höheren Bewusstseinsebene symbolisiert. Lilith werden große Liebeskünste nachgesagt.

Lofn: Diese skandinavische Liebesgöttin sollte sich gewogen halten, wer sich für einige Zeit vom Liebsten trennen muss. Sie sorgt dafür, dass es nach einem Streit eine harmonische Versöhnung gibt. Wem sie ihre Gunst schenkt, den bringt sie mit dem richtigen Geliebten zusammen.

Mars: Der römische Gott des Krieges und des Kampfes. Mars entspricht dem nordischen Gott Tiw, der wie Mars auch ein Gott der Fruchtbarkeit ist. Als Symbol für den Liebesakt tragen beide den Speer, Sinnbild für die männliche Kraft, und einen Schild als Sinnbild der weiblichen Stärke.

Merkur: Dieser römische Gott ist der Freund aller Kaufleute und Diebe. Gleichzeitig ist er auch der Bote der Götter und bietet sich an, wenn Sie es mal eilig haben.

Minerva: Sie ist ursprünglich die etruskische Göttin der Morgenröte und wurde später mit der griechischen Göttin Athene gleichgesetzt. So wird Minerva zur römischen Göttin des Krieges und der Weisheit. Ihr sind die Schlange – das Symbol für Leben und Kreativität – und die Eule – Sinnbild für Weisheit und Tod – heilig.

Oberon: Der Herr über die Elfen ist aus Shakespeares Sommernachtstraum bekannt, auch wenn er dort eine eher unrühmliche Rolle spielt. Er ist der Herr über den Wald, die unsichtbare Welt hinter der Welt. Wer einen Zauber vorhat, der Verborgenes sichtbar machen soll, liegt bei ihm richtig.

Odin: Der nordische Göttervater eignet sich besonders für jeden Zauber, der mit Weisheit und Selbsterkenntnis zu tun hat. Wenn Sie also immer schon einmal die Männer verstehen wollten, dann folgen Sie der Reise des Odin. Nehmen Sie es aber nicht unbedingt wörtlich, da das für einen normal Sterblichen eher gesundheitsgefährdend wäre: Odin hängte sich neun Nächte lang an einen Baum, um die Geheimnisse der weiblichen Schöpferkraft zu verstehen. Er konnte danach, was zuvor allein den Frauen vorbehalten war: Runen lesen, dichten und weissagen.

Oshun: Sie ist eine der vier Hauptgottheiten der brasilianischen Makumba-Religion und die Göttin des Wassers, deren Betätigungsfeld die Schönheit, die Liebe und das Flirten sind. Auf Darstellungen trägt sie Juwelen, blickt in einen Spiegel und fächelt sich kokett mit einem Fächer Luft zu.

Ostara: Die angelsächsische Göttin des Frühlings finden wir noch heute im Wort Ostern wieder. In vorchristlicher Zeit wurde die Fruchtbarkeit – die ihr zu verdanken war – zu dieser Zeit mit Gaben von Eiern und anderen unblutigen Opfern gefeiert.

Pan: Der gehörnte griechische Gott der Wälder und wilden Tiere. Die gefiederten, geschuppten und pelzigen Lebewesen stehen unter seinem Schutz. Ihm werden eine freizügige Sexualität und ungezwungene Freude an den Genüssen des Lebens nachgesagt. Wer also das irdische Jammertal ein wenig freudiger durchschreiten will, kann es an der Seite von Pan tun.

Persephone: Ein anderer Name für Kore (S. 186), die Herrin der Unterwelt. Verständigen Sie sich mit Persephone, wenn Sie gerade lieber nichts mit der Männerwelt zu tun haben wollen.

Pele: Sie ist mit Vorsicht zu genießen. Die große Feuergöttin Hawaiis ordnet sich niemandem unter und ist niemandem Rechenschaft schuldig. Sie herrscht unangefochten über ihr Inselreich. Dieser jungen Göttin gehört die Erde. Ungerechtigkeit fordert ihren Zorn heraus; Respektlosigkeit vor ihrer Schöpfung verfolgt sie erbarmungslos. Umweltsünder und Gleichgültige sollten sich vor ihr in Acht nehmen.

Radha: Sie ist eine Inkarnation der indischen Göttin Lakshmi (S. 187). Über die Liebe zwischen ihr und ihrem Gefährten Krishna wurden unzählige berühmte Liebesgedichte geschrieben. Die indische Liebeskunst huldigt ihr noch heute in Ritualen, in denen shakti, die weibliche Energie, verehrt wird. Diese Göttin trägt nichts außer Blumen und kostbarem Schmuck.

Rhiannon: Diese walische Göttin und Muse inspirierte nicht nur die Barden der alten Zeit. Drei Vögel begleiten sie, die Tote aufwecken können oder Lebende in den Schlaf singen. Wenn Sie eine zündende Idee brauchen oder sich im Schlaf einen Einfall wünschen, bitten Sie Rhiannon um Hilfe.

Sophia: Sie ist die Göttin der Weisheit. Die christlichen Gnostiker sahen in ihr die Mutter von Gottvater, die war, bevor er noch die Welt erschuf. Ihr Sinnbild ist die Taube, und so wird sie oft als der Heilige Geist in der Dreieinigkeit bezeichnet.

Sunna: Die germanische Sonnengöttin, Tochter des Sonnengottes Sol, lebte, wenn sie nicht gerade für Wärme auf der Erde sorgte, in ihrem unterirdischen Palast in Hel, der Unterwelt. Nach der Götterdämmerung sollte Sunna die Aufgaben ihres Vaters Sol übernehmen, der neuen Welt Wärme und Licht bringen und über das neue Paradies herrschen.

Thetis: Diese griechische Fruchtbarkeits- und Meeresgöttin liebt das Leben und all seine Genüsse. Inmitten von Chaos und Aufruhr kann sie die Ruhe bewahren, sie ist die ruhige See. Sie kann ihre Gestalt verändern.

Thor: Der nordische Gott des Donners und der Manneskraft. Wenn Sie ein Ritual mit einem Partner gemeinsam durchführen, können Sie Thor als Gegenstück zu einer der weiblichen Gottheiten in Ihrem Ritual wählen.

Var: Diese skandinavische Liebesgöttin hat zwar überhaupt nichts mit ehelicher Liebe zu tun, dafür kümmert sie sich aber umso eindringlicher um Versprechen, die Paare einander außerhalb einer Ehe geben. Da sie ein Teil der allwissenden Erdgöttin ist, sieht und hört sie alles, was geschieht, und nimmt schreckliche Rache, wenn ein Liebender ein Versprechen bricht.

Venus: Römische Liebesgöttin, die im Prinzip mit ihrem griechischen Pendant Aphrodite identisch ist. Ihr Fachgebiet sind Charme und Schönheit. Außerdem ist sie die Göttin des Küchengartens, der Erdbeeren und Kräuter, der Tannenzapfen und Pinien, der nur jungfräuliche Priesterinnen und Priester dienen durften. In ihrer Urform sah man sie als Göttin der zarten ersten Bande oder des Flirts.

Vishnu: Dieser vedische Gott stellt die männliche Zeugungskraft dar. Er gibt sich am Ende seines Lebens freiwillig als Opfer auf dem Altar hin, damit seine Lebenskraft und sein Blut die Welt erlösen können.

Die Götter rufen – ein Ritual

Dieses Ritual können Sie vom Ablauf her nach Ihren individuellen Wünschen gestalten. Probieren Sie zum Beispiel aus, welche Göttinnen besonders auf Ylang Ylang reagieren oder auf Weihrauch und Räucherwerk. Mit der Zeit bekommen Sie so ein sicheres Gefühl dafür, wie Sie sich mit den Göttinnen und Göttern am besten und schnellsten austauschen können. Und vielleicht finden Sie dabei dann eine Schutzpatronin, die Sie auf dem Weg durchs Leben begleitet.

Selbst wenn Sie sich sonst selten oder gar nicht ausgiebig auf ein Ritual vorbereiten, bei diesem sollten Sie es tun. Wenn irgend möglich, führen Sie es unter freiem Himmel durch. Suchen Sie sich dafür einen Kraftplatz (S. 168f.), falls Sie sich noch keinen zugelegt haben.

Beginnen Sie mit einer reinigenden und erfrischenden Dusche oder einem Bad (das nicht zu heiß und zu ausgiebig sein sollte, weil Sie sonst müde und nicht mehr aufmerksam sind). Wählen Sie passende Kleidung für diese Gelegenheit aus, schließlich besuchen Sie nicht irgendwen. Lassen Sie dabei aber auf keinen Fall praktische Erwägungen außer Acht. Entscheidend ist, dass Sie sich wohl fühlen. Wenn Sie also auf einen Berg steigen wollen, ziehen Sie Bergschuhe an, und am Ufer eines Flusses kann es vernünftig sein, Gummistiefel dabeizuhaben (auch Hexen können von nassen Füßen einen Schnupfen bekommen).

Stellen Sie sicher, dass Sie an dem gewählten Platz so lange ungestört bleiben können, wie Sie für Ihr Ritual brauchen. Zur Not nehmen Sie eine Vertrauensperson mit, die Störungen fern hält, während Sie beschäftigt sind.

Stellen Sie sich entspannt an Ihren Kraftplatz, mit dem Rücken zu der Himmelsrichtung, die Ihnen am angenehmsten ist.

Falls Sie einen Gegenstand mitgebracht haben, der Ihnen den Kontakt mit der Gottheit erleichtern soll, legen Sie ihn vor sich auf den Boden, breiten Sie die Arme aus und stellen Sie Ihre Beine so weit auseinander, dass Sie mit Körper und Kopf ein Pentagramm bilden. Schließen Sie die Augen.

Etwa an der Stelle, wo sich Ihr Sonnengeflecht (Solarplexus) befindet, liegt der Mittelpunkt Ihres Pentagramms. Senden Sie von hier einen Sonnenstrahl aus, der Sie in einer goldenen Lichtwolke einhüllt. Schicken Sie eine kleine Energiekugel an Ihren Armen und Beinen entlang, den Seiten des Pentagramms folgend. Beginnen Sie bei Ihrer linken Hand. Senden Sie die Energiekugel von dort in Ihre rechte, danach in Ihren linken Fuß. Dann schicken Sie das Licht von dort zu Ihrem Kopf und in Ihren rechten Fuß, danach zum Ausgangspunkt in der linken Hand.

Machen Sie diese Energieübung so lange, bis Sie spüren, dass Sie ganz von Licht erfüllt sind. Nun lassen Sie die Arme sinken und stellen sich bequem hin. Wenn es die Jahreszeit und die Umgebung zulassen, können Sie sich an dieser Stelle auch hinlegen. Sorgen Sie aber dafür, dass Ihnen nicht kalt werden kann, da Sie das zu sehr ablenken würde.

Fahren Sie mit der üblichen Atemübung fort. Visualisieren Sie dabei, wie das goldene Licht mit dem Atem in Sie hinein- und wieder aus Ihnen herausfließt. Es ist wichtig, dass Sie spüren, wie Sie der Atem mit allen Lebewesen und aller Materie verbindet. Spüren Sie, wie sich das Universum um Sie herum bewegt. Bleiben Sie so lange dabei, bis Sie diese Einheit spüren. Falls es Ihnen nicht gelingt, kommen Sie einfach in Ihren Körper zurück und probieren es ein anderes Mal wieder. Versuchen Sie nie, etwas zu erzwingen. Wenn es nicht die richtige Zeit ist, wird es auch nicht funktionieren, was auch immer Sie versuchen.

Sie sind ein Teil dieses Universums. Lassen Sie Ihre Aufmerksamkeit sich ausbreiten. Nehmen Sie (mit noch immer geschlossenen Augen) Ihre Umgebung wahr. Strecken Sie Ihre gedanklichen Fühler aus, sehen Sie sich und den Kraftplatz, strecken Sie sich weiter. Spüren Sie die Funken, die andere Lebewesen darstellen: Tiere, Menschen, Pflanzen. Wenn Sie zurückblicken, sehen Sie, wie Sie eine dünne, aber ungemein stabile goldene Schnur mit Ihrem Ich verbindet. Wie weit Sie auch reisen, an dieser goldenen Verbindung entlang können Sie jederzeit zu Ihrem Körper zurückkehren.

Lassen Sie nun langsam Ihr Bewusstsein weiter wachsen, bis Sie das Leben an und für sich spüren. Sie nehmen es als Wärme, Helligkeit, Licht oder Ähnliches wahr. Wenn Sie hier angekommen sind, bitten Sie die göttliche Kraft darum, sich in einer Gestalt zu zeigen, die Sie verstehen können (keine Bange, Sie werden voraussichtlich nicht das Angesicht Gottes schauen). Erklären Sie möglichst genau und in Ihren eigenen Worten, wofür Sie Beistand brauchen. Sie können auch eine ganz bestimmte Gottheit bitten, zu Ihnen zu kommen. Was oder wer Ihnen auch immer erscheint, hören Sie ihm oder ihr zu.

Wenn Sie fertig sind, bitten Sie das Wesen, den Gegenstand zu segnen, den Sie mitgebracht haben. Dann bedanken und verabschieden Sie sich.

Werden Sie sich des goldenen Fadens bewusst, der Sie mit Ihrem Ich verbindet. Ziehen Sie sich zurück, bis Sie das Gefühl haben, wieder beim Planeten Erde zu sein, immer von der goldenen Schnur geleitet. Kommen Sie weiter zurück, bis Sie Ihre eigene Lebenskraft spüren können, und kehren Sie zu dem Platz zurück, an dem Sie sich befinden. Spüren Sie, wie sich die goldene Schnur immer weiter aufrollt und Sie zu Ihrem Körper zurückholt. Achten Sie unbedingt darauf, sich mit Ihrem Körper wieder gut zu verbinden.

Wenn Sie dieses Ritual im Liegen durchgeführt haben, setzen Sie sich behutsam auf, damit Ihnen nicht schwindelig wird. Bleiben Sie eine Weile ruhig sitzen, bevor Sie aufstehen. Wenn Sie gestanden haben, bleiben Sie noch eine gute Weile ruhig stehen und lassen das Erlebte auf sich wirken.

Vermeiden Sie es, gleich im Anschluss mit dem Auto zu fahren oder technische Geräte zu betätigen. Lassen Sie sich genug Zeit, wieder ganz im Hier und Jetzt anzukommen. Schreiben Sie auf, was Sie gesehen und erlebt haben.

Am günstigsten ist es, wenn Sie nach Hause einen flotten Fußmarsch zu absolvieren haben. Kekse knabbern oder andere körperliche Tätigkeiten sind ideal, um sich wieder richtig mit dem eigenen Körper zu verbinden.

Danksagung

Wo beginnen mit dem Dank? Am besten bei den Handwerkern, die während der Entstehung des Buches den Schornstein meines Hauses aufrissen, so dass ganze Schwaden von Staub und Dreck durch die Räume zogen. Sie machten es mir leicht, mich hinter dem Computer zu verkriechen, um dem Saugen, Staubwischen und Schrubben zu entgehen.

Doch auch dieses Buch wäre nie zustande gekommen, wenn nicht eine Reihe von Menschen auf die eine oder andere Art aktiv geholfen hätten: meine Freundinnen, die viel zu wenig und zu selten von mir gehört haben und trotzdem weiter Freundinnen bleiben.

Mike, der von meiner geistigen Abwesenheit während des Schreibens vermutlich mehr als einmal genervt war, aber so sind sie halt, die Künstler ...

Liebe Freunde haben – magischerweise – nicht nur immer zur rechten Zeit angerufen, besonders wenn ich gerade mal eine Ausrede brauchte, um eine Pause zu machen. Sie haben auch recherchiert, ermuntert, Händchen gehalten, Spaziergänge mit mir gemacht, mir die netten Herren von der Steuer vom Hals gehalten und sich sonstwie beteiligt: Danke an Dorcas und Michael, Maren, Biene, Nicola, Susanne, Beate, Uschi, Heinz und Jens.

Ich danke meinen Eltern, die dafür gesorgt haben, dass ich meinen Schreibtisch in meinem eigenen Haus aufstellen konnte. Meine Schwester und ihre Kleinen haben mich mit ihren ausgiebigen Telefonaten noch nicht oft genug von der Arbeit abgehalten.

And this one is for you: Cait for all witchy insights, also to Naomi, Marion, Sinead and Maura; to Emer, Kate and Rhenda for their unwavering friendship. And to David who rang from the top of a sunny Corsican mountain and reminded me that holidays are really good for you.

Last but not least danke ich meinen beiden Stubentigern, die ihre Haare großzügig über meinen Laptop verteilten, während sie rechts und links von mir auf meinen Notizen schliefen. Wie gern hätte ich manchmal mit ihnen getauscht.

Die Autorin

Ulrike Ascher, geboren 1960, ist Journalistin, Übersetzerin und »freischaffende Hexe«. Nach langer Tätigkeit für Greenpeace war sie Chefredakteurin des Magazins »Irish Life« und Lektorin für englische Literatur. Bereits in den achtziger Jahren begann sie, Gruppenreisen zu magischen Orten in England und Wales zu leiten. Sie ist Reiki-Meisterin und führt als Schamanin Beratungen und Workshops im englischen und deutschen Sprachraum durch. 1998 siedelte sie nach Irland über.

Falls Sie Fragen zum Buch haben oder Informationen über Workshops der Autorin suchen, senden Sie Ihre Post bitte mit einem adressierten Rückumschlag und einem internationalen Postcoupon an den Heinrich Hugendubel Verlag, Lektorat Sphinx, Postfach 15 10 27, 80048 München. Von dort wird sie umgehend an die Autorin weitergeleitet.

Sie können sich auch per E-Mail unter der Adresse
ravenowl@esatclear.ie
an die Autorin wenden oder ihre Homepage besuchen:
www.ravenowl.com

Literatur

Acker, Louis / Sakoiam, Frances: *Das große Lehrbuch der Astrologie. Wie man Horoskope stellt und nach neuesten Erkenntnissen Charakter und Schicksal deutet*, München: Droemer Knaur 1979

Ascher, Ulrike: *Hexen-Einmaleins für freche Frauen. Magie für den Alltag*, Kreuzlingen/München: Hugendubel [5]2001

Bächtold-Stäubli, Hanns / Hoffmann-Krayer, Eduard (Hg.): *Handwörterbuch des deutschen Aberglaubens*, Berlin / New York: Walter de Gruyter 1987

Banzhaf, Hajo / Hemmerlein, Elisa: *Tarot als Wegbegleiter. Der zuverlässige Ratgeber für den »nächsten Schritt«*, München: Hugendubel [5]1999

Bolen, Jean Shinoda: *Göttinnen in jeder Frau. Psychologie einer neuen Weiblichkeit*, München: Hugendubel 1996

Botheroyd, Sylvia und Paul F.: *Lexikon der keltischen Mythologie*, München: Diederichs [4]1996

Budapest, Zsuzsanna E.: *Das magische Jahr. Mythen, Mondaspekte, Rituale. Ein immerwährender Frauenkalender*, München: Hugendubel 1996
Dies.: *Die Göttin im Schlafzimmer. Spirituelle Tips und magische Ideen für die weibliche Sexualität*, München: Goldmann 1996
Dies.: *Die Göttin im Büro*, München: Goldmann, 1993
Dies.: *Herrin der Dunkelheit – Königin des Lichts. Das praktische Anleitungsbuch für die neuen Hexen*, Freiburg: Bauer [5]1999

Crowley, Vivianne: *Naturreligion. Was Sie wirklich darüber wissen müssen*, München: Goldmann 1998
Dies.: *Die alte Religion im neuen Zeitalter*, Bad Ischl: Edition Ananael [2]1998

Cunningham, Scott: *Magie in der Küche*, Neuwied: Smaragd 1993

Ellis, Peter Berresford: *Die Druiden. Von der Weisheit der Kelten*, München: Diederichs [2]1996

Fischer-Rizzi, Susanne: *Himmlische Düfte. Aromatherapie, Anwendung wohlriechender Pflanzenessenzen und ihre Wirkung auf Körper und Seele*, München: Hugendubel 1999
Dies.: *Blätter von Bäumen. Legenden, Mythen, Heilanwendung und Betrachtung von einheimischen Bäumen*, München: Hugendubel 1996
Dies.: *Botschaft an den Himmel. Anwendung, Wirkung und Geschichten von duftendem Räucherwerk*, München: Hugendubel 1996
Dies.: *Medizin der Erde. Legende, Mythen, Heilanwendung und Betrachtung unserer Heilpflanzen*, München: Hugendubel [11]1999

George, Demetra: *Neumond – Zeit der Erneuerung. Das Wissen der Dunklen Göttin*, München: Hugendubel 2000

Gray, Miranda: *Roter Mond. Von der Kraft des weiblichen Zyklus*, München: Hugendubel 1996

Green, Marian: *Das geheime Wissen der Hexen. 13 Monde, um Meisterschaft in natürlicher Magie zu erlangen*, München: Droemer Knaur 1998
Dies.: *Naturmagie*, Braunschweig: Aurum ^{2}1997
Dies.: *Ritualmagie*, Braunschweig: Aurum ^{2}1997

Hofmann, Helmut G.: *Gesundheit und Kraft durch Edelsteine. Inspiration – Meditation – Heilung*, München: Hugendubel ^{2}1996

King, Serge Kahili: *Der Stadt-Schamane*, Freiburg: Lüchow 1992

Lonegren, Sig: *Das Pendel-Set. Ausführliches Anleitungsbuch mit Ihrem persönlichen Pendel*, München: Hugendubel ^{2}1991

Matthews, Caitlín: *Die Göttin*, Braunschweig: Aurum 1992
Dies.: *Keltische Segenssprüche*, Neuhausen: Urania 1996

Matthews, Caitlín und John: *Das große Handbuch der keltischen Weisheit*, München: Diederichs / Heyne 1999

Matthews, John: *Keltischer Schamanismus. Rituale, Symbole, Traditionen*, München: Diederichs 1998

McCoy, Edain: Die keltische Zauberin. Mythen, Rituale, Symbole, München: Hugendubel 2000

Monaghan, Patricia: *Lexikon der Göttinnen. Ein Standardwerk der Mythologie*, München: Barth 1997

Paungger, Johanna / Poppe, Thomas: *Vom richtigen Zeitpunkt. Die Anwendung des Mondkalenders im täglichen Leben*, München: Hugendubel ^{34}1999

Dies.: *Das Mondlexikon. Vom richtigen Zeitpunkt*, München: Hugendubel 2000

Pollack, Rachel: *Im Körper der Göttin. Weibliche Weisheit in Mythos, Landschaft und Kultur*, München: Hugendubel 1999

Redmond, Layne: *FrauenTrommeln. Eine spirituelle Geschichte des Rhythmus*, München: Hugendubel 1999

Schäfer, Martina: *Die magischen Stätten der Frauen. Reiseführer durch Europa*, München: Hugendubel ^{2}2000

Scheffer, Mechthild: *Praxis der Original-Bach-Blütentherapie. Das Material zur praktischen Anwendung*, München: Hugendubel 2000

Stangl, Anton: *Der Schwingpendel. Heilsame Schwingungen erkennen und nutzen*, München: Hugendubel 1999

Starck, Marcia: *So heilt der Kosmos. Astrologie der Mutter Erde*, Aitrang: Windpferd ^{2}1994

Starhawk: *Der Hexenkult als Ur-Religion der Großen Göttin*, München: Goldmann 1992

Thorston, Geraldine: *Sternzeichen der Göttin*, München: Goldmann 1980

Walker, Barbara G.: *Das geheime Wissen der Frauen. Ein Lexikon*, München: dtv 1995
Dies.: *Die geheimen Symbole der Frauen. Lexikon der weiblichen Spiritualität*, München: Hugendubel 1997
Dies.: *Die spirituellen Rituale der Frauen. Zeremonien und Meditationen für eine neue Weiblichkeit*, München: Hugendubel 1998
Dies.: *Die weise Alte*, München: Frauenoffensive 1991

Winter, Gayan S.: *Das I Ging der Frau*, München: Hugendubel 1999

Zingsem, Vera: *Der Himmel ist mein, die Erde ist mein. Göttinnen großer Kulturen im Wandel der Zeiten*, Tübingen: Klöpfer-Meyer 1997

Register

Ulrike Ascher

Hexen-Einmaleins für freche Frauen

Magie für den Alltag

248 Seiten mit zahlreichen Übungen
Broschur

ISBN 3-7205-2120-6

Moderne Frauen müssen zaubern können –
hier lernen sie, wie's geht.
Die Schamanin Ulrike Ascher verrät all die magischen
Geheimnisse, mit denen sich der Alltag leichter meistern lässt:
ob Wohnungssuche oder Hausarbeit,
Büro- oder Familienstress, Küchen- oder Kleiderfragen.
Ein Hexen-Einmaleins der Lebensfreude,
garantiert mit Nebenwirkungen.

Weitere Titel
aus dem Sphinx-Programm

Phyllis Mindell

Starke Frauen sagen, was sie wollen

336 Seiten, Broschur

ISBN 3-7205-2141-9

Wo herkömmliche Rhetorikbücher aufhören, fängt Phyllis Mindell an. Sie zeigt konkret und sofort umsetzbar, wie Frauen sich eine »Sprache der Stärke« für mehr Erfolg im Beruf aneignen können. Dabei nimmt sie alle Bereiche der Kommunikation ins Visier: Sprechen, Körpersprache, Schreiben, instrumentelles Lesen und aktives Zuhören.
Weiter beleuchtet sie, wie Frauen von Netzwerken und Mentoring profitieren und sich als Vorgesetzte positiv Respekt verschaffen können. Die Methoden und Praxistipps der erfolgreichen Unternehmensberaterin wurden sämtlich in der Wirtschaft erprobt und haben sich über Jahre bewährt.

Ein Buch, das aus Frauen nicht »bessere Männer«, sondern stärkere Frauen macht.